buzdağı

PYTHON'DA MODELLEME VE SİMÜLASYON

Bilim İnsanları ve Mühendisler için Bir Giriş

ALLEN B. DOWNEY

Yazar Hakkında

Allen Downey, DrivenData'da kadrolu bir bilim insanı ve Olin Üniversitesin'de emeritus profesördür. Olin Üniversitesin'de Modelleme ve Simülasyon dersleri vermiştir ayrıca yazılım ve veri bilimiyle ilgili başka dersler de vermiştir. Think Python, Think Bayes ve Elements of Data Science ders kitapları da dâhil olmak üzere çeşitli ders kitaplarının yazarıdır. Daha önceleri Wellesley Üniversitesi'nde ve Colby Üniversitesi'nde ders vermiştir. Doktora derecesini 1997'de Berkeley'deki Kaliforniya Üniversitesi'nde bilgisayar bilimleri bölümünden almıştır. Lisans ve yüksek lisans derecelerini MIT'teki (Massachusetts Institute of Technology) inşaat mühendisliği bölümünden almıştır. Veri bilimi ve Bayesci istatistikle ilgili olan Probably Overthinking It isimli blogun yazarıdır.

Teknik Eleştirmen Hakkında

Valerie Barr her alandaki öğrencileri bilgisayarlı hesaplamaya tabi kılmak için disiplinler arası uygulamalar ve müfredatla ilgili stratejilere odaklanmaya on yıldan fazla bir zaman harcamıştır. Buna modelleme ve simülasyon, veri görselleştirme ve şimdilerde veri bilimiyle kesişen öteki alanlarla ilgili dersler oluşturmak ve sunmak da dâhil olmuştur. Rutgers Üniversitesin'de bilgisayar bilimleri bölümünden doktora derecesine sahiptir. Mount Holyoke College'da Jean Sammet Kürsüsü'nde görev almıştır ve şu anda Bard College'da Margaret Hamilton Kürsüsü'nde görev yapmaktadır ve burada Bard Network Computing Initiative'i başlatmaktadır.

Yayın Numarası: 2407
1. Baskı: Nisan 2024
ISBN 978-625-98552-4-0

Genel Yayın Yönetmeni
Fatih ÖZDEMİR

Yazar
Allen B. DOWNEY

Çevirmen
Özgür KAYA

Editör
Doç. Dr. Vedat ÇELİK
Dr. Mustafa Murat ARAT

Son Okuma
Muhammed TOPRAK

Dizgi
Veysel TOPRAK

Sertifika Numarası: 41825
Buzdağı Yayınevi
Yeni Bağlıca Mah.
1068 Sok. No:4/1
Etimesgut/ANKARA
t: +90 312 219 55 43
info@buzdagiyayinevi.com

Baskı
Başak Matbaacılık
51529

İçindekiler

Teşekkür

John Geddes, Mark Somerville, Alison Wood, Chris Lee ve Jason Woodard da dâhil olmak üzere Olin Üniversitesi'ndeki meslektaşlarımla olan konuşmalarımın bu kitapla ilgili ilk çalışmalarıma faydası olmuştur.

Düşünceli ve dikkatli metin düzenlemeleri için Lisa Downey ve Jason Woodard'a, teknik incelemeleri için Eoghan Downey ve Jason Moore'a minnettarım.

Alessandra Ferzoco, Erhardt Graeff, Emily Tow, Kelsey Houston-Edwards, Linda Vanasupa, Matt Neal, Joanne Pratt ve Steve Matsumoto'ya faydalı önerileri için teşekkürler.

Giriş

Bu kitap *dinamik sistemlerle*, yani zamanla değişen şeylerle ilgilidir. Bakacağımız ilk örnek Empire State Binası'ndan (ÇN: Amerika'nın New York şehrinde bir bina) düşen bir peni (ÇN: 1 Amerikan senti, doların yüzde biri) olacaktır. Burada zamanla değişen tek şey peninin uzaydaki konumudur. Diğer örnekler arasında, sıcaklığın zamanla değiştiği bir fincan kahve ve konsantrasyonu zamanla değişen insan kan dolaşımındaki glikoz bulunur.

Gerçek dünyanın en önemli elemanlarını içerip, en az önemli olanlarını dışarıda bırakmayı amaçlayan basitleştirmelere karşılık gelen modeller tanımlayacağız ve bu modelleri simüle eden Python programları yazacağız. Üç çeşit işi yerine getirmek için modeller ve simülasyonlar kullanacağız. Bu işler: Bir sistemin nasıl davranacağını tahmin etmek, bu sistemin neden böyle davrandığını açıklamak ve istediğimiz şekilde davranacak sistemler tasarlamaktır.

Fiziğe giriş dersi aldıysanız, dinamik sistemlerin modellerini görmüşsünüzdür. Örneğin bir düzlem üzerindeki bir bloğu, atılan bir cismi veya yörüngedeki bir gezegeni modellemiş olabilirsiniz.

İyi bir ders aldıysanız, bu, bu modellerin dayandığı kararların farkındaydınız demektir. Kuvvetle muhtemeldir ki bloğun modeli sürtünmeyi içermiyordu, atılan cismin modeli hava direncini içermiyordu ve gezegenin modeli "noktasal bir kütleydi".

Ve eğer çok iyi bir ders aldıysanız, bu, bu modellerin sınırlamalarının da farkındaydınız demektir. Örneğin gerçek dünyaya ait birçok sistemde sürtünme ve hava direnci en önemli unsurlar arasındadır. Eğer bu unsurları modelin dışında bırakırsanız, tahminleriniz doğru olmaz ve tasarımlarınız çalışmaz. Öte yandan, bir gezegene noktasal bir kütle olarak muamele eden bir model, yörüngeleri yüksek doğrulukla hesaplamada yeterince iyidir.

Ancak çoğu fizik dersi matematiksel analize dayanır ve bu da sürtünme ve hava direnci gibi unsurlarla çalışmayı zorlaştırır. Bu nedenledir ki bu kitabın odak noktası hesaplamalı simülasyondur. Hesaplamalı simülasyon daha gerçekçi modellerle çalışmayı ve farklı modelleri denemeyi mümkün kılar. Hesaplamalı yaklaşımla birlikte çok çeşitli sistemleri de ele alabiliriz. Bu kitaptaki örnekler arasında bisiklet paylaşım sistemi, dünya nüfusunun artışı ve kuyruklama sistemleri; salgın hastalıklar, elektronik sistemler ve dış duvarlar; beyzbol topları ve bungee atlayıcıları; ve döner tablalar ve yo-yo'lar bulunmaktadır.

Bu yaklaşımı ilginç, güç verici ve en azından biraz eğlenceli bulacağınızı umuyorum.

Bu Kitap Kimler için?

Doğa bilimlerinde veya sosyal bilimlerde okuyorsanız veya çalışıyorsanız, bu kitap, modeller ve bu modellerle yapabileceğimiz işler hakkında düşünmenize yardımcı olacaktır. Umarım bu kitapta sizin alanınızla ilgili en az bir model mevcuttur. Ancak mevcut olmasa bile modellemeyle ilgili öğrendiğiniz dersler hemen hemen her alan için geçerlidir.

Ne Kadar Matematik ve Bilime İhtiyacım Var?

Türevlerin ve integrallerin ne olduğunu bildiğinizi varsayıyorum fakat neredeyse hepsi bu kadar. Özellikle, fonksiyonların türevlerini ve integrallerini analitik olarak bulmakla ilgili çok şey bilmenize (veya hatırlamanıza) gerek yoktur. x^2'nin türevini biliyorsanız ve $2xdx$'in integralini alabiliyorsanız, bu işinizi görecektir. Daha önemlisi, bu kavramların ne anlama geldiğini anlamalısınız. Eğer anlamıyorsanız, bu kitap anlamanıza yardımcı olabilir. Diferansiyel denklemler hakkında hiçbir şey bilmenize gerek yoktur.

Bilime gelince, demografi (ÇN: Nüfus bilim), epidemiyoloji (ÇN: Salgın hastalıkları inceleyen bir tıp bilimi dalı), tıp, termodinamik ve mekanik de dâhil olmak üzere çeşitli alanlardaki konuları ele alacağız. Ekseriyetle, bu konularla ilgili bir şey bildiğinizi varsaymıyorum. Ancak geliştireceğiniz becerilerden biri, modeller ve simülasyonlar geliştirmek için yeni alanlar hakkında yeterince bilgi öğrenme yeteneğidir.

Mekaniğe geldiğimizde ise konum, hız ve ivme arasındaki ilişkiyi anladığınızı ve sıklıkla $F = ma$ (kuvvet eşittir kütle çarpı ivme) şeklinde ifade edilen ikinci yasa özellikle olmak üzere Newton'un hareket yasalarına aşina olduğunuzu varsayacağım.

Ne Kadar Programlamaya İhtiyacım Var?

Daha önce hiç programlama yapmadıysanız, bu kitabı okuyabilmeli, anlayabilmeli ve alıştırmaları yapabilmelisiniz. Bilmeniz gereken her şeyi anlatabilmek için elimden geleni yapacağım. Özellikle de tanıttığım kelime hazinesini özenle seçtim ve her terimi, ilk kullanıldığı anda tanımlamaya çalışıyorum.

Bu kitapta, aklınızdaki kesin bir amaç ile programlamayı öğreneceksiniz: Fiziksel sistemlerin simülasyonlarını yazmak. Ve "yukarıdan aşağıya" ilerleyeceğiz. "Yukarıdan aşağıya" derken profesyonel güçte veri yapıları ve dil özelliklerini anında kullandığımızı kastediyorum. Özellikle aşağıdaki Python kütüphanelerini kullanıyoruz:

- Sayısal hesaplama için NumPy (https://www.numpy.org)
- Bilimsel hesaplama için SciPy (https://www.scipy.org)
- Görselleştirme için Matplotlib (https://matplotlib.org)
- Verilerle çalışmak için pandas (https://pandas.pydata.org)
- Sembolik hesaplama için SymPy (https://www.sympy.org)
- Kilogram ve metre gibi birimler için Pint (https://pint.readthedocs.io)
- Kodu okumak, çalıştırmak ve geliştirmek için Jupyter (https://jupyter.org)

Bu araçlar daha ilginç programlar üzerinde daha erken çalışabilmenizi sağlar fakat bazı olumsuz taraflar mevcuttur: Bu araçların kullanımı zor olabilir ve hangi kütüphanenin ne yaptığını ve bu kütüphanelerin birbiriyle nasıl etkileştiğini takip etmek zorlu olabilir. Bu araçlara başlamayı kolaylaştıran ve bazı ilave yetenekler sağlayan bir ModSim kütüphanesi sunmak suretiyle bu problemleri hafifletmeye çalıştım.

ModSim kütüphanesindeki bazı özellikler destek tekerlekleri gibidir. Bir noktadan sonra muhtemelen bu özellikleri kullanmayı bırakacaksınız ve doğrudan altta yatan kütüphanelerle çalışmaya başlayacaksınız. Kitap üzerinde çalıştığınız süre boyunca veya daha sonraları diğer özellikleri faydalı bulabilirsiniz. Size ModSim kütüphane kodunu okumayı tavsiye ederim. Bu kodların çoğu karmaşık değildir ve ben bu kodu okunur yapmaya çalıştım. Özellikle de programlama deneyimine sahipseniz, tasarım kararlarımın tersine mühendisliğini yaparak bir şeyler öğrenebilirsiniz.

Kitaba Genel Bir Bakış

Bu kitap üç kısım hâlinde düzenlenmiştir. Kısım I ayrık bileşenlerden oluşan sistemlerle ilgilidir. Örnekler arasında bisiklet paylaşım sistemi ve nüfus artışı bulunmaktadır. Bu kısımdaki bölümler aşağıdaki gibidir:

Bölüm 1: Modellemeye Giriş Bu bölüm, modelleme çerçevesini tanıtmakta ve düşen peni efsanesini test etmek suretiyle bu yazılım çerçevesini açıklamaktadır. Ayrıca, bu bölüm, metre ve kilogram gibi birimlerle hesaplama yapmaya yarayan bir kütüphane olan Pint'i sunmaktadır.

Bölüm 2: Bir Bisiklet Paylaşım Sistemini Modellemek Bu bölüm, modelleme çerçevesini bir bisiklet paylaşım sistemine uygulamakta ve fonksiyonlar, döngüler ve `TimeSeries` veri yapısı da dâhil olmak üzere bu kitap boyunca ihtiyacımız olacak programlama araçlarından bazılarını tanıtmaktadır.

Bölüm 3: Yinelemeli Modelleme Bu bölüm, bisiklet paylaşım modelimizi kademeli bir şekilde geliştirmek suretiyle yinelemeli modelleme sürecini açıklamaktadır. Bu süreç, bisikletleri takip etmek için State nesnelerini kullanmaktadır ve negatif bisikletler gibi imkânsız koşulları denetlemektedir.

Bölüm 4: Parametreler ve Metrikler Bisiklet paylaşım modelini çalıştırıyoruz ve modeli, müşteri talebindeki değişiklikler gibi bir dizi koşullar altında sistemin davranışını tahmin etmek için kullanıyoruz. Ayrıca, kodu test etme ve koddan hata ayıklama yolları da öneriyoruz.

Bölüm 5: Bir Nüfus Modeli Geliştirmek Bu bölüm, dünyanın nüfus artışıyla ilgili beş bölümden ilkidir. Bölüm, son elli yılın verileriyle başlamaktadır ve verilere uyup uymadıklarını görmek için çeşitli modelleri test etmektedir.

Bölüm 6: Nüfus Modelini Yinelemek Burada nüfus modelimizi kademeli olarak geliştiriyoruz modeli daha gerçekçi hâle getirmek ve kodu okunması ve değiştirilmesi daha kolay hâle getiriyoruz. Ayrıca, modellediğimiz sistemle ilgili bilgileri temsil eden System nesnesini tanıtıyoruz.

Bölüm 7: Artışın Sınırları Bu bölümde, nüfus artışının sınırlarını temsil etmek için modele yeni özellikler ekliyoruz ve fonksiyonları test etmek ve hata ayıklamak için yollar öneriyoruz.

Bölüm 8: Geleceğe Yönelik Tahminlerde Bulunmak Burada gelecek 80 yılla ilgili projeksiyonlar üretmek ve bu projeksiyonları profesyonel demografların tahminleriyle karşılaştırarak dünya nüfusu üzerine olan çalışmamıza devam ediyoruz.

Bölüm 9: Analiz ve Sembolik Hesaplama Bu bölüm, dünya nüfusu modellerimizi analiz etmek için matematiksel yöntemler sunmakta ve sembolik hesaplama yapmaya yarayan bir kütüphane olan SymPy'ı tanıtmaktadır. Bu bölüm, matematiksel analizi sevenleri ilgilendirmelidir fakat isteğe bağlıdır: Bu bölümü atlamayı tercih ederseniz, kitapta daha sonraları ihtiyacınız olacak hiçbir şeyi kaçırmış olmazsınız.

Bölüm 10: Örnek Durum İncelemeleri Kısım I Bu bölüm, şu ana dek öğrendiğimiz yöntemleri çeşitli konulara uygulayan dört örnek durum incelemesini sunmaktadır: Tarih öncesi dünya nüfusu, vahşi yaşam nüfusu, ağaç büyümesi ve kuyruklama sistemleri.

Kısım II, ısınıp soğuyan nesneler, kimyasal konsantrasyonlar ve tepkimeler ve bulaşıcı hastalığın yayılması da dâhil olmak üzere birinci dereceden diferansiyel denklemlerle açıklanabilen sistemlerle ilgilidir. Aşağıda bölümlerin dökümü bulunmaktadır:

Bölüm 11: Epidemiyoloji ve SIR Modelleri Bulaşıcı hastalığın modellenmesi üzerine olan dört bölümün ilki olmak üzere, bu bölüm, SIR modelini ve `TimeFrame` veri yapısını tanıtmaktadır.

Bölüm 12: Müdahaleleri Nicelemek Bu bölüm, karantina ve bağışıklama gibi bulaşıcı hastalığa yönelik müdahalelerin etkisini nicelemek için SIR modelini kullanmakta ve sürü bağışıklığı hadisesini incelemektedir.

Bölüm 13: Parametreleri Taramak Bu bölüm, enfeksiyonun ve iyileşme oranlarının bulaşıcı bir hastalığın ilerleyişi üzerindeki etkisini incelemekte ve `SweepFrame` veri yapısını tanıtmaktadır.

Bölüm 14: Boyutsuzlaştırma Burada SIR modeliyle olan işimizi sonlandırıyoruz. Enfeksiyon oranı, iyileşme oranı ve bir hastalığın bulaşıcılığını ölçen temel çoğalma (üreme) sayısı arasındaki ilişkiyi anlamak için matematiksel analiz kullanıyoruz. Bu bölüm isteğe bağlıdır.

Bölüm 15 Termal Sistemler Termal sistemlerle ilgili iki bölümün ilki olmak üzere, bu bölüm, kahvenin soğuması problemini tanıtmaktadır. Bu problem, sıcaklık ve ısı akışı arasındaki ilişkiyi incelemektedir.

Bölüm 16: Kahve Problemini Çözmek Optimal karıştırma zamanını bulmak için farklı sıcaklıklardaki kahve ve süt karışımını modellemek suretiyle kahvenin soğuması problemini tamamlıyoruz.

Bölüm 17: Kan Şekerini Modellemek İnsan vücudundaki glikoz ve insülinin etkileşimini modellemek suretiyle kan şekerinin regülasyonunu inceleyen iki bölümden ilkidir. Bu bölüm interpolasyon (aradeğerleme) kavramını tanıtmaktadır.

Bölüm 18 Minimal Modeli Gerçeklemek Glikoz-insülin modelini bir ODE çözücüsü ve diferansiyel denklemlerle çalışan sayısal bir yöntem kullanarak uyguluyoruz. ODE (ÇN: Ordinary Differential Equations kısaltması, adi diferansiyel denklemler) çözücü, diferansiyel denklemler çözmek için kullanılan bir sayısal yöntemdir.

Bölüm 19: Örnek Durum İncelemeleri Kısım II Bu bölüm, bir elektrik devresi, ısıl olarak yalıtıcı bir duvar ve HIV ile bağışıklık sisteminin etkileşimi de dâhil olmak üzere şu ana dek öğrendiğimiz araçları çeşitli problemlere uygulayan örnek durum incelemelerini sunmaktadır.

Kısım III, uzayda hareket eden ve dönen nesneler de dâhil olmak üzere, ikinci dereceden diferansiyel denklemlerle açıklanan sistemlerle ilgilidir. Örnekler arasında beyzbol topu gibi fırlatılan cisimler ve yo-yo gibi dönen nesneler yer almaktadır. Bölümler şu şekildedir:

Bölüm 20: Düşen Peniye Yeniden Bakış Bölüm 1'deki düşen peni örneğine geri dönüyoruz. Bu sefer bir boyutta ilerleyen fırlatılmış bir cismi modellemek için bir ODE çözücü kullanıyoruz.

Bölüm 21: Sürükleme Hava direncinden kaynaklanan sürüklemeyi de dâhil etmek için düşen peni modelini genişletiyoruz. Hava direnci olmadan sonuçlar doğru olmaya yakın bile değildir.

Bölüm 22: İki Boyutlu Hareket Hava direnci etkisi de dâhil olmak üzere bir beyzbol topunun uçuşunu modellemek için bir boyuttan iki boyuta geçiyoruz. Basit animasyonlar kullanarak sonuçları görselleştiriyoruz.

Bölüm 23: Optimizasyon Bir optimizasyon sorusunu çözerek beyzbol örneğini sonlandırıyoruz. Fenway Park'ta sayı vuruşu yapmak için gereken minimum çaba nedir?

Bölüm 24: Dönme Hareketi Dönme hareketi üzerine olan iki bölümün ilki olmak üzere, bu bölüm, açısal hız kavramını sunmakta ve bu kavramı bir tuvalet kâğıdı rulosunu üretme örneğine uygulamaktadır.

Bölüm 25: Tork Bu bölüm tork ve açısal ivmelenme kavramlarını tanıtarak kuvvet ve dönme hareketi içeren sistemlerin modellenmesini mümkün kılmaktadır.

Bölüm 26: Örnek Durum İncelemeleri Kısım III Bu bölüm, bir bungee atlayıcısı, bir yo-yo, Örümcek Adam ve bir tuvalet kâğıdını açan bir kedi yavrusu da dâhil olmak üzere, öğrendiklerimizi çeşitli sistemlere uygulayan altı örnek durum incelemesini sunmaktadır.

Her bir bölümün sonunda, öğrendiklerinizi uygulayabileceğiniz en az bir alıştırma sunuyoruz. Her bir kısmın sonunda, daha geniş çeşitlilikteki problemlerle çalışabileceğiniz örnek durum incelemeleri sunuyoruz.

Son olarak, kitabın ek kısmı "kapağı kaldırmakta" ve ODE çözücü, kök bulucu ve optimize edici de dâhil olmak üzere, kullandığımız bazı yöntemlerin ayrıntılarını açıklamaktadır.

Modellemeyi Öğretmek

Modellemenin temel becerileri –soyutlama, analiz, simülasyon ve doğrulama– mühendislik, doğa bilimleri, sosyal bilimler, tıp ve diğer birçok alanda merkezdedir. Bazı öğrenciler bu becerileri dolaylı olarak öğrenir fakat çoğu okulda bu beceriler açık bir şekilde öğretilmez ve öğrenciler az pratik yapmış olurlar. Bu kitabın ele almayı amaçladığı problem budur.

Olin Üniversitesi'nde bu becerileri bütün öğrencilerin ilk altı aylık dönemde aldıkları Modelleme ve Simülasyon adlı bir derste öğretiyoruz. Bu dersi meslektaşlarım John Geddes ve Mark Somerville ile birlikte oluşturduk ve ilk kez 2009'da verdik. Bu ders, modellemenin açık bir şekilde, erkenden ve müfredat boyunca öğretilmesi gerektiği yönündeki inancımıza dayanmaktadır. Bu ders aynı zamanda hesaplamanın bu sürecin gerekli bir parçası olduğu yönündeki kanaatimize de dayanmaktadır. Eğer öğrenciler elle yapabildikleri matematiksel analizle sınırlı iseler, vakum içerisinde hareket eden atılmış bir cisim veya sürtünmesiz bir düzlem üzerindeki bir blok gibi az sayıdaki basit fiziksel sistemle sınırlı olurlar. Ve bu öğrenciler birçok kötü model görürler. Yani amaçladıklarıyla karşılaştırıldığında çok basit olan modeller.

Giriş niteliğindeki çoğu fizik dersinde öğrenciler modelleme kararları vermez. Bazen onlar için verilmiş kararların farkında bile değildirler. Amacımız modelleme sürecinin tamamını öğretmek ve öğrencilere bu sürecin pratiğini yapma şansı vermektir.

Ayrıca, programlamayı bir ön koşul olarak istemek yerine programlama ve modellemeyi aynı anda öğretmenin değerli olduğunu düşünüyoruz. Çoğu programlama dersi temel dil özelliklerinden başlayarak ve kademeli olarak daha güçlü araçlar ekleyerek aşağıdan yukarıya doğru ilerler. Sonuç olarak öğrencilerin Fahrenheit'ı Celsius'a çevirmekten daha ilginç bir şeyler yapabilmesi uzun zaman alır. Ve sıklıkla öğrencilerin bağlamı olmaz. Öğrenciler zihinlerinde belirli bir amaç olmadan programlamayı öğrenirler. Dolayısıyla örnekler tutarsız bir konu koleksiyonunu kapsar ve alıştırmalar motivasyonsuz olma eğiliminde olur. Öğrenciler programlamayı ve modellemeyi erkenden öğrenirlerse, bu becerileri müfredat boyunca uygulayabilirler.

İşe Başlamak

Bu kitaptaki örnekleri çalıştırmak ve alıştırmalar üzerinde çalışmak için Jupyter not defterlerini çalıştırabileceğiniz bir ortama ihtiyacınız olacaktır. Jupyter, Python kodu yazıp, çalıştırabileceğiniz bir yazılım geliştirme ortamıdır. Bir Jupyter not defteri, metin, kod ve kodun çalıştırılmasıyla elde edilen sonuçları içeren bir dokümandır. Bu kitabın her bir bölümü, örnekleri çalıştırabileceğiniz ve alıştırmalar üzerinde çalışabileceğiniz bir Jupyter not defteridir.

Not defterlerini çalıştırmak için iki seçeneğiniz mevcuttur:

1. Python ve Jupyter'i bilgisayarınıza kurabilir ve not defterlerini indirebilirsiniz.

2. Not defterlerini Google tarafından sağlanan ücretsiz bir çevrim içi hizmet olan Colab üzerinde çalıştırabilirsiniz.

Not defterlerini Colab'da çalıştırmak için bu kitabın *https://allendowney.github.io/ModSimPy* adresindeki açılış sayfasına gidiniz ve bölümlere ait linkleri takip ediniz.

Not defterlerini bilgisayarınızda çalıştırmak için üç adım mevcuttur:

1. Not defterlerini indiriniz ve bu not defterlerini bilgisayarınıza kopyalayınız.

2. Python, Jupyter ve bazı ilave kütüphaneleri kurunuz.

3. Jupyter'i çalıştırınız ve not defterlerini açınız.

Not defterlerini elde etmek için *http://modsimpy.com/zip* adresinden ZIP arşivini indiriniz. ZIP dosyasını açmak için WinZip veya gzip gibi bir programa ihtiyacınız olacaktır. Açtığınız dosyaların konumunu not ediniz.

Takip eden iki bölüm öteki adımların ayrıntılarını sunmaktadır. Yazılım kurup, çalıştırmak özellikle de komut satırına aşina değilseniz zorlu olabilir. Problem yaşarsanız, en azından işe başlamış olmak için Colab üzerinde çalışmak isteyebilirsiniz.

Python'ı Kurmak

Python'ı kurmak için Anaconda'yı tavsiye ediyorum. Anaconda bu kitap için ihtiyacınız olan bütün kütüphaneleri (ve fazlasını) içeren ücretsiz bir Python dağıtımıdır. Anaconda, Linux, macOS ve Windows'ta kullanılabilir. Varsayılan olarak Anaconda bütün dosyaları home dizinine kurar ve böylece Anaconda'yı kurmak için yönetici (administrator) (root, yani kök kullanıcı) iznine ihtiyacınız olmaz ve eğer hâlihazırda bir Python versiyonuna sahipseniz, Anaconda bu Python versiyonunu silmeyecek veya değiştirmeyecektir.

https://www.anaconda.com/download adresinden işe başlayınız. Sisteminize yönelik kurucuyu (installer) indiriniz ve çalıştırınız. Kurucuyu yönetici veya root olarak değil de normal kullanıcı olarak çalıştırmanızı tavsiye ediyorum. Tavsiye edilen seçenekleri kabul etmenizi öneriyorum. Windows'ta Visual Studio Code'u kurma seçeneğiniz bulunmaktadır. Visual Studio Code program yazmak için kullanılan etkileşimli (interaktif) bir ortamdır. Bu kitapta Visual Studio Code'a ihtiyacınız olmayacak fakat diğer projelerde Visual Studio Code'u isteyebilirsiniz.

Varsayılan olarak Anaconda ihtiyacınız olan paketlerin çoğunu kurar fakat eklemeniz gereken birkaç paket daha mevcuttur. Kurulum tamamlandıktan sonra bir komut penceresi açınız. macOS veya Linux üzerinde Terminal'i kullanabilirsiniz. Windows üzerinde ise Başlat (Start) menüsünde olması gereken Anaconda İstemini (Anaconda Prompt) açınız.

Aşağıdaki komutu çalıştırınız (yazım hatalarının önüne geçmek için yapabiliyorsanız eğer komutu kopyalayıp, yapıştırınız):

```
$ conda install jupyter pandas sympy beautifulsoup4 lxml html5lib
$ conda install -c unidata pint
```

Bu işlemin ihtiyacınız olan her şeyi kurması gerekir.

Jupyter'i Çalıştırmak

Jupyter'i daha önce kullanmadıysanız, *https://jupyter.org* adresinden bilgi edinebilirsiniz. Jupyter'i macOS veya Linux'ta başlatmak için bir Terminal penceresi açınız. Windows üzerinde ise Anaconda İstemini açınız. Not defterlerini içeren dizine geçmek için cd (change directory, dizin değiştir) komutunu kullanınız:

```
$ cd ModSimPy
```

Ardından, Jupyter not defteri sunucusunu başlatınız:

```
$ jupyter notebook
```

Jupyter'in bir tarayıcıda bir pencere açması gerekir ve sizin de indirdiğiniz not defterlerinin listesini görmeniz gerekir. İlk not defterine tıklayınız ve kodu çalıştırmaya yönelik talimatları takip ediniz. Bir not defterini ilk kez çalıştırdığınızda, bazı Python dosyaları başlatılırken not defterinin başlaması birkaç saniye alabilir. Bundan sonra ise not defteri hızlı çalışmalıdır.

Ayrıca Jupyter'i Windows'ta Başlat menüsünden, macOS'ta Dock'tan veya herhangi bir sistemde Anaconda Gezgininden de başlatabilirsiniz. Bunu yaparsanız, Jupyter home dizininden veya dosya sisteminizdeki başka bir yerden başlayabilir. Dolayısıyla not defterlerinin bulunduğu dizini bulmak için gezinmek zorunda kalabilirsiniz.

Öneriler ve Düzeltmeler

Bir öneriniz veya düzeltme talebiniz olursa, *downey@allendowney.com* adresine gönderiniz. Veya Git kullanıcısıysanız bir issue açınız veya *https://github.com/AllenDowney/ModSimPy* üzerinde bana bir pull request gönderiniz.

Hatanın bulunduğu cümlenin en azından bir parçasını dâhil ederseniz, bu, arama yapmamı kolaylaştıracaktır. Sayfa numaraları da olur fakat sayfa numaralarıyla iş görmek o kadar kolay değildir. Teşekkürler!

Kısım I

AYRIK ZAMANLI SİSTEMLER

Bölüm 1

MODELLEMEYE GİRİŞ

Bu bölüm, kitap boyunca kullanacağımız modelleme çerçevesini tanıtmakta ve Empire State Binası'nın tepesinden düşen bir peninin bir kişinin kafasına çarpması hâlinde o kişiyi öldürebileceği yönündeki iddiayı değerlendirmek için basit bir fizik modeli kullanarak ilk örneği ayrıntılı bir biçimde ele almaktadır. Ayrıca, Python'da metre ve saniye gibi birimlerle nasıl hesaplama yapacağınızı da göreceksiniz.

Bu bölüm, metni okuyabileceğiniz, kodu çalıştırabileceğiniz ve alıştırmalar üzerinde çalışabileceğiniz bir Jupyter not defteri olarak da mevcuttur. Not defterlerine *https://allendowney.github.io/ModSimPy* adresinden erişebilirsiniz.

1.1 Modelleme Çerçevesi

Bu kitap fiziksel sistemleri modellemek ve simüle etmekle ilgilidir. Şekil 1-1 modellemeyle neyi kastettiğimi göstermektedir.

Sol alttan başlamak üzere, sistem, gerçek dünyada ilgi duyduğumuz bir şeydir. Sistemi modellemek için gerçek dünyanın hangi unsurlarını dâhil edeceğimize ve hangi unsurlarını dışarıda bırakabileceğimize karar vermemiz gerekmektedir. Bu sürece soyutlama denir.

Soyutlamadan elde edilen sonuç, bir modeldir. Bu model sadece gerekli olduğunu düşündüğümüz özellikleri içeren sistemin bir açıklamasıdır. Bir model, diyagramlar ve denklemler şeklinde temsil edilebilir ve bu diyagram ve denklemler matematiksel analiz için kullanılabilir. Ayrıca, bu model, simülasyonları çalıştırabilen bir bilgisayar programı olarak da gerçeklenebilir.

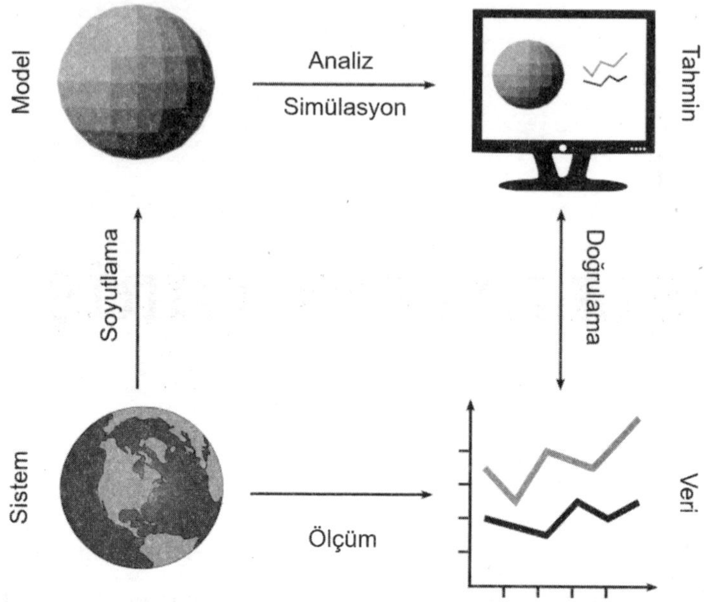

Şekil 1.1: Fiziksel sistemler için modelleme çerçevesi

Analiz ve simülasyonun sonucu, sistemin ne yapacağına dair bir tahmin, sistemin neden öyle davrandığına dair bir açıklama veya bir amaca ulaşması istenen bir tasarım olabilir.

Gerçek dünyadan ölçümler almak ve elde ettiğimiz verileri analiz ve simülasyon sonuçlarıyla karşılaştırmak suretiyle tahminleri ve test tasarımlarını doğrulayabiliriz.

Herhangi bir fiziksel sisteme yönelik, her biri farklı özellikleri içeren ve dışlayan veya farklı ayrıntı düzeylerini içeren olası birçok model mevcuttur. Modelleme sürecinin amacı bu sürecin amacına (tahmin, açıklama veya tasarım) en iyi şekilde uyan modeli bulmaktır. Bazı zamanlar en iyi model en ayrıntılı olandır. Daha fazla özellik dâhil edersek, model daha gerçekçi olur ve bu modelin tahminlerinin daha doğru olmasını bekleriz. Fakat çoğu zaman basit bir model daha iyidir. Sadece gerekli özellikleri dâhil edersek ve gerisini dışarıda bırakırsak, üzerinde çalışması daha kolay olan modeller elde ederiz ve bu modellerin sunduğu açıklamalar daha anlaşılır ve inandırıcı olabilir.

Bir örnek olarak, birilerinin size Dünya'nın yörüngesinin neden eliptik olduğunu sorduğunu farz ediniz. Dünya ve Güneş'i (gerçek büyüklüklerini hesaba katmadan) noktasal kütleler olarak modellerseniz, Newton'un evrensel kütle çekim yasasını kullanarak Dünya ve Güneş arasındaki kütle çekim kuvvetini hesaplarsanız ve Newton'un hareket yasalarını kullanarak sonuçta oluşan yörüngeyi hesaplarsanız, sonucun bir elips olduğunu gösterebilirsiniz. Ay'ın, Jüpiter'in ve Güneş sistemindeki öteki nesnelerin kütle çekim kuvvetlerinden ötürü ve Newton'un hareket yasaları sadece yaklaşık olarak doğru olduğundan (bu yasalar göreliliğe dair etkileri hesaba katmazlar) elbette ki Dünya'nın gerçek yörüngesi tam elips değildir. Ancak bu özellikleri modele eklemek açıklamayı iyileştirmeyecektir. Daha fazla ayrıntı sadece temel nedenden uzaklaşma olacaktır. Bununla birlikte, amaç Dünya'nın konumunu büyük bir kesinlikle tahmin etmekse, daha fazla ayrıntıyı dâhil etmek gerekli olabilir.

En iyi modeli seçmek modelin neye yönelik olduğuna bağlıdır. Çok basit olması olası bile olsa basit bir model ile başlamak ve bu modelin, modelin amacı için yeterince iyi olduğunu test etmek genellikle iyi bir fikirdir. Daha sonra, en gerekli olmasını beklediğiniz özelliklerle başlayarak kademeli olarak özellikler ekleyebilirsiniz. Bu süreç yinelemeli modelleme olarak adlandırılır.

Birbirini takip eden modellerin sonuçlarını karşılaştırmak dahili bir doğrulama şekli sağlar. Böylece kavramsal ve matematiksel hataları ve yazılım hatalarını yakalayabilirsiniz. Ve özellikler ekleyip, kaldırarak hangi özelliklerin sonuçlar üzerinde en büyük etkiye sahip olduğunu ve hangi özelliklerin görmezden gelinebileceğini söyleyebilirsiniz. Sonuçları gerçek dünyanın verileriyle karşılaştırmak harici bir doğrulama sağlar ve harici doğrulama en güçlü testtir.

Modelleme çerçevesi oldukça soyuttur. Takip eden örnek konuyu daha anlaşılır hâle getirebilir.

1.2 Düşen Peni Efsanesini Test Etmek

Empire State Binası'nın tepesinden düşen bir peninin kaldırımın betonuna çarptığında betona gömülecek kadar veya bir kişiye çarptığında kafatasını kıracak kadar hızlı düşeceğini duymuş olabilirsiniz.

İki model oluşturmak ve analiz etmek suretiyle bu efsaneyi test edebiliriz. İlk model için hava direncinin etkisinin küçük olduğunu varsayacağız. Bu durumda peniye etki eden birincil kuvvet kütle çekimdir ve bu kütle çekim peninin aşağı yönde ivmelenmesine neden olur.

Başlangıç hızı 0 ise ve ivme, a, sabit ise t saniye sonra hız aşağıdaki gibi olur:

$$v = at$$

Ve peninin düştüğü mesafe şu şekilde olur:

$$x = at^2/2$$

Peni kaldırıma ulaşıncaya dek geçen süreyi bulmak için t'yi yalnız bırakabiliriz:

$$t = \sqrt{2x/a}$$

Yer çekimi ivmesi olan $a = 9.8$ m/s^2'yi ve Empire State Binası'nın yüksekliği olan $x = 381$ m'yi yerine yazarak $t = 8.8$ s'yi elde ederiz. Ardından, $v = at$'yi hesaplayarak, çarpma anındaki hızı 86 m/s olarak elde ederiz. Bu hız, saatte 190 mile karşılık gelir. Bu, zarar verebilir gibi görünüyor.

Elbette ki bu sonuçlar kesin değildir çünkü model, basitleştirmeler üzerine kurulmuştur. Örneğin yer çekimi ivmesinin sabit olduğunu varsayıyoruz. Gerçekte ise yer çekimi kuvveti dünyanın farklı kısımlarında farklıdır ve yüzeyden uzaklaştıkça zayıflar. Ancak, bu farklar küçüktür ve bu farkları hesaba katmamak bu problem için muhtemelen iyi bir tercihtir.

Öte yandan, hava direncini hesaba katmamak iyi bir tercih değildir çünkü böyle bir senaryoda hava direncinin etkisi büyüktür. Peni 29 m/s'lik bir hıza ulaştığında yukarı yönlü hava direnci kuvveti, aşağı yönlü yer çekimi kuvvetine eşit olur ve peninin ivmelenmesi durur. Bu, peninin havadaki *terminal hızıdır.*

Ve bu ikinci bir modeli öne sürer. Bu modelde peni terminal hızına ulaşana dek ivmelenir. Bundan sonra ise ivme 0 ve hız sabittir. Bu modelde peni kaldırıma yaklaşık 29 m/s'lik bir hızla çarpar. Bu, ilk modelin tahmin ettiği 86 m/s'lik hızdan çok daha azdır. Bu hızdaki bir peninin bir insana çarpması onu incitebilir fakat gerçek bir zarar vermesi olası değildir. Ve bu peni betona da hasar vermeyecektir.

İstatistikçi George Box'un "Bütün modeller yanlıştır fakat bazıları kullanışlıdır" şeklinde meşhur bir sözü vardır. George, istatistiksel modellerden bahsediyordu fakat onun bilgi dolu sözleri her çeşit modelde geçerlidir. Hava direncini hesaba katmayan ilk modelimiz çok yanlıştır ve muhtemelen kullanışlı değildir. Hava direncini hesaba katan ikinci model ise yine yanlıştır fakat daha iyidir ve efsanenin aksini ispatlayacak kadar iyidir.

Not

MythBusters *isimli televizyon şovu düşen peni modelini daha dikkatli bir biçimde test etmiştir. Sonuçları https://www.youtube.com/watch?v=sJkdNnHhaoI adresinde izleyebilirsiniz. Çalışmaları, hareketin matematiksel modeline, bir peni üzerindeki hava direnci kuvvetini bulmaya yönelik ölçümlere ve insan kafasının fiziksel modeline dayanmaktadır.*

1.3 Python'da Hesaplama

Python'ı kullanarak bir önceki kısımdaki sonuçları hesaplayalım. Öncelikle yer çekiminden kaynaklanan ivmelenmeyi metre bölü saniye kare (m/s^2) cinsinden temsil etmek için bir değişken oluşturacağız:

```
a = 9.8
```

Bir değişken, bir değere karşılık gelen bir isimdir. Bu örnekte isim a, değer ise 9.8 sayısıdır.

Peninin 3.4 saniye (s) boyunca düştüğünü farz ediniz. Bu zamanı temsil etmek için bir değişken oluşturalım:

```
t = 3.4
```

Artık peninin t saniye sonraki hızını hesaplayabiliriz:

```
v = a * t
```

Python, çarpım için $*$ sembolünü kullanır. (Diğer aritmetik operatörler şu sembolleri içerir: toplama için +, çıkarma için −, bölme için / ve üs alma için $**$). Bir değişkene bir değer atadıktan sonra değeri şu şekilde görüntüleyebilisiniz (bu gibi örneklerde kod kesikli çizginin üzerinde, çıktı ise kesikli çizginin altındadır):

```
v
-----------------------------------------------------------------
33.32
```

3.4 saniye sonra peninin hızı yaklaşık 33 m/s'dir (hava direnci hesaba katılmamak üzere).

Şimdi bu zaman süresince peninin ne kadar yol alacağını görelim:

```
x = a * t**2 / 2
x
-----------------------------------------------------------------
56.644
```

Peni yaklaşık 56 m yol alacaktır.

Şimdi diğer yönde giderek, peninin Empire State Binası'nın yüksekliği olan 381 m'den düşmesinin ne kadar zaman alacağını hesaplayalım:

```
h = 381
```

Bu hesaplama için NumPy isimli bir kütüphane tarafından sağlanan `sqrt`, yani karekök fonksiyonuna ihtiyacımız vardır. Bu fonksiyonu kullanmadan önce onu şu şekilde içe aktarmalıyız:

```
from numpy import sqrt
```

Şimdi bu fonksiyonu şu şekilde kullanabiliriz:

```
t = sqrt(2 * h / a)
t
--------------------------------------------------------------------------------
8.817885349720552
```

Hava direnci olmadığında, peninin kaldırıma ulaşması yaklaşık 8.8 s alır. Son olarak, peninin hızını hesaplayalım:

```
v = a * t
v
--------------------------------------------------------------------------------
86.41527642726142
```

Çarpma hızı yaklaşık 86 m/s olur.

1.3.1 Yanlış Hassasiyet

Python, sonuçları 16 basamaklı duyarlılıkta görüntülemektedir ve bu da sonuçların çok hassas olduğu izlenimini vermektedir fakat aldanmayın. Elde ettiğimiz sayılar sadece girdiğimiz sayılar kadar iyidir.

Örneğin, Empire State Binası'nın "çatı yüksekliği" 380 m'dir. Bu örnek için gözlem masasının çatıda olduğu ve peniyi 1 m'lik bir korkuluktan düşürdüğünüz varsayımıyla h= 381 m seçtim. Ancak bu, muhtemelen doğru değildir, dolayısıyla bu değere sadece ilk iki basamağı doğru olan bir yaklaşım olarak muamele etmeliyiz.

Girdilerin hassasiyeti iki basamak ise çıktının hassasiyeti en çok iki basamaktır. Bu nedenledir ki çıktı 86.41527642726142 ise bunu "yaklaşık 86" olarak rapor ediyorum.

1.3.2 Birimlerle Hesaplama

Az önce yaptığımız hesaplamalar birimsiz sayılar kullanıyordu. $h = 381$ dediğimizde metreyi işin içine katmadık ve $a = 9.8$ dediğimizde de metre bölü saniye kareyi işin içine katmadık. Ve $v = 86$ sonucunu elde ettiğimizde metre bölü saniyeyi geri ekledik.

Birimleri hesaplamanın dışında bırakmak yaygın bir pratiktir fakat bu pratik hatalara sebep olma eğilimi taşır. Bu eğilime 1999'daki Mars Climate Orbiter'ın pahalıya mal olan arızası da dâhildir (*https://en.wikipedia.org/wiki/Mars_Climate_Orbiter*). Mümkün olduğu zaman hesaplamaya birimleri dâhil etmek daha iyidir.

Birimleri temsil etmek için Pint adlı bir kütüphaneyi kullanacağız. *https://pint.readthedocs.io* adresinden Pint hakkında bilgi edinebilirsiniz. Bu kütüphaneyi kullanmak için `UnitRegistry` adlı bir fonksiyonu içe aktarmamız ve bu fonksiyonu şu şekilde çağırmamız gerekir:

```
from pint import UnitRegistry

units = UnitRegistry()
```

Sonuç neredeyse duyduğunuz her birimi temsil eden değişkenleri içeren bir nesnedir.

```
units.league
```

```
league
```

Veya:

```
units.fortnight
```

```
fortnight
```

Ancak leagueler (fersah) ve fortnightlar (iki hafta) Uluslararası Birimler Sisteminin (International System of Units) bir parçası değildirler. Mesleki dilde leagueler ve fortnightlar SI (ÇN: Système International, Uluslararası Birimler Sisteminin Fransızcası) birimleri değildirler. Bunun yerine metreyi

```
meter = units.meter
meter
```

```
meter
```

ve saniyeyi kullanacağız:

```
second = units.second
second
```

```
second
```

Metre ve saniyeyi a isimli bir değişken oluşturmak için kullanabilir ve bu değişkene yer çekiminden kaynaklanan ivmelenmenin değerini verebiliriz.

```
a = 9.8 * meter / second**2
a
```

9.8 meter/second^2

Sonuç iki kısımdan oluşan bir niceliktir. Bu kısımlardan ilkine büyüklük (`magnitude`) adı verilir:

```
a.magnitude
```

```
9.8
```

İkinci kısıma ise birimler (`units`) adı verilir:

```
a.units
```

meter/second^2

Ayrıca, 3.4 s'yi temsil eden bir nicelik oluşturabilir

```
t = 3.4 * second
t
```

```
3.4 second
```

ve bu niceliği, peninin sabit a ivmesiyle t saniye sonra düşeceği mesafeyi hesaplamak için kullanabiliriz:

```
a * t**2 / 2
```

```
56.644 meter
```

Sonucun birimlerinin doğru olduğuna dikkat ediniz. Empire State Binası'nın yüksekliğini temsil etmek için bir nicelik oluşturursak,

```
h = 381 * meter
```

bu niceliği peninin kaldırıma ulaşması için geçen zamanı hesaplamak için kullanabiliriz:

```
t = sqrt(2 * h / a)
t
```

```
8.817885349720552 second
```

Peninin çarpma anındaki hızını da hesaplayabiliriz:

```
v = a * t
v
```

```
86.41527642726142 meter/second
```

Bir önceki kısımda olduğu gibi sonuç yaklaşık 86'dır fakat sonucun birimi şimdi doğru birim olan m/s'dir.

Pint nicelikleriyle bir birimler kümesini diğer birimler kümesine aşağıdaki gibi dönüştürebiliriz:

```
mile = units.mile
hour = units.hour

v.to(mile/hour)
```

```
193.30546802805432 mile/hour
```

Mil bölü saniyeye daha aşinaysanız, bu sonucu yorumlamanız daha kolay olabilir. Ve size bu modelin gerçekçi olmadığı hissini verebilir.

1.4 Özet

Bu bölüm üç adımdan oluşan bir modelleme çerçevesini tanıttı:

- Soyutlama; gerçek dünyaya ait unsurlardan hangilerinin dâhil edilip, hangilerinin dışarıda bırakılabileceğine karar vermek suretiyle bir modeli tanımlama sürecidir.
- Analiz ve simülasyon; bir modeli tahminler üretmek, olguların neden öyle davrandığını açıklamak ve istediğimiz gibi davranan olgular tasarlamak için kullanmanın yollarıdır.
- Doğrulama; çoğu zaman tahminleri gerçek dünyaya ait ölçümlerle karşılaştırmak suretiyle modelin doğru olup olmadığını test ediş şeklimizdir.

İlk örnek olarak, yer çekimini dâhil edip, hava direncini hesaba katmayarak Empire State Binası'ndan düşürülen bir peniyi modelledik. Alıştırmalarda, hava direnci de dâhil olmak üzere daha iyi bir modeli deneme şansınız olacak.

Bu bölüm, birimlerle hesaplama yapmaya yarayan bir kütüphane olan Pint'i de sundu. Bu kütüphane farklı birimler arasında dönüşüm yapmak için uygundur ve yıkıcı hataların önüne geçmede faydalıdır. İdeal bir dünyada, birimlerle hesaplama yapmak için bu kitap boyunca Pint'i kullanırdık. Ancak sonraki bölümlerde kullanacağımız kütüphanelerin Pint ile birlikte kullanılması özelliklede yeni başlayan programcılar için zor olabilir. Dolayısıyla bu bölümden sonra Pint'i kullanmayacağız fakat umuyorum bu kütüphane aklınızda bulunacak ve gelecekte bu kütüphaneyi kullanışlı bulacaksınız.

1.5 Alıştırmalar

1.1 Matematiksel bir gösterimde, $v = at$ gibi bir eşitlik yazabiliriz ve bu eşitlikte a ve t'yi çarptığımız anlaşılmaktadır. Ancak eşitliği böyle yazmak Python'da iş görmemektedir. İki değişkeni aşağıdaki gibi yan yana yazarsanız bir söz dizim hatası (*syntax error*) alırsınız:

```
v = a t
```

Bu hata, programın yapısında yanlış bir şeylerin olduğu anlamına gelir. Hata mesajının neye benzediğini görmek için bir deneme yapınız.

1.2 Bu bölümde NumPy kütüphanesinden `sqrt` fonksiyonunu kullandık. NumPy, matematiksel π sabitinin yaklaşık bir değerini içeren pi isimli bir değişken de sağlar. Bu değişkeni şu şekilde içe aktarabiliriz:

```
from numpy import pi
pi
```

```
3.141592653589793
```

NumPy, `log`, `exp`, `sin` ve `cos` dâhil olmak üzere diğer fonksiyonları da sağlar. NumPy'dan sin ve cos fonksiyonlarını içe aktarınız ve aşağıdaki ifadeyi hesaplayınız:

$$\sin^2(\pi/4) + \cos^2(\pi/4)$$

Not: Matematiksel bir özdeşlik, yanıtın 1 olması gerektiğini söylemektedir.

1.3 Empire State Binası'nın tepesine 10 foot (ÇN: 1 foot= 30.48 cm) yüksekliğinde bir direk getirdiğinizi ve bu direği, peniyi `h` artı 10 feet (ÇN: Foot ölçü biriminin çoğul hali) yüksekliğinden düşürmek için kullandığınızı farz ediniz. `units` olarak adlandırdığımız `UnitRegistry` tarafından sağlanan `foot` birimini içeren `foot` isimli bir değişken tanımlayınız. `pole_height` (direk_yüksekliği) isimli bir değişken tanımlayınız ve bu değişkene 10 feet değerini atayınız. Birimi metre olan `h`'ye, birimi feet olan `pole_height`'ı eklerseniz ne olur? Bu ekleme işlemini tersten yani `pole_height`'a, `h`'yi ekleyerek yazarsanız ne olur?

```
h = 381 * meter
```

1.4 `a` ve `t`'yi toplamak neden anlamsızdır? Toplamaya çalışırsanız ne olur?

```
a = 9.8 * meter / second**2
t = 3.4 * second
```

Bu örnekte `DimensionalityError` almanız gerekir. `DimensionalityError` bir boyutsal analiz kuralını ihlal ettiğinizi gösterir: Farklı boyutlardaki nicelikleri toplayamazsınız.

Python'dan aldığınız hata mesajları büyük ve ürkütücüdür fakat bu mesajları dikkatlice okursanız çok kullanışlı bilgiler içerdiğini görürsünüz. En son satır size genellikle ne tip bir hata oluştuğunu söyler ve bazen ilave bilgiler verir, dolayısıyla mesajı en alttan başlayıp yukarıya doğru okumak isteyebilirsiniz.

Önceki satırlar hata oluştuğunda ne dönüp bittiğine dair bir *geri izlemedir*. Geri izlemenin ilk kısmı yazdığınız kodu gösterir. Takip eden kısımlar ise sıklıkla Python kütüphanelerinden gelir.

1.5 Peniyi düşürmek yerine, peninin terminal hızı olan 29 m/s ile aşağı doğru fırlattığınızı farz ediniz. Peninin 381 m'yi düşmesi ne kadar zaman alır?

1.6 Şimdiye dek düşen bir peninin iki modelini göz önünde bulundurduk:

- Hava direncini hesaba katmazsak, peni sabit bir ivmeyle düşer ve peninin kaldırıma ulaşması için geçen süreyi ve kaldırıma ulaştığındaki hızını hesaplayabiliriz.
- Hava direncini hesaba katarsak ve peniyi terminal hızıyla düşürürsek, peni sabit hızla düşer.

Şimdi ilk iki modelin unsurlarını içeren üçüncü bir modeli düşünelim: Peninin 29 m/s'ye ulaşıncaya kadar olan ivmelenmesinin a olduğunu ve

29 m/s'den sonraki ivmesinin 0 m/s^2 olduğunu varsayalım. Peninin 381 m'yi düşmesi için geçen toplam zaman ne olur?

Bu soruyu üç kısma ayırabilirsiniz:

1. Peninin sabit a ivmesiyle 29 m/s'ye ulaşması ne kadar zaman alır?
2. Bu zaman zarfında peni ne kadar düşer?
3. Peninin kalan mesafeyi 29 m/s'lik sabit hızla düşmesi ne kadar zaman alır?

Her bir ara sonucu anlamlı bir isme sahip bir değişkene atamanızı öneririm. Ve bütün niceliklere birimlerini atayınız!

```
a = 9.8 * meter / second**2
h = 381 * meter
```

1.7 Lisedeyken beyzbol takımındaki vurucu, hızlı bir top attığında topu aşağı doğru savurduğunu iddia etmişti. Yani top, vurucunun elini aşağı yönlü bir açıyla terk ediyordu. Ben şüpheliydim. Kenardan izlerken topun, vurucunun elini yukarı yönlü bir açıyla terk ettiğini düşünüyordum.

Bu tartışmayı sonlandıracak basit bir model düşünebilir misiniz? Hangi faktörleri dâhil ederdiniz ve hangilerini dâhil etmeyebilirdiniz? Hangi nicelikleri aramanız veya kestirmeniz gerekirdi?

Bütün nicelikleri metre ve saniye gibi SI birimlerine dönüştürmenizi öneririm.

1.8 10 km'lik bir yarışı 44:52 (44 dakika ve 52 saniye) ile koştuğumu farz ediniz. Dakika bölü mil cinsinden ortalama hızım ne olur?

```
mile = units.mile
kilometer = units.kilometer
minute = units.minute
```

Bölüm 2

BİR BİSİKLET PAYLAŞIM SİSTEMİNİ MODELLEMEK

Bu bölüm bir bisiklet paylaşım sisteminin basit bir modelini sunmakta ve Python'ın gerçek dünyaya ait sistemlerin simülasyonlarını geliştirmek için kullanacağımız özelliklerini göstermektedir. Yol boyunca sistemi nasıl modelleyeceğimizle ilgili kararlar vereceğiz. Bir sonraki bölümde ise bu kararları gözden geçirecek ve kademeli olarak modeli geliştireceğiz.

Bu bölüm, metni okuyabileceğiniz, kodu çalıştırabileceğiniz ve alıştırmalar üzerinde çalışabileceğiniz bir Jupyter not defteri olarak da mevcuttur. Not defterlerine https://allendowney.github.io/ModSimPy adresinden erişebilirsiniz.

2.1 Bisiklet Paylaşım Modelimiz

Olin Üniversitesi ve Wellesley Üniversitesi arasında seyahat eden öğrencilere yönelik bir bisiklet paylaşım sistemini hayal ediniz. Doğu Massachusetts'taki bu iki üniversite arasında yaklaşık 3 mil mesafe bulunur. Sistemde 12 bisiklet vardır. Biri Odin'de diğeri Wellesley'de olan ve her biri 12 bisiklet alabilen iki bisiklet parkı mevcuttur.

Öğrenciler vardıkça, bir bisikleti ödünç aldıkça ve diğer kampüse yolculuk yaptıkça her bir konumdaki bisiklet sayısı değişir. Simülasyonda bisikletlerin nerede olduklarını takip etmemiz gerekecektir. Bunu yapmak için ModSim kütüphanesinde tanımlı olan `State` isimli bir fonksiyon kullanacağız:

```
bikeshare = State(olin=10, wellesley=2)
```

Parantez içerisindeki eşitlikler `olin` ve `wellesley` isimli iki değişken oluşturur ve bu değişkenlere 10 ve 2 değerlerini verir.

`State` fonksiyonu bu değişkenleri ve değerlerini bir `State` nesnesinde depolar ve bu nesne `bikeshare` isimli yeni bir değişkene atanır. Bir `State` nesnesinde depolanan değişkenlere *durum değişkenleri* denir.

Bu örnekte, durum değişkenleri her bir konumdaki bisiklet sayısını gösterir. Bu değişkenlerin değerleri, Olin'de 10 bisikletin ve Wellesley'de ise 2 bisikletin mevcut olduğunu gösterir.

Bir durum değişkeninin değerini nokta operatörüyle şu şekilde:

```
bikeshare.olin
```

```
10
```

ve şu şekilde elde edebiliriz:

```
bikeshare.wellesley
```

```
2
```

Bütün durum değişkenlerini ve değerlerini görüntülemek için sadece nesnenin ismini girebilirsiniz:

```
bikeshare
```

	state
olin	10
wellesley	2

Bu değerler sistemin durumunu oluşturur.

Değişkenlere yeni değerler atamak suretiyle durumu güncelleyebiliriz. Örneğin bir öğrenci bir bisikleti Olin'den Wellesley'e götürürse, yeni değerleri bulabilir ve atayabiliriz:

```
bikeshare.olin = 9
bikeshare.wellesley = 3
```

`olin`'den 1 çıkarmak ve `wellesley`'e 1 eklemek için güncelleme operatörleri olan `-=` ve `+=` operatörlerini de kullanabiliriz:

```
bikeshare.olin -= 1
bikeshare.wellesley += 1
```

Sonuç hangi yoldan gidilirse gidilsin, aynıdır.

2.2 Fonksiyonları Tanımlamak

Şimdiye dek NumPy ve ModSim kütüphanelerinde tanımlı olan fonksiyonları kullandık. Şimdi ise kendi fonksiyonlarımızı tanımlayacağız.

Jupyter'de kod geliştirirken birkaç satırlık kod yazıp, bu satırları istediğiniz şeyi yaptığını doğrulamak için test edip, ardından, bu satırları yeni bir fonksiyon tanımlamak için kullanmak çoğu zaman verimli bir iştir. Örneğin, bu satırlar bir bisikleti Olin'den Wellesley'e götürür:

```
bikeshare.olin -= 1
bikeshare.wellesley += 1
```

Bu satırları bir bisiklet her götürüldüğünde tekrar etmektense yeni bir fonksiyon tanımlayabiliriz:

```
def bike_to_wellesley():
    bikeshare.olin -= 1
    bikeshare.wellesley += 1
```

`def`, Python'da özel bir kelimedir ve yeni bir fonksiyon tanımladığımızı belirtir. Fonksiyonun ismi `bike_to_wellesley`'dir. Boş parantezler bu fonksiyonun çalıştığında ilave bilgi gerektirmediğini belirtir. İki nokta üst üste işareti, girintili bir kod bloğunun başlangıcını belirtir.

Sonraki iki satır fonksiyonun gövdesidir. Bu satırların girintili olması gerekir. Kurallar gereği girinti dört boşluktan ibarettir.

Bir fonksiyon tanımladığınızda etkisi hemen görülmez. Fonksiyonun gövdesi siz fonksiyonu çağırana dek çalışmaz. Aşağıda bu fonksiyonun nasıl çağırılacağı gösterilmiştir:

```
bike_to_wellesley()
```

Bu fonksiyonu çağırdığınızda, fonksiyon, gövdedeki kodu çalıştırır ve bu da bikeshare nesnesinin değişkenlerini günceller. Bunu yeni durumu görüntülemek suretiyle kontrol edebilirsiniz:

```
show(bikeshare)
```

	state
olin	6
wellesley	6

Bir fonksiyonu çağırdığınızda, parantezleri yazmanız gerekir. Parantezleri yazmazsanız aşağıdakini elde edersiniz:

```
bike_to_wellesley
```

```
<function __main__.bike_to_wellesley()>
```

Bu sonuç `bike_to_wellesley`'in bir fonksiyon olduğunu belirtir. `__main__`'in ne anlama geldiğini bilmek zorunda değilsiniz fakat böyle bir şey görürseniz, bu, muhtemelen bir fonksiyonun ismini yazdığınız fakat gerçekte ise bu fonksiyonu çağırmadığınız anlamına gelir. Bu yüzden, parantezleri unutmayınız.

2.3 Print Deyimleri

Daha karmaşık programlar yazdıkça ne dönüp bittiğinin izini kaybetmek kolay olur. Hata ayıklamaya yarayan en kullanışlı araçlardan biri `print` deyimidir. `print` deyimi Jupyter not defterinde metin görüntüler.

Normalde, Jupyter bir hücredeki kodu çalıştırdığında, son kod satırının değerini görüntüler. Örneğin aşağıdaki satırları çalıştırırsanız,

```
bikeshare.olin
bikeshare.wellesley
```

```
6
```

Jupyter her iki satırı da çalıştırır fakat sadece ikinci satırın değerini görüntüler. Birden çok değeri görüntülemek isterseniz, `print` deyimlerini kullanabilirsiniz:

```
print(bikeshare.olin)
print(bikeshare.wellesley)
```

```
6
6
```

`print` fonksiyonunu çağırdığınızda, bir önceki örnekte olduğu gibi parantez içerisine bir değişken koyabilirsiniz veya aşağıdaki gibi virgüllerle ayrılmış bir değişkenler sekansı sunabilirsiniz:

```
print(bikeshare.olin, bikeshare.wellesley)
```

```
6 6
```

Python, değişkenlerin değerlerine bakar ve onları görüntüler. Bu örnekte aralarında bir boşluk olmak üzere aynı satırda iki değeri görüntüler.

`print` deyimleri fonksiyonlardan hata ayıklamada kullanışlıdır. Örneğin `bike_to_wellesley`'e aşağıdaki gibi bir `print` deyimi ekleyebiliriz:

```
def bike_to_wellesley():
    print("Bir bisikleti Wellesley'e götürüyor")
    bikeshare.olin -= 1
    bikeshare.wellesley += 1
```

Fonksiyonun bu versiyonunu her çağırdığımızda, bir mesaj görüntüler ve bu mesaj programın ne yaptığını takip etmemize yardımcı olabilir. Bu örnekteki mesaj bir dizgidir. Bir dizgi, tırnak işaretleri arasındaki harflerin ve öteki sembollerin sekansıdır.

`bike_to_wellesley`'de olduğu gibi bir bisikleti Wellesley'den Olin'e götüren bir fonksiyon da tanımlayabiliriz:

```
def bike_to_olin():
    print("Bir bisikleti Olin'e götürüyor")
    bikeshare.wellesley -= 1
    bikeshare.olin += 1
```

Ve bu fonksiyonu aşağıdaki gibi çağırabiliriz:

```
bike_to_olin()
```

```
Bir bisikleti Olin'e götürüyor
```

Fonksiyon tanımlamanın bir faydası, kod parçalarını tekrarlamanın önüne geçilmesidir ve bu da programı kısa yapar. Bir diğer faydası ise fonksiyona verdiğiniz isim, fonksiyonun ne yaptığını belgeler ve bu da programları daha okunur hâle getirir.

2.4 if Deyimleri

Bu noktada, bisikletleri bir konumdan diğerine götürme işini simüle eden fonksiyonlara sahibiz. Şimdi ise müşterileri simüle etmeyi düşünelim. Müşteri davranışının basit bir modeli olarak, müşterilerin her bir istasyona ne zaman vardıklarını belirlemek için bir rastgele sayı üretici kullanacağım.

ModSim kütüphanesi rastgele "madeni para atışları" üreten flip adlı bir fonksiyon sağlamaktadır. Bu fonksiyonu çağırdığınızda, fonksiyona aşağıdaki gibi 0 ila 1 arasında bir olasılık sunarsınız:

```
flip(0.7)
```

```
True
```

Sonuç iki değerden biridir: (bu örnekte) 0.7 olasılıkla `True` (Doğru) veya 0.3 olasılıkla `False` (Yanlış). `flip` fonksiyonunu bu şekilde 100 kez çalıştırırsanız, yaklaşık 70 kez `True`, yaklaşık 30 kez `False` elde etmeniz gerekir. Ancak, sonuçlar rastgeledir ve dolayısıyla bu beklentilerden farklı olabilir.

`True` ve `False`, Python tarafından tanımlanan özel değerlerdir. Boole değerleri olarak adlandırılırlar çünkü Boole cebiriyle ilgilidirler (Bu kitapta Boole cebirini ele almayacağız fakat kendi imkânlarınızla incelemenizi tavsiye ederim). Bu değerlerin dizgi olmadıklarına dikkat ediniz. Bir Boole değeri olan `True` ile bir dizgi olan `'True'` arasında fark vardır.

Bir `if` deyimi kullanarak, programın davranışını kontrol etmek için Boole değerleri kullanabiliriz:

```
if flip(0.5):
    print('tura')
```

`flip` fonksiyonundan gelen sonuç `True` ise program `tura` dizgisini görüntüler. Aksi takdirde hiçbir şey yapmaz.

`if` deyimlerinin söz dizimi, fonksiyon tanımlarının söz dizimine benzerdir: İlk satırın iki nokta üst üste işaretiyle bitmesi ve `if` deyiminin içerisindeki satırların girintili olması gerekir.

İsteğe bağlı olarak, sonucun `False` olması hâlinde ne olması gerektiğini belirtmek için bir `else` koşulu ekleyebilirsiniz:

```
if flip(0.5):
    print('tura')
else:
    print('yazi')
```

```
tura
```

Yukarıdaki kodu birkaç kez çalıştırırsanız, ekrana zamanın yarısında `tura`, zamanın öteki yarısında `yazi` yazdırması gerekir.

Artık bisiklet ödünç almak isteyen müşterilerin varışını simüle etmek için flip fonksiyonunu kullanabiliriz. Öğrencilerin Olin istasyonuna ortalama iki dakikada bir vardığını farz ediniz. Bu durumda bir dakikalık herhangi bir periyotta varış şansı %50'dir ve bu durumu aşağıdaki gibi simüle edebiliriz:

```
if flip(0.5):
    bike_to_wellesley()
```

```
Bir bisikleti Wellesley'e götürüyor
```

Öğrenciler Wellesley istasyonuna ortalama üç dakikada bir varırsa, bir dakikalık herhangi bir periyotta varış şansı %33'tür ve bu durumu aşağıdaki gibi simüle edebiliriz:

```
if flip(0.33):
    bike_to_olin()
```

Bu kod parçacıklarını zaman adımını simüle eden bir fonksiyon hâlinde birleştirebiliriz. Burada zaman adımı bir zaman aralığıdır ve bu durumda bir dakikadır:

```
def step():
    if flip(0.5):
        bike_to_wellesley()

    if flip(0.33):
        bike_to_olin()
```

Daha sonra bir zaman adımını aşağıdaki gibi simüle edebiliriz:

```
step()
```

`flip` fonksiyonundan gelen sonuçlara göre bu fonksiyon bir bisikleti Olin'e veya Wellesley'e veya hiçbirine veya her ikisine götürebilir.

2.5 Parametreler

`step` fonksiyonunun önceki versiyonu varış olasılıkları hiçbir zaman değişmediğinde iyidir fakat gerçekte ise varış olasılıkları zamanla değişir. Dolayısıyla `step` fonksiyonuna sabit değerler olan `0.5` ve `0.33`'ü vermek yerine bu değerleri parametrelerle değiştirebiliriz. Parametreler, değerleri bir fonksiyon çağırıldığında belirlenen değişkenlerdir.

Aşağıda `step` fonksiyonunun p1 ve p2 gibi iki parametre alan bir versiyonu bulunmaktadır:

```
def step(p1, p2):
    if flip(p1):
        bike_to_wellesley()

    if flip(p2):
        bike_to_olin()
```

`p1` ve `p2`'nin değerleri bu fonksiyonun içerisinde belirlenmez. Bu değerler, aşağıdaki gibi fonksiyon çağırıldığında sunulur:

```
step(0.5, 0.33)
```

```
Bir bisikleti Olin'e götürüyor
```

Fonksiyonu çağırırken sunduğunuz değerlere argüman denilir. Bu örnekteki `0.5` ve `0.33` argümanları sırasıyla `p1` ve `p2` parametrelerine atanır. Dolayısıyla bu fonksiyonu çağırmak aşağıdakiyle aynı etkiye sahiptir:

```
p1 = 0.5
p2 = 0.33

if flip(p1):
    bike_to_wellesley()

if flip(p2):
    bike_to_olin()
```

```
Bir bisikleti Wellesley'e götürüyor
```

Parametre kullanmanın avantajı aynı fonksiyonu her seferinde farklı argümanlar sunarak çağırabilmenizdir.

Bir fonksiyona parametreler eklemek *genelleştirme* olarak adlandırılır çünkü bu, fonksiyonu daha genel hâle getirir. Parametreler olmazsa, fonksiyon her zaman aynı şeyi yapar. Parametrelerle birlikte, fonksiyon bir dizi iş yapabilir.

2.6 for Döngüleri

Bir süre sonra aynı kodu tekrar tekrar çalıştırmaktan bıkacaksınız. Neyse ki bir kod parçasını tekrarlamanın kolay bir yolu olan `for` döngüsü mevcuttur. Aşağıda bir örnek bulunmaktadır:

```
for i in range(3):
    print(i)
    bike_to_wellesley()
```

```
0
Bir bisikleti Wellesley'e götürüyor
1
Bir bisikleti Wellesley'e götürüyor
2
Bir bisikleti Wellesley'e götürüyor
```

Buradaki söz dizim size tanıdık gelmelidir. İlk satır iki nokta üst üste işaretiyle bitmektedir ve for döngüsünün içerisindeki satırlar girintilidir. Döngünün öteki elemanları şunlardır:

- `for` ve `in` kelimeleri bir `for` döngüsünde kullanmamız gereken özel kelimelerdir.
- `range`, döngünün kaç kez çalışacağını kontrol etmek için kullandığımız bir Python fonksiyonudur.
- `i`, `for` döngüsü çalıştığında oluşturulan bir döngü değişkenidir.

Bu döngü çalıştığında, döngünün içerisindeki kodu üç kez çalıştırır. Kod ilk çalıştığında `i`'nin değeri 0'dır. İkinci kez çalıştığında `i`, 1 olur. Üçüncü kez çalıştığında ise `i`, 2 olur. Döngü boyunca her seferinde kod `i`'nin değerini ekrana yazdırır ve bir bisikleti Wellesley'e götürür.

2.7 TimeSeries

Bir simülasyonu çalıştırdığımızda, çoğu zaman sonuçları daha sonra analiz etmek için kaydetmek isteriz. ModSim kütüphanesi bu amaç için bir `TimeSeries` (ZamanSerileri) nesnesi sağlar. `TimeSeries` nesnesi bir zaman damgası sekansı ve bu zaman damgalarına karşılık gelen bir nicelik sekansı içerir. Zaman damgası, zamandaki bir noktayı belirten bir değerdir. Bu örnekte zaman damgası dakikaları temsil eden tam sayılar, nicelikler ise bir konumdaki bisiklet sayısıdır.

Birkaç bisikleti dolaştırdığımızdan, yeni bir State nesnesiyle başlayalım:

```
bikeshare = State(olin=10, wellesley=2)
```

Yeni ve boş bir `TimeSeries` nesnesini aşağıdaki gibi oluşturabiliriz:

```
results = TimeSeries()
```

Ve aşağıdaki gibi bir nicelik ekleyebiliriz:

```
results[0] = bikeshare.olin
```

Köşeli parantez içerisindeki sayı zaman damgasıdır ve etiket olarak da adlandırılır. Simülasyonun sonuçlarını depolamak için bir for döngüsünün içerisinde bir `TimeSeries` kullanabiliriz:

```
for i in range(3):
    print(i)
    step(0.6, 0.6)
    results[i+1] = bikeshare.olin
```

```
0
Bir bisikleti Wellesley'e götürüyor
1
Bir bisikleti Olin'e götürüyor
2
Bir bisikleti Olin'e götürüyor
```

Döngü boyunca her seferinde `i`'nin değerini ekrana yazdırıyoruz ve `bikeshare`'i güncelleyen `step` fonksiyonunu çağırıyoruz. Ardından, Olin'deki bisiklet sayısını `results` nesnesinde depoluyoruz. `i+1` zaman damgasını hesaplamak için döngü değişkeni `i`'yi kullanıyoruz.

Döngü boyunca ilk gidişte `i`'nin değeri 0'dır ve dolayısıyla zaman damgası 1'dir. Son gidişte ise i'nin değeri 2'dir ve dolayısıyla zaman damgası 3'tür. Döngüden çıkıldığında, `results` nesnesi 0'dan 3'e dört zaman damgası ve her bir zaman adımının sonunda Olin'deki bisiklet sayısını içerir.

`TimeSeries`'i aşağıdaki gibi görüntüleyebiliriz:

```
show(results)
```

Time	Quantity
0	10
1	9
2	10
3	11

Sol sütun zaman damgaları, sağ sütun ise niceliklerdir.

2.8 Çizdirme

`results` nesnesi, sonuçları çizdirmek için kullanabileceğimiz plot isimli bir fonksiyon sağlar ve ModSim kütüphanesi eksenleri etiketlemek ve şekile bir başlık vermek için kullanabileceğimiz decorate fonksiyonunu sağlar:

```
results.plot()

decorate(title='Olin-Wellesley bisiklet paylaşımı',
         xlabel='Zaman adımı (dakika)',
         ylabel='Bisiklet sayısı')
```

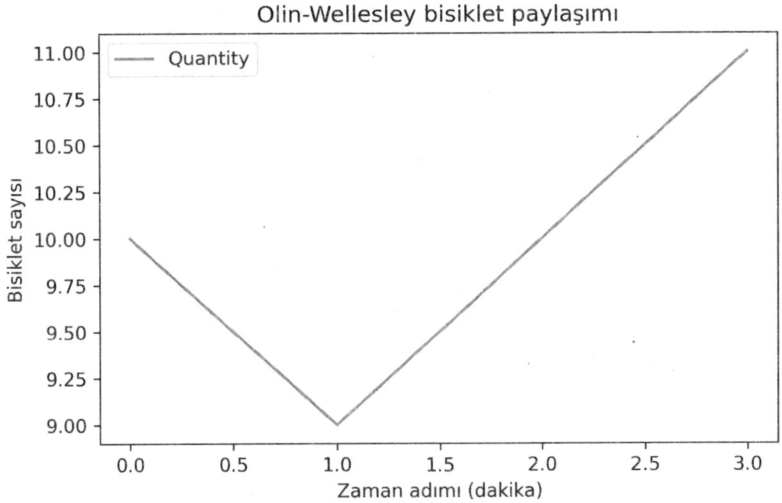

Sonuç, *x-ekseni* üzerinde zaman, *y-ekseni* üzerinde bisiklet sayısı olmak üzere bir grafik olmalıdır. Sadece üç zaman adımını çalıştırdığımızdan, grafik çok ilginç olmayabilir.

2.9 Özet

Bu bölüm simülasyonları çalıştırmak, sonuçları kaydetmek ve çizdirmek için gerekli araçları tanıtmıştır.

Sistemin durumunu temsil etmek için bir `State` nesnesi kullandık. Ardından, tek bir zaman adımını simüle etmek için `flip` fonksiyonunu ve bir `if` deyimini kullandık. Bir adım serisini simüle etmek için bir `for` döngüsü ve sonuçları kaydetmek için bir `TimeSeries` kullandık. Son olarak, sonuçları çizdirmek için `plot` ve `decorate` fonksiyonlarını kullandık.

Bir sonraki bölümde bu simülasyonu biraz daha gerçekçi yapmak için genişleteceğiz.

2.10 Alıştırmalar

2.1 Bir durum değişkeninin ismini yanlış yazarsanız ne olur? Aşağıdaki kodu düzenleyiniz, `wellesley` değişkeninin yazılışını değiştiriniz ve kodu çalıştırınız:

```
bikeshare = State(olin=10, wellesley=2)

bikeshare.wellesley
```

```
2
```

Hata mesajı nitelik (attribute) kelimesini kullanmaktadır. Bu ise durum değişkeni olarak adlandırdığımız şeyin diğer bir ismidir.

2.2 Başlangıç değeri 0 olan `downtown` (şehir merkezi) isimli üçüncü bir durum değişkenine sahip bir `State` nesnesi oluşturunuz ve sistemin durumunu görüntüleyiniz.

2.3 Bu bölümdeki kodu `p1`, `p2` ve `num_steps` isimli üç parametre alan `run_simulation` isimli bir fonksiyon içerisine yerleştiriniz.

Bu fonksiyon:

1. Sonuçları taşımak için bir `TimeSeries` nesnesi oluşturmalıdır.
2. `p1` ve `p2`'nin belirlenen değerlerini göndermek suretiyle, `num_steps` tarafından belirtilen sayı kez step fonksiyonunu çalıştırmak için bir `for` döngüsü kullanmalıdır.
3. Her adımdan sonra Olin'deki bisiklet sayısını `TimeSeries`'e kaydetmelidir.
4. `for` döngüsünden sonra sonuçları çizdirmeli ve eksenleri etiketlemelidir.

Fonksiyonu test etmek için.

1. Sistemin başlangıç durumunu içeren bir State nesnesi oluşturunuz.
2. `p1=0.3`, `p2=0.2` ve `num_steps=60` parametreleriyle `run_simulation` fonksiyonunu çağırınız.

2.11 Kaputun Altındakiler

İsteğe bağlı olan bu kısım, kullandığımız fonksiyonlarla ilgili ilave bilgi ve bu fonksiyonların dokümantasyonuna yönelik işaretçiler içermektedir.

`State` ve `TimeSeries` nesneleri pandas kütüphanesi tarafından tanımlanmış olan `Series` (Seriler) nesnesine dayalıdır. Dokümantasyon *https://pandas.pydata.org/pandas-docs/stable/reference/api/pandas.Series.html* adresinde mevcuttur.

`Series` nesnesi kendi `plot` fonksiyonunu sağlar. Bu nedenle `plot` fonksiyonunu,

```
results.plot()
```

yerine şu şekilde çağırıyoruz:

```
plot(results)
```

`Series.plot`'un dokümantasyonunu *https://pandas.pydata.org/pandas-docs/stable/reference/api/pandas.Series.plot.html* adresinde okuyabilirsiniz.

`decorate`, Python'da etraflıca kullanılan bir grafik kütüphanesi olan Matplotlib'e dayanmaktadır. Matplotlib `title` (başlık), `xlabel` (x etiketi), `ylabel` (y etiketi) için ayrı fonksiyonlar sağlar. `decorate` bunların kullanımını biraz daha kolaylaştırır. `decorate` fonksiyonuna gönderebileceğiniz argümanların listesi için *https://matplotlib.org/3.2.2/api/axes_api.html?highlight=axes#module-matplotlib.axes* adresine bakınız.

`flip` fonksiyonu 0 ila 1 arasında rastgele bir sayı üretmek için NumPy'ın `random` fonksiyonunu kullanır ve ardından, verilen olasılıkla `True` veya `False` döndürür. Aşağıdaki kodu çalıştırarak `flip` fonksiyonunun (veya başka bir fonksiyonun) kaynak kodunu elde edebilirsiniz:

```
source_code(flip)
```

```
def flip(p=0.5):
    """Verilen bir olasılıkla madeni bir para atar.

    p: float 0-1

    returns: boolean (True veya False)
    """
    return np.random.random() < p
```

Bölüm 3

YİNELEMELİ MODELLEME

İki George'un (George Box ve George Orwell) sözlerini başka kelimelerle ifade etmek gerekirse, "Bütün modeller yanlıştır fakat bazı modeller diğerlerinden daha yanlıştır." Bu bölüm, modelleri daha az yanlış yapmak için kullandığımız süreci açıklamaktadır. Bir örnek olarak bir önceki bölümdeki bisiklet paylaşım modelini gözden geçirecek, bu modelin güçlü ve zayıf yanlarını göz önünde bulunduracak ve bu modeli kademeli olarak iyileştireceğiz. Ayrıca, bu modeli, sistemin davranışını anlamak ve bu modelin daha iyi çalışmasını amaçlayan tasarımları değerlendirmek için kullanmanın yollarını da göreceğiz.

Bu bölüm, metni okuyabileceğiniz, kodu çalıştırabileceğiniz ve alıştırmalar üzerinde çalışabileceğiniz bir Jupyter not defteri olarak da mevcuttur. Not defterlerine *https://allendowney.github.io/ModSimPy* adresinden erişebilirsiniz.

3.1 Bisiklet Paylaşım Modelimiz Üzerinde Yineleme Yapmak

Şu ana dek sahip olduğumuz model basittir fakat gerçekçi olmayan varsayımlara dayanmaktadır. Devam etmeden önce kısa bir zaman ayırıp, bir önceki bölümün modelini gözden geçiriniz. Bu model hangi varsayımlara dayanıyor? Bu modelin gerçekçi olmayabileceği yolların listesini yapınız. Yani model ve gerçek dünya arasındaki farklar nelerdir?

Aşağıda benim listemdeki farklardan bazıları bulunmaktadır:

- Modelde bir öğrencinin bir dakikalık periyotların herhangi birinde varması eşit ölçüde olasıdır. Gerçekte ise bu olasılık günün saati, haftanın günü ve benzerlerine bağlı olarak değişir.

- Model, bir bisiklet istasyonundan diğerine gitmek için geçen süreyi hesaba katmamaktadır.

- Model, bir bisikletin mevcut olup olmadığını kontrol etmemektedir. Dolayısıyla (simülasyonlarınızın bazılarında bunu fark etmiş olabileceğiniz üzere) bisiklet sayısının negatif olması mümkündür.

Bu modelleme kararlarından bazıları ötekilerden daha iyidir. Örneğin sistemi bir saat gibi kısa bir süre için simüle edersek, ilk varsayım makul olabilir. İkinci varsayım çok gerçekçi değildir fakat modeli ne için kullandığımıza bağlı olarak bu varsayım, sonuçları çok etkilemeyebilir. Öte yandan üçüncü yaklaşım daha problemli görünmektedir. Buna rağmen bu varsayımı düzeltmek nispeten kolaydır. Bu bölümde bu varsayımı düzelteceğiz.

Bu süreç, yani basit bir modelle başlayıp, en önemli problemleri belirlemek ve kademeli olarak iyileştirmeler yapmak, yinelemeli modelleme olarak adlandırılır. Herhangi bir fiziksel sistem için farklı varsayımlar ve basitleştirmelere dayalı olarak olası birçok model mevcuttur. İstenen sonuç için yeterince iyi fakat gerekenden daha fazla karmaşık olmayan bir model geliştirmek çoğu zaman birkaç yineleme gerektirir.

3.2 Birden Çok State Nesnesi Kullanmak

Devam etmeden önce bir önceki bölümdeki kodda birkaç değişiklik yapalım. İlk olarak, yazdığımız fonksiyonları, bir `State` nesnesini parametre olarak alabilmeleri için genelleştireceğiz. Ardından, dokümantasyon eklemek suretiyle kodu daha okunur hâle getireceğiz.

Aşağıda bir önceki bölümdeki fonksiyonlardan biri olan `bike_to_wellesley` bulunmaktadır:

```
def bike_to_wellesley():
    bikeshare.olin -= 1
    bikeshare.wellesley += 1
```

Bu fonksiyon çağırıldığında, `bikeshare` nesnesini değiştirir. Bir tane `State` nesnesi olduğu sürece bu iyidir fakat dünyada birden çok bisiklet paylaşım sistemi varsa ne olur? Veya birden çok simülasyon çalıştırmak istersek ne olur?

Bu fonksiyon bir State nesnesini parametre olarak alırsa daha esnek olacaktır. Aşağıda bunun neye benzeyeceği görülmektedir:

```
def bike_to_wellesley(state):
    state.olin -= 1
    state.wellesley += 1
```

Parametrenin ismi bikeshare'den ziyade `state`'tir ve bu, `state`'in değerinin sadece `bikeshare` dediğimiz nesne değil, herhangi bir `State` nesnesi olabileceğini hatırlatmak içindir.

`bike_to_wellesley` fonksiyonunun bu versiyonu bir parametre olarak bir *State* nesnesi gerektirmektedir. Dolayısıyla bu fonksiyonu çağırdığımızda bir *State* nesnesi sunmamız gerekmektedir:

```
bikeshare = State(olin=10, wellesley=2)
bike_to_wellesley(bikeshare)
```

Sunduğumuz argüman yine parametreye atanmaktadır. Dolayısıyla bu fonksiyon aşağıdakiyle aynı etkiye sahiptir:

```
state = bikeshare
state.olin -= 1
state.wellesley += 1
```

Artık istediğimiz kadar `State` nesnesi oluşturabiliriz:

```
bikeshare1 = State(olin=10, wellesley=2)
bikeshare2 = State(olin=2, wellesley=10)
```

Ve bu nesneleri bağımsız olarak güncelleyebiliriz:

```
bike_to_wellesley(bikeshare1)
bike_to_wellesley(bikeshare2)
```

`bikeshare1` nesnesindeki değişiklikler `bikeshare2` nesnesini etkilemez ve `biikeshare2` nesnesindeki değişiklikler de `bikeshare1` nesnesini etkilemez. Dolayısıyla farklı bisiklet paylaşım sistemlerini simüle edebilir ve aynı sistemin birden çok simülasyonunu çalıştırabiliriz.

3.3 Dokümantasyon

Kodla ilgili şu ana dek var olan sorunlardan bir diğeri ise kodun dokümantasyon içermemesidir. Dokümantasyon, öteki programcıların programı okuyup anlayabilmesi için programa eklediğimiz metindir. Bu metnin, programın çalışmasına hiçbir etkisi olmaz.

İki tür dokümantasyon mevcuttur. Docstring, bir fonksiyonun başlangıcında görülen üçlü tırnak işareti içerisindeki bir dizgidir. Açıklama ise `#`, yani kare işareti ile başlayan bir satırlık metindir.

Aşağıda bir docstring ve bir açıklama ile birlikte `bike_to_olin`'in bir versiyonu görülmektedir:

```
def bike_to_olin(state):
    """Bir bisikleti Wellesley'den Olin'e götür
    state: bikeshare State nesnesi
    """
    # Bir durum değişkenini azaltıp, diğerini arttırıyoruz.
    # Böylece toplam bisiklet sayısı değişmiyor.
    state.wellesley -= 1
    state.olin += 1
```

Docstringler geleneksel bir formatı takip eder: İlk satır, fonksiyonun ne yaptığını açıklayan tek bir cümledir ve takip eden satırlar parametrelerin ne olduğunu anlatır. Bir fonksiyonun `docstring`'i, fonksiyonu kullanmak isteyen kişiler için bilmesi gereken bilgileri içermelidir. Fonksiyonun nasıl çalıştığıyla ilgili ayrıntıları içermemelidir.

Açıklama ise özellikle programı okuyan biri için anlaşılır olmayacak bir şeyler mevcut olduğunda fonksiyonun nasıl çalıştığıyla ilgili ayrıntılar sunar.

3.4 Negatif Bisikletleri Ele Almak

Şimdiye dek yaptığımız değişiklikler kodun kalitesini iyileştirmektedir fakat henüz modelin kalitesini iyileştirecek bir şey yapmış değiliz. Şimdi bunu yapalım.

An itibariyle simülasyon, bir müşteri vardığında bir bisikletin mevcut olup olmadığını kontrol etmemektedir. Dolayısıyla bir konumdaki bisiklet sayısı negatif olabilir. Bu çok gerçekçi değildir. Aşağıda `bike_to_olin` fonksiyonunun bu problemi gideren bir versiyonu bulunmaktadır:

```
def bike_to_olin(state):
    if state.wellesley == 0:
        return
    state.wellesley -= 1
    state.olin += 1
```

İlk satır, Wellesley'deki bisiklet sayısının sıfır olup olmadığını kontrol eder. Eğer sıfırsa, fonksiyon bir return deyimi kullanır. Bu deyim, fonksiyonun deyimlerin geri kalanlarını çalıştırmadan hemen sona ermesine neden olur. Dolayısıyla Wellesley'de bisiklet yoksa, durumu değiştirmeden `bike_to_olin` fonksiyonundan dönüş yaparız.

Bunu, durumu Wellesley'de hiçbir bisiklet olmayacak şekilde başlatıp, `bike_to_olin` fonksiyonunu çağırarak test edebiliriz:

```
bikeshare = State(olin=12, wellesley=0)
bike_to_olin(bikeshare)
```

Sistemin durumunun değişmemesi gerekir:

```
show(bikeshare)
```

	state
olin	12
wellesley	0

Artık negatif bisiklet olmayacaktır (en azından Wellesley'de)

3.5 Karşılaştırma Operatörleri

`bike_to_olin` fonksiyonunun güncellenmiş versiyonu `==` eşittir operatörünü kullanmaktadır. Eşittir operatörü iki değeri karşılaştırır ve bu iki değer eşitse *True*, eşit değilse *False* döndürür.

Eşittir operatörünü, bir değişkene değer atayan `=` atama operatörüyle karıştırmak kolaydır. Örneğin aşağıdaki ifade, `x` değişkeni hâlihazırda yoksa `x` değişkenini oluşturur ve ona 5 değerini verir:

```
x = 5
```

Öte yandan aşağıdaki ifade `x`'in 5 olup olmadığına bakar ve `True` veya `False` döndürür:

```
x == 5
```

```
True
```

Bu ifade `x`'i oluşturmaz veya değerini değiştirmez.

Eşittir operatörünü aşağıdaki gibi bir `if` deyiminin içerisinde kullanabilirsiniz:

```
if x == 5:
    print("evet x, 5'tir")
```

```
evet x, 5'tir
```

Eğer bir hata yapar ve aşağıdaki gibi bir `if` deyiminin içerisinde `=` kullanırsanız,

```
if x = 5:
    print("evet x, 5'tir")
```

bu bir söz dizim hatası olur ve bu hata, programın yapısının geçersiz olduğu anlamına gelir. Python ekrana bir hata mesajı yazdıracak ve program çalışmayacaktır.

Eşittir operatörü Python'ın karşılaştırma operatörlerinden biridir. Listenin tamamı Tablo 3.1'dedir.

Tablo 3.1: Karşılaştırma Operatörlerinin Bir Listesi

İşlem	**Sembol**
Küçüktür	$<$
Büyüktür	$>$
Küçüktür veya eşittir	$\leq$
Büyüktür veya eşittir	$\geq$
Eşittir	$==$
Eşit değildir	$!=$

Şimdi bisiklet paylaşım sistemine geri dönelim.

3.6 Metrikleri Tanıtmak

Bu noktada sistemin davranışını simüle etme yeteneğine sahibiz. Müşterilerin varışı rastgele olduğundan, sistemin durumu, simülasyonu her çalıştırışımızda farklıdır. Bunun gibi modeller rastgele veya *stokastik* modeller olarak adlandırılır. Her çalıştırıldıklarında aynı şeyi yapan modeller *deterministiktir.*

Modelimizi, bisiklet paylaşım sisteminin ne kadar iyi çalışacağını tahmin etmek veya daha iyi işleyen bir sistem tasarlamak için kullanmak istediğimizi farz ediniz. Öncelikle "ne kadar iyi" ve "daha iyi" ile neyi kastettiğimize karar vermemiz gerekmektedir.

Müşterinin bakış açısından, kullanıma hazır bir bisikleti bulma olasılığını bilmek isteyebiliriz. Sistem sahibinin bakış açısından, bir bisiklet istediklerinde o bisikleti alamayan müşterilerin sayısını en aza indirgemek veya kullanımdaki bisiklet sayısını en yükseğe çıkarmak isteyebiliriz. Sistemin ne kadar iyi işlediğini niceleyen bunun gibi istatistiklere *metrikler* denir.

Bir örnek olarak memnun olmayan müşterilerin sayısını ölçelim. Aşağıda `bike_to_olin` fonksiyonunun bisikletin olmadığı bir istasyona varan müşterilerin sayısını kaydeden bir versiyonu bulunmaktadır:

```
def bike_to_olin(state):
    if state.wellesley == 0:
        state.wellesley_empty += 1
        return
    state.wellesley -= 1
    state.olin += 1
```

Bir müşteri Wellesley istasyonuna varır ve bisiklet bulamazsa, `bike_to_olin` fonksiyonu memnun olmayan müşterilerin sayısını sayan `wellesley_empty` değişkenini günceller.

Bu fonksiyon, sadece `State` nesnesini aşağıdaki gibi oluştururken `wellesley_empty` değişkenine ilk değer atarsak çalışır:

```
bikeshare = State(olin=12, wellesley=0,
                  wellesley_empty=0)
```

Bikeshare nesnesini, `bike_to_olin` fonksiyonunu aşağıdaki gibi çağırmak suretiyle test edebiliriz:

```
bike_to_olin(bikeshare)
```

Bu güncellemeden sonra Olin'de 12 bisiklet bulunur, Wellesley'de hiç bisiklet bulunmaz ve bir tane memnun olmayan müşteri olur:

```
show(bikeshare)
```

	state
olin	12
wellesley	0
wellesley_empty	1

İyi görünüyor!

3.7 Özet

Bu bölümde `bike_to_olin` fonksiyonunun çeşitli versiyonlarını yazdık:

- Birden çok State nesnesiyle çalışabilmek için state parametresini ekledik.
- Fonksiyonun nasıl kullanıldığını açıklayan bir docstring ve fonksiyonun nasıl çalıştığını anlatan bir açıklama ekledik.
- Negatif bisikletlerden kaçınmak amacıyla bir bisikletin mevcut olup olmadığını kontrol etmek için == koşul operatörünü kullandık.
- Memnun olmayan müşterilerin sayısını saymak için `wellesley_empty` durum değişkenini ekledik. Bu durum değişkeni, sistemin nasıl çalıştığını nicelemek için kullanacağımız bir metriktir.

Alıştırmalarda `bike_to_wellesley` fonksiyonunu aynı şekilde güncelleyecek ve bu fonksiyonu bir simülasyonu çalıştırmak suretiyle test edeceksiniz.

3.8 Alıştırmalar

3.1 Olin'de bir bisikletin mevcut olup olmadığını kontrol etmesi için `bike_to_wellesley` fonksiyonunu değiştiriniz. Eğer Olin'de bisiklet yoksa, `bike_to_wellesley` fonksiyonu `olin_empty` değişkenine 1 eklemelidir.

`bike_to_wellesley` fonksiyonunu test etmek için `olin` ve `olin_empty` değişkenine ilk değer olarak 0 atayan bir `State` nesnesi oluşturunuz ve `bike_to_wellesley` fonksiyonunu çalıştırınız ve sonucu kontrol ediniz.

3.2 Şimdi simülasyonu `p1=0.3`, `p2=0.2` ve `num_steps=60` parametreleriyle birlikte çalıştırınız ve bisiklet sayısının hiçbir zaman negatif olmadığını doğrulayınız.

Aşağıdaki başlangıç durumuyla başlayınız:

```
bikeshare = State(olin=10, wellesley=2,
                  olin_empty=0, wellesley_empty=0)
```

Bölüm 4

PARAMETRELER VE METRİKLER

Bir önceki bölümde bir bisiklet paylaşım sisteminin performansını niceleyen metrikleri tanımladık. Bu bölümde ise bu metriklerin, müşterilerin istasyonlara varış hızı gibi sistemin parametrelerine nasıl bağlı olduğunu göreceğiz. Ayrıca, artımlı geliştirme olarak adlandırılan bir program geliştirme stratejisini de sunacağım. Bu strateji daha hızlı program yazmanıza ve hata ayıklamaya daha az zaman harcamanıza yardımcı olabilir.

Bu bölüm, metni okuyabileceğiniz, kodu çalıştırabileceğiniz ve alıştırmalar üzerinde çalışabileceğiniz bir Jupyter not defteri olarak da mevcuttur. Not defterlerine *https://allendowney.github.io/ModSimPy* adresinden erişebilirsiniz.

4.1 Değer Döndüren Fonksiyonlar

Değer döndüren çeşitli fonksiyonlar kullandık. Örneğin sqrt fonksiyonunu çalıştırdığınızda, bir değişkene atayabileceğiniz bir sayı döndürür.

```
from numpy import sqrt

root_2 = sqrt(2)
root_2
```

```
1.4142135623730951
```

`State` fonksiyonunu çalıştırdığınızda, yeni bir `State` nesnesi döndürür:

```
bikeshare = State(olin=10, wellesley=2)
bikeshare
```

	state
olin	10
wellesley	2

Her fonksiyonun dönüş değeri olmayabilir. Örneğin step fonksiyonunu çalıştırdığınızda, `State` nesnesini günceller fakat bir değer döndürmez.

Değer döndüren fonksiyonlar yazmak için `return` (döndür) deyimini kullanabiliriz:

```
def add_five(x):
    return x + 5
```

`add_five` fonksiyonu herhangi bir sayı olabilecek x parametresini alır. `x + 5`'i hesaplar ve sonucu döndürür. Dolayısıyla bu fonksiyonu aşağıdaki gibi çalıştırırsak sonuç 8 olur:

```
add_five(3)
```

```
8
```

Daha kullanışlı bir örnek olarak aşağıda `run_simulation` fonksiyonunun bir versiyonu bulunmaktadır. Bu fonksiyon bir `State` nesnesi oluşturur, bir simülasyonu çalıştırır ve ardından, `State` nesnesini döndürür:

```
def run_simulation(p1, p2, num_steps):
    state = State(olin=10, wellesley=2,
                  olin_empty=0, wellesley_empty=0)

    for i in range(num_steps):
        step(state, p1, p2)

    return state
```

`run_simulation` fonksiyonunu şu şekilde çağırabiliriz:

```
final_state = run_simulation(0.3, 0.2, 60)
```

Sonuç, sistemin performansını değerlendirmek için kullanacağımız metriklerde dâhil olmak üzere, sistemin son durumunu temsil eden bir `State` nesnesidir:

```
print(final_state.olin_empty,
      final_state.wellesley_empty)
```

```
0 0
```

Az önce çalıştırdığımız simülasyon `olin=10` ve `wellesley=2` ile başlamakta ve `p1=0.3`, `p2=0.2` ve `num_steps=60` değerlerini kullanmaktadır. Bu beş değer, modelin parametreleridir ve sistemin davranışını belirleyen niceliklerdir.

Bir modelin parametrelerini bir fonksiyonun parametreleriyle karıştırmak kolaydır. Çünkü modelin parametreleri sıklıkla fonksiyonun parametreleri olarak görünür. Örneğin `run_simulation` fonksiyonunun bir önceki versiyonu `p1`, `p2` ve `num_steps` değişkenlerini parametre olarak almaktadır. Dolayısıyla `run_simulation` fonksiyonunu farklı parametrelerle çağırabilir ve memnun olmayan müşterilerin sayısı gibi metriklerin parametrelere nasıl bağlı olduğunu görebiliriz. Ancak bunu yapmadan önce `for` döngüsünün yeni bir versiyonuna ihtiyacımız olacaktır.

4.2 Döngüler ve Diziler

`run_simulation` fonksiyonunda şu `for` döngüsünü kullanıyoruz:

```
for i in range(num_steps):
    step(state, p1, p2)
```

Bu örnekte range, 0'dan `num_steps`'e kadar olan bir sayı sekansı oluşturur (0 dâhil fakat `num_steps` dâhil değil). Döngü boyunca her seferinde sekanstaki bir sonraki sayı döngü değişkeni `i`'ye atanır.

Ancak range sadece tam sayılarla çalışır. Tam sayı olmayan bir sekans elde etmek için NumPy tarafından sağlanan `linspace` fonksiyonunu kullanabiliriz:

```
from numpy import linspace

p1_array = linspace(0, 1, 5)
p1_array
```

```
array([0.  , 0.25, 0.5 , 0.75, 1.  ])
```

Argümanlar sekansın nerede başlayıp nerede biteceğini ve kaç tane eleman içereceğini belirtir. Bu örnekte sekans 0'dan başlayan ve 1'de biten eşit aralıklı

5 sayıyı içerir. Sonuç, bir NumPy dizisidir ve bu dizi daha önce görmediğimiz yeni bir nesne türüdür. Dizi, bir sayı sekansının konteyneridir.

Bir diziyi bir `for` döngüsünde şu şekilde kullanabiliriz:

```
for p1 in p1_array:
    print(p1)
```

```
0.0
0.25
0.5
0.75
1.0
```

Bu döngü çalıştığında şunları yerine getirir:

1. Diziden ilk değeri alır ve p1'e atar.
2. Döngünün gövdesini çalıştırır ve bu da p1'i ekrana yazdırır.
3. Diziden bir sonraki değeri alır ve p1'e atar.
4. Döngünün gövdesini çalıştırır ve bu da p1'i ekrana yazdırır.

Döngü bunları dizinin sonuna ulaşıncaya dek yapar. Bu, bir sonraki kısımda kullanışlı olacaktır.

4.3 Parametreleri Taramak

`p1` ve `p2` gibi parametrelerin gerçek değerlerini bilirsek, bu değerleri, bir saat sonra Olin'de kaç tane bisikletin olacağı gibi spesifik tahminler yapmak için kullanabiliriz.

Ancak tahmin yapmak tek amaç değildir. Bunun gibi modeller, sistemlerin neden öyle davrandıklarını açıklamak ve alternatif tasarımları değerlendirmek için de kullanılır. Örneğin sistemi gözlemler ve bisikletlerin sıklıkla belirli bir zamanda tükendiğini fark edersek, neden böyle olduğunu anlamak için modeli kullanabiliriz. Ve eğer daha fazla bisiklet veya başka bir istasyon eklemeyi düşünüyorsak, çeşitli "eğer böyle olursa ne olur" senaryolarının etkisini değerlendirebiliriz.

Bir örnek olarak, p2'nin yaklaşık 0.2 olduğunu kestirmek için yeterince veriye sahip olduğumuzu fakat p1 hakkında hiçbir bilgimizin olmadığını farz ediniz. p1'in bir aralıktaki değerleriyle birlikte simülasyonlar gerçekleştirebilir ve sonuçların nasıl değiştiğini görebiliriz. Bu süreç, parametrenin değerinin olası bir değerler aralığı boyunca "tarandığı" anlamına gelecek şekilde, bir parametreyi *taramak* olarak adlandırılır.

Döngüler ve diziler hakkında bilgi sahibi olduğumuza göre onları aşağıdaki gibi kullanabiliriz:

```
p1_array = linspace(0, 0.6, 6)
p2 = 0.2
num_steps = 60

for p1 in p1_array:
    final_state = run_simulation(p1, p2, num_steps)
    print(p1, final_state.olin_empty)
```

```
0.0 0
0.12 0
0.24 0
0.36 3
0.48 14
0.6 11
```

Döngü boyunca her seferinde farklı bir `p1` değeri ve aynı `p2` değeri olan `0.2` ile bir simülasyon yaparız. Ardından, `p1`'i ve Olin'deki memnun olmayan müşteri sayısını ekrana yazdırırız.

Sonuçları kaydetmek ve çizdirmek için `TimeSeries` nesnesine benzer olan SweepSeries nesnesini kullanabiliriz. İkisi arasındaki fark, `SweepSeries` nesnesindeki etiketlerin zaman değerlerinden ziyade parametre değerleri olmasıdır.

Boş bir `SweepSeries` nesnesini şu şekilde oluşturabiliriz:

```
sweep = SweepSeries()
```

ve şu şekilde değerler ekleyebiliriz:

```
p1_array = linspace(0, 0.6, 31)

for p1 in p1_array:
    final_state = run_simulation(p1, p2, num_steps)
    sweep[p1] = final_state.olin_empty
```

Sonuç, `p1`'in her bir değerini memnun olmayan müşteri sayısına eşleyen bir `SweepSeries` nesnesidir.

`SweepSeries`'in elemanlarını şu şekilde çizdirebiliriz:

```
sweep.plot(label='Olin', color='C1')
decorate(title='Olin-Wellesley bisiklet paylaşımı',
  xlabel="Olin'deki müşteri oranı (p1 müşteri/dakika cinsinden)",
  ylabel="Olin'deki memnun olmayan müşteri sayısı")
```

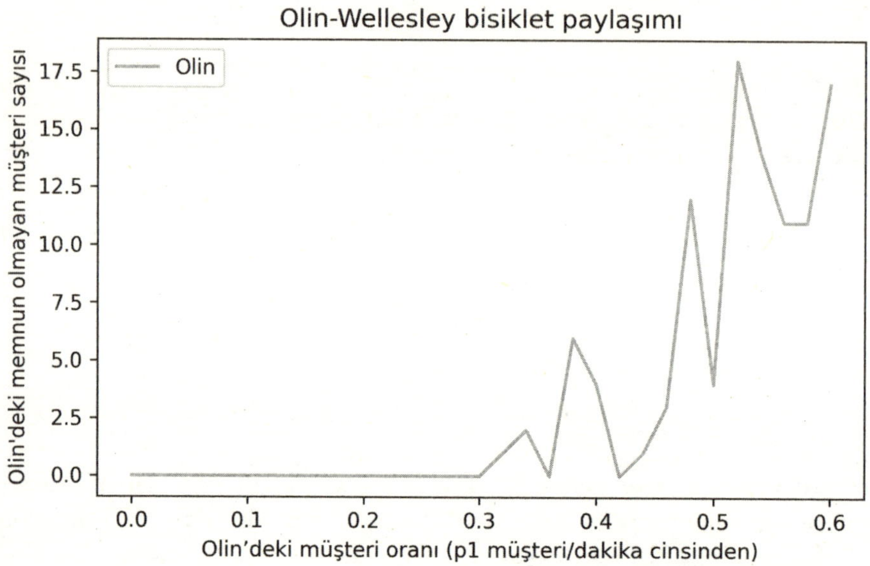

`color = 'C'` argümanı çizginin rengini belirtir (bu kitabın basılı versiyonunda bunu göremeyeceksiniz). Şimdiye dek çizdirdiğimiz `TimeSeries`, mavi, yani C0 varsayılan rengini kullanmaktadır. `TimeSeries` olmadığını bize hatırlatması için `SweepSeries` için farklı bir renk kullanıyorum.

Olin'deki varış hızı düşükken bol miktarda bisiklet mevcuttur ve memnun olmayan müşteri yoktur. Varış hızı arttıkça bisikletlerin tükenmesi daha muhtemel olur ve memnun olmayan müşteri sayısı artar. Çizgi çentiklidir çünkü simülasyon rastgele sayılara dayanmaktadır. Bazen şanslıyızdır ve memnun olmayan müşteri sayısı nispeten azdır. Öteki zamanlar ise şanssızızdır ve memnun olmayan müşteri sayısı fazladır.

4.4 Artımlı Geliştirme

Birkaç satırdan daha uzun olan programlar yazmaya başladıkça kendinizi hata ayıklamaya daha fazla vakit harcarken bulabilirsiniz. Hata ayıklamaya başlamadan önce ne kadar çok kod yazarsanız, problemi bulmak o kadar zor olur.

Artımlı geliştirme, hata ayıklamanın verdiği acıyı en aza indirgemeye çalışan bir programlama şeklidir. Temel adımlar şunlardır:

1. Her zaman çalışan bir programla başlayınız. Bir kitaptan alınan bir örneğiniz varsa veya yazmış olduğunuz ve üzerinde çalıştığınız şeye benzer olan bir programınız varsa onunla başlayınız. Aksi takdirde, `x = 5` gibi doğru olduğunu bildiğiniz bir şeyle başlayınız. Programı çalıştırınız ve beklediğiniz şeyi yaptığını doğrulayınız.

2. Her seferinde küçük ve test edilebilir bir değişiklik yapınız. "Test edilebilir" bir değişiklik, bir şeyler görüntüleyen veya kontrol edebileceğiniz bir başka etkiye sahip olan bir değişikliktir. İdeal olarak, doğru yanıtın ne olduğunu bilmeniz veya bir başka hesaplama gerçekleştirmek suretiyle doğru yanıtı kontrol edebilmeniz gerekir.

3. Programı çalıştırınız ve değişikliğin iş görüp görmediğine bakınız. İş görüyorsa 2'nci adıma gidiniz. İş görmüyorsa bir miktar hata ayıklama yapmanız gerekir fakat yaptığınız değişiklik küçükse problemi bulmak fazla zaman almayacaktır.

Bu süreç işlediğinde değişiklikleriniz genellikle ilk seferde iş görür veya değişiklikler iş görmezse bu, problemin aşikâr olduğu anlamına gelir. Pratikte, artımlı geliştirmeyle ilgili iki problem mevcuttur:

- Bazen kontrol edebileceğiniz görünür bir çıktı üretmek için ekstra kod yazmak zorunda kalırsınız. Bu ekstra koda *destek öğeleri* denir çünkü bu öğeleri programı geliştirmek için kullanırsınız ve işiniz bittiğinde silersiniz. Bu bir israfmış gibi görünebilir fakat destek öğeleri üzerinde harcadığınız zaman neredeyse her zaman hata ayıklama üzerinde tasarrufta bulunduğunuz zamana denk gelir.

- Başlarken, `x = 5`'ten başlayıp, yazmaya çalıştığınız programa kadar giden adımların nasıl seçileceği aşikâr olmayabilir. İlerledikçe bu sürecin daha çok örneklerini göreceksiniz ve deneyim kazandıkça daha iyi olacaksınız.

Test etmeye başlamadan önce kendinizi birkaç satırdan daha uzun bir kod yazarken bulursanız ve hata ayıklamaya çok zaman harcıyorsanız, artımlı geliştirmeyi deneyiniz.

4.5 Özet

Bu bölüm değerler döndüren fonksiyonları tanıtmıştır. Bu fonksiyonları `run_simulation` fonksiyonunun sistemin son durumuyla birlikte bir *State* nesnesi döndüren bir versiyonunu yazmak için kullandık. Ayrıca, bu bölüm, bir NumPy dizisi oluşturmak için kullandığımız *linspace* fonksiyonunu ve bir parametre taramasının sonuçlarını depolamak için kullandığımız *SweepSeries* nesnesini tanıtmıştır. Parametrelerden biri olan p1 ve memnun olmayan müşteri sayısı arasındaki ilişkiyi incelemek için bir parametre taraması kullandık. Memnun olmayan müşteri sayısı sistemin ne kadar iyi (veya kötü) bir şekilde işlediğini niceleyen bir metriktir. Alıştırmalarda öteki parametreleri tarama ve öteki metrikleri hesaplama şansınız olacak.

Bir sonraki bölümde yeni bir probleme, dünya nüfusunun artışını modellemeye ve tahmin etmeye geçeceğiz.

4.6 Alıştırmalar

4.1 `olin = 10` ve `wellesley = 2` şeklindeki durum değişkenleriyle birlikte bir `State` nesnesi oluşturan ve yeni bir `State` nesnesini döndüren `make_state` isimli bir fonksiyon yazınız. Ardından, `make_state` fonksiyonunu çağıran ve sonucu `init` isimli bir değişkene atayan bir satırlık bir kod yazınız.

4.2 *https://numpy.org/doc/stable/reference/generated/numpy.linspace.html* adresinden `linspace` fonksiyonunun dokümantasyonunu okuyunuz. Ardından, 0 ila 1 arasındaki noktaları (0 ve 1 dâhil) 101 eşit parçaya bölen bir dizi oluşturmak için `linspace` fonksiyonunu kullanınız.

4.3 Bu bölümdeki kodu, `p1_array` isimli bir diziyi bir parametre olarak alan `sweep_p1` isimli bir fonksiyon içerisine sarmalayınız. Bu fonksiyon yeni bir `SweepSeries` oluşturmalı ve `p2 = 0.2` ve `num_steps = 60` olmak üzere `p1_array` içerisindeki her bir `p1` değeri için bir simülasyon gerçekleştirmelidir. Fonksiyon, sonuçları SweepSeries nesnesinde depolamalı ve döndürmelidir.

Bir `SweepSeries` oluşturmak ve ardından, Olin'deki memnun olmayan müşterilerin sayısını p1'in bir fonksiyonu olarak çizdirmek için fonksiyonunuzu kullanınız. Eksenleri etiketleyiniz.

4.4 `p1 = 0.5` olmak ve `p2` bir değer aralığındaki değerleri almak üzere simülasyonlar gerçekleştiren `sweep_p2` isimli bir fonksiyon yazınız. Bu fonksiyon, sonuçları bir `SweepSeries` nesnesinde depolamalı ve `SweepSeries` nesnesini döndürmelidir.

4.7 Zorlayıcı Alıştırmalar

Aşağıdaki iki alıştırma biraz daha zorlayıcıdır. Şu ana dek öğrendiklerinizle birlikte kendinizi rahat hissediyorsanız bu alıştırmaları denemelisiniz. Ancak kendinizi meşgul hissediyorsanız, şimdilik bu alıştırmaları atlamak isteyebilirsiniz.

4.5 Simülasyonlarımız rastgele olduğundan, sonuçlar bir çalıştırmadan diğer çalıştırmaya değişmektedir ve bir parametre taramasının sonuçları gürültülü olma eğilimindedir. Aynı parametre ile birlikte birden çok simülasyon çalıştırmak ve sonuçların ortalamasını almak suretiyle bir parametre ve metrik arasındaki ilişkinin daha anlaşılır bir resmini elde edebiliriz.

`p1`, `p2`, `num_steps` ve `num_runs` değişkenlerini parametre olarak alan `run_multiple_simulations` isimli bir fonksiyon yazınız. `num_runs`, bu fonksiyonun `run_simulations` fonksiyonunu kaç kez çağıracağını belirtir. Her bir çalıştırmadan sonra fonksiyon (Olin'deki veya Wellesley'deki) memnun olmayan toplam müşteri sayısını bir `TimeSeries` nesnesinde depolamalıdır. Fonksiyon en sonunda `TimeSeries` nesnesini döndürmelidir.

Fonksiyonunuzu şu parametrelerle test ediniz:

```
p1 = 0.3
p2 = 0.3
num_steps = 60
num_runs = 10
```

Sonuçta oluşan `TimeSeries` nesnesini görüntüleyiniz ve memnun olmayan ortalama müşteri sayısını hesaplamak için NumPy'dan `mean` fonksiyonunu kullanınız.

4.6 Bir önceki alıştırmaya devam ederek, `p1` ve `p2` bir değer aralığındaki değerleri alacak şekilde simülasyonlar çalıştırmak için `run_multiple_simulations` fonksiyonunu kullanınız:

```
p2 = 0.3
num_steps = 60
num_runs = 20
```

Sonuçları bir `SweepSeries` nesnesinde depolayınız ve ardından, memnun olmayan ortalama müşteri sayısını `p1`'in bir fonksiyonu olarak çizdiriniz. Eksenleri etiketleyiniz.

`p1`'in hangi değeri memnun olmayan ortalama müşteri sayısını en aza indirgemektedir?

4.8 Kaputun Altındakiler

SweepSeries fonksiyonunu çağırdığınızda elde ettiğiniz nesne, TimeSeries fonksiyonundan elde ettiğiniz nesnenin aynısı olan bir pandas Series'tir aslında. Bu nesnelerin farklı roller oynadığını bize hatırlatması için bu nesnelere farklı isimler veriyorum.

Series, birtakım fonksiyonlar sağlar. *https://pandas.pydata.org/pandas-docs/stable/reference/api/pandas.Series.html* adresinden bu fonksiyonlar hakkında daha fazla bilgi edinebilirsiniz. Bu fonksiyonlar mean fonksiyonunu içerir ve bu fonksiyon Series'teki değerlerin ortalamasını hesaplar. Dolayısıyla örneğin totals isimli bir Series'e sahipseniz, ortalamayı aşağıdaki gibi hesaplayabilirsiniz:

```
totals.mean()
```

Series, std gibi başka istatistiksel fonksiyonlar da sağlar. std, bir serideki değerlerin standart sapmasını hesaplar.

Bu bölümde bir çizgi grafiğin rengini belirtmek için color argümanını kullanıyorum. *https://matplotlib.org/3.3.2/tutorials/colors/colors.html* adresinden Matplotlib tarafından tanımlanan diğer renkler hakkında bilgi edinebilirsiniz.

Bölüm 5

BİR NÜFUS MODELİ GELİŞTİRMEK

1968'de Paul Erlich, *Nüfus Bombası* adlı kitabını yayınladı. Erlich, bu kitapta dünya nüfusunun 1970'lerde hızlı bir biçimde artacağını ve tarımsal üretimin yetmeyeceğini ve kitlesel açlığın gelecek yirmi yılda kaçınılmaz olacağını tahmin etmiştir. Bahsedilen yirmi yıl içerisinde büyüyen biri olarak, bu tahminlerin yanlış olduğunu söylemekten mutluyum. Ancak dünya nüfus artışı hâlen endişe verici bir konudur ve dünyanın bir yandan yaşam kalitemizi sürdürüp, iyileştirirken diğer yandan kaç kişiyi besleyebileceği açık uçlu bir sorudur.

Bu ve gelecek bölümde, 1950'den bu yana dünya nüfusunun artışını modellemek ve sonraki 50-100 yıl için tahminler üretmek amacıyla önceki bölümlerdeki araçları kullanacağız. Dünya nüfusunun artışının geri planıyla ilgili olarak American Museum of Natural History'nin (Amerikan Doğa Tarihi Müzesi) şu videosunu izleyiniz: *https://www.youtube.com/watch?v=PUwmA3Q0_OE*

Bu bölüm, metni okuyabileceğiniz, kodu çalıştırabileceğiniz ve alıştırma üzerinde çalışabileceğiniz bir Jupyter not defteri olarak da mevcuttur. Not defterlerine *https://allendowney.github.io/ModSimPy* adresinden erişebilirsiniz.

5.1 Verileri İncelemek

Dünya nüfus artışıyla ilgili Wikipedia makalesi, tarih öncesinden günümüze dek dünya nüfusu kestirimleriyle ve geleceğe yönelik tahminlerle birlikte tablolar içermektedir (*https://en.wikipedia.org/wiki/Estimates_of_historical_world_population*). Bu verileri okumak için pandas kütüphanesini kullanacağız. pandas kütüphanesi verilerle çalışmaya yönelik fonksiyonlar sağlar. Kullanacağımız fonksiyon ise bir web sayfasını okuyabilen ve bu web sayfasının içerdiği herhangi bir tablodan veri çıkarabilen `read_html` fonksiyonudur. Bu fonksiyonu kullanabilmek için önce fonksiyonu içeri aktarmamız gerekmektedir:

```
from pandas import read_html
```

Şimdi bu fonksiyonu şu şekilde kullanabiliriz:

```
filename = 'World_population_estimates.html'
tables = read_html(filename,
                   header=0,
                   index_col=0,
                   decimal='M')
```

Argümanlar şunlardır:

`filename` Bir dizgi olarak dosyanın ismi (dosyanın içerisinde bulunduğu dizin dâhil). Bu argüman http ile başlayan bir URL'de olabilir.

`header` Her bir tablonun hangi satırının başlık (header), yani sütunları tanımlayan etiketler kümesi olarak kabul edilmesi gerektiğini belirtir. Bu durumda başlık ilk satırdır (0 numaralı satır)

`index_col` Her bir tablonun hangi sütununun indeks, yani satırları tanımlayan etiketler kümesi olarak kabul edilmesi gerektiğini belirtir. Bu durumda indeks, yılları içeren ilk sütundur.

`decimal` (ondalık) Normalde bu argüman hangi karakterin ondalık nokta olarak kabul edilmesi gerektiğini belirtir çünkü bazı kurallara göre nokta, bazı kurallara göre virgül kullanılmaktadır. Bu durumda M'ye ondalık nokta olarak muamele etmek suretiyle bu özelliği suistimal ediyorum. Bu, milyon cinsinden ifade edilen kestirimlerin sayı olarak okunabilmesini sağlamaktadır.

Sonuç, `tables`'a atanan ve her bir tablo için bir `DataFrame` içeren bir sekanstır. `DataFrame`, tablo hâlindeki verileri temsil eden ve pandas tarafından tanımlanan bir nesnedir.

`tables`'tan bir DataFrame seçmek için köşeli parantez operatörünü kullanabiliriz:

```
table2 = tables[2]
```

Bu satır, 1950'den 2016'ya kadar olan nüfus kestirimlerini içeren (2 numaralı) üçüncü tabloyu seçer.

Tablonun ilk birkaç satırını görüntülemek için `head` fonksiyonunu kullanabiliriz (burada sadece ilk birkaç sütunu gösteriyoruz):

```
table2.head()
```

Year	United States Census Bureau (2017)[28]	Population Reference Bureau (1973-2016)[15]
1950	2557628654	2.516000e+09
1951	2594939877	NaN
1952	2636772306	NaN
1953	2682053389	NaN
1954	2730228104	NaN

`Year` olarak etiketlenen ilk sütun özeldir. Bu sütun, bu `DataFrame` için *indekstir* ve bu da bu sütunun, satırların etiketlerini içerdiği anlamına gelir. Bazı değerlerin bilimsel gösterim kullandığına dikkat ediniz. Örneğin `2.516000e+09`, $2.516 \cdot 10^9$ veya 2.544 milyarın kısa yazılışıdır. Tablo, NaN örneklerini de içermektedir. NaN, kayıp verileri belirten özel bir değerdir.

Sütun etiketleri uzun dizgilerden oluşmaktadır ve bu da bu etiketlerle çalışmayı zorlaştırır. Bu etiketleri aşağıdaki gibi kısa dizgilerle değiştirebiliriz:

```
table2.columns = ['census', 'prb', 'un', 'maddison',
                  'hyde', 'tanton', 'biraben', 'mj',
                  'thomlinson', 'durand', 'clark']
```

Artık `State` nesnesinden bir durum değişkeni seçtiğimiz gibi nokta operatörünü kullanarak `DataFrame`'den bir sütun seçebiliriz.

Aşağıda United States Census Bureau'nun (Birleşik Devletler Nüfus Sayım İdaresi) kestirimleri bulunmaktadır:

```
census = table2.census / 1e9
```

Sonuç, kullandığımız `TimeSeries` ve `SweepSeries` nesnelerine benzer olan bir pandas `Series`'tir.

`1e9` sayısı `1000000000` veya bir milyar yazmanın kısa yoludur. Bir `Series`'i bir sayıya böldüğümüzde, bu sayı `Series`'in bütün elemanlarını böler. Buradan başlamak üzere nüfus kestirimlerini milyar cinsinden ifade edeceğiz.

`Series`'in son birkaç elemanını görmek için `tail` fonksiyonunu kullanabiliriz:

```
census.tail()
```

Year	census
2012	7.013871
2013	7.092128
2014	7.169968
2015	7.247893
2016	7.325997

Sol sütun `Series`'in indeksidir. Bu örnekte, bu sütun tarihleri içermektedir. Sağ sütun değerleri içermektedir. Bu değerler nüfus kestirimleridir. 2016'da dünya nüfusu yaklaşık 7.3 milyarmış.

Aşağıda United Nations Department of Economic and Social Affairs'in (UN DESA) (Birleşmiş Milletler Ekonomi ve Sosyal İşler Departmanı) kestirimleri bulunmaktadır:

```
un = table2.un / 1e9
un.tail()
```

Year	un
2012	7.080072
2013	7.162119
2014	7.243784
2015	7.349472
2016	NaN

UN'den (ÇN: United Nations kısaltması, Birleşmiş Milletler) gelen en son kestirim 2015 içindir, dolayısıyla 2016 için olan değer NaN'dır.

Artık bu kestirimleri şu şekilde çizdirebiliriz:

```
def plot_estimates():
    census.plot(style=':', label='US Census')
    un.plot(style='--', label='UN DESA')
    decorate(xlabel='Yıl',
             ylabel='Dünya nüfusu (milyar)')
```

`style=':'` anahtar kelime argümanı noktalı bir çizgi belirtir. `style='- -'` kesikli bir çizgi belirtir. `label` argümanı grafiğin açıklamasında görünen dizgiyi sağlar. Aşağıda bunun neye benzediği gösterilmiştir:

```
plot_estimates()
decorate(title='Dünya nüfus kestirimleri')
```

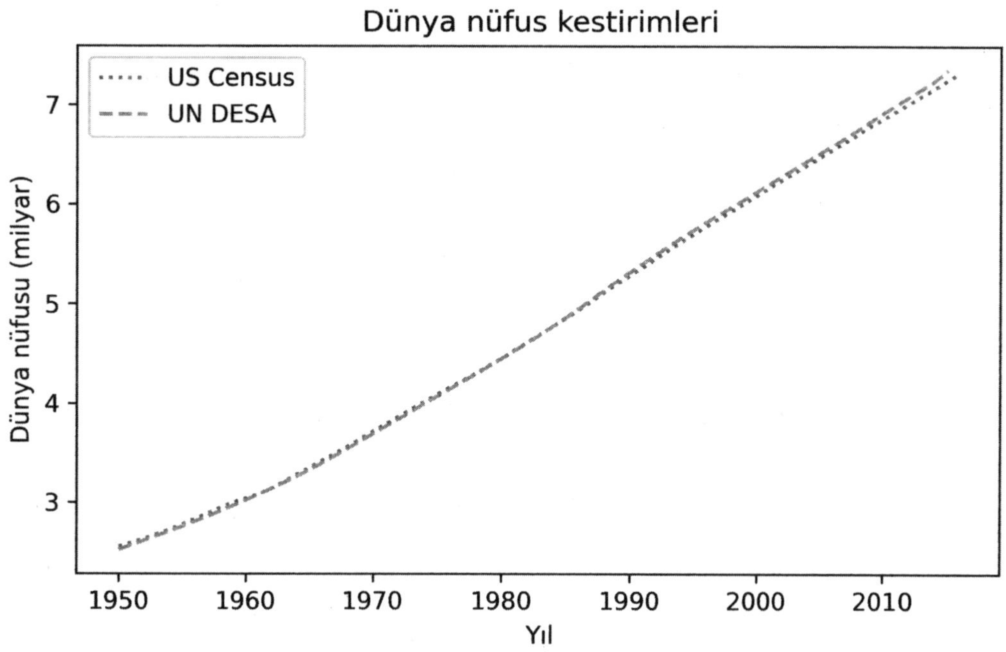

Çizgiler neredeyse tamamen örtüşmektedir fakat en son kestirimler biraz sapmaktadır. Bir sonraki kısımda bu farkları niceleyeceğiz.

5.2 Mutlak ve Göreceli Hatalar

US Census ve UN DESA'nın dünya nüfus kestirimleri birbirinden biraz farklıdır. Bu farkı karakterize etmenin bir yolu mutlak hatadır. Mutlak hata, kestirimler arasındaki farkın mutlak değeridir.

Mutlak hataları hesaplamak için NumPy'dan `abs` fonksiyonunu içe aktarabiliriz:

```
from numpy import abs
```

ve şu şekilde kullanabiliriz:

```
abs_error = abs(un - census)
abs_error.tail()
```

Year	0
2012	0.066201
2013	0.069991
2014	0.073816
2015	0.101579
2016	NaN

İki `Series` nesnesini birbirinden çıkardığınızda sonuç yeni bir `Series` nesnesidir. 2016 için olan kestirimlerden biri `NaN` olduğundan, 2016 için olan sonuç `NaN`'dır.

Sonuçları özetlemek için ortalama mutlak hatayı hesaplayabiliriz:

```
from numpy import mean

mean(abs_error)
```

```
0.029034508242424265
```

Ortalama olarak kestirimler birbirinden yaklaşık 0.029 milyar farklıdır. Ancak maksimum mutlak hatayı hesaplamak için `max` fonksiyonunu da kullanabiliriz:

```
from numpy import max

max(abs_error)
```

```
0.10157921199999986
```

En kötü durumda kestirimler birbirinden yaklaşık 0.1 milyar farklıdır. Şimdi 0.1 milyar çok sayıda insana karşılık gelmektedir ve bu, kulağa ciddi bir farklılıkmış gibi gelebilir. Ancak dünyadaki herkesi saymak zordur ve kestirimlerin tam olmasını beklememeliyiz.

Farkın büyüklüğünü nicelemenin bir başka yolu ise göreceli hatadır. Göreceli hata, hatanın büyüklüğünün kestirimlerin kendisine bölümüdür:

```
rel_error = 100 * abs_error / census
rel_error.tail()
```

Year	0
2012	0.943860
2013	0.986888
2014	1.029514
2015	1.401500
2016	NaN

Sonuçları bir yüzde olarak yorumlayabilmek için 100 ile çarptım. 2015'te kestirimler arasındaki fark yaklaşık yüzde 1.4'tür ve bu, maksimum değerdir.

Ortalamayı hesaplamak suretiyle sonuçları yine özetleyebiliriz:

```
mean(rel_error)
```

```
0.5946585816022846
```

Ortalama göreceli hata yaklaşık yüzde 0.6'dır. Dolayısıyla bu, kötü değildir.

Neden `un`'ye değil de `census`'a böldüğümü merak edebilirsiniz. Bir kestirimin ötekinden daha iyi olduğunu düşünüyorsanız, genel olarak iyi olan kestirimi paydaya koyarsınız. Bu durumda hangisinin daha iyi olduğunu bilmiyorum, bu yüzden küçük olan kestirimi paydaya koyuyorum ve bu da hesaplanmış hataları biraz büyük yapıyor.

5.3 Nüfus Artışını Modellemek

Sonraki 50 veya 100 yıldaki dünya nüfusunun artışını tahmin etmek istediğimizi farz edelim. Bunu, modeli şu ana dek sahip olduğumuz verilere uydurarak nüfusların nasıl arttığını açıklayan bir model geliştirmek ve ardından, bu modeli tahminler üretmek için kullanmak suretiyle gerçekleştirebiliriz. Sonraki birkaç bölümde, basit modellerle başlayarak ve kademeli olarak bu modelleri iyileştirerek bu süreci göstereceğim.

Çizdirilen kestirimlerde bir miktar eğrilik olsa da dünya nüfusunun artışı 1960'tan veya 1960 civarından bu yana doğrusala yakınmış gibi görünmektedir. Dolayısıyla sabit artışa sahip bir modelle başlayacağız. Modeli verilere uydurmak için 1950'den 2016'ya kadarki yıllık ortalama artışı hesaplayacağız. UN ve Census verileri birbirine çok yakın olduğundan, Census verilerini kullanacağız.

Köşeli parantez operatörünü kullanarak `Series`'ten bir değer seçebiliriz:

```
census[1950]
```

```
2.557628654
```

Dolayısıyla aralıktaki toplam artışı şu şekilde elde edebiliriz:

```
total_growth = census[2016] - census[1950]
```

Bu örnekte 2016 ve 1950 etiketleri verilerin bir parçasıdır, dolayısıyla bu etiketleri programın bir parçası yapmamak daha iyi olacaktır. Bu gibi değerleri programa dâhil etmeye gömülü kodlama denir. Böyle bir şey kötü bir pratik olarak kabul edilir çünkü veriler gelecekte değişirse programı değiştirmek zorunda kalırız.

Etiketleri `Series`'ten almak daha iyi olacaktır. Bunu, indeksi `census`'tan seçmek ve ardından, ilk elemanı seçmek suretiyle yapabiliriz.

```
t_0 = census.index[0]
t_0
```

```
1950
```

Dolayısıyla `t_0` ilk elemanın etiketidir ve 1950'dir. Son elemanın etiketini şu şekilde elde edebiliriz:

```
t_end = census.index[-1]
t_end
```

```
2016
```

`-1` değeri son elemanı belirtir. `-2` ise sondan ikinci elemanı belirtir ve bu böyle devam eder.

`t_0` ve `t_end` arasındaki fark, bu etiketler arasında geçen zamandır:

```
elapsed_time = t_end - t_0
elapsed_time
```

```
66
```

Artık aralığın başındaki ve sonundaki nüfusu seçmek için `t_0` ve `t_end`'i kullanabiliriz:

```
p_0 = census[t_0]
p_end = census[t_end]
```

ve aralık boyunca toplam artışı hesaplayabiliriz:

```
total_growth = p_end - p_0
total_growth
```

```
4.768368055
```

Son olarak yıllık ortalama artışı hesaplayabiliriz:

```
annual_growth = total_growth / elapsed_time
annual_growth
```

```
0.07224800083333333
```

1950'den 2016'ya kadar dünya nüfusu yıllık ortalama yaklaşık 0.07 milyar artmıştır. Bir sonraki adım bu kestirimi nüfus artışını simüle etmek için kullanmak olacaktır.

5.4 Nüfus Artışını Simüle Etmek

Simülasyonumuz 1950'de gözlemlenen nüfus olan `p_0` ile başlayacak ve her bir yıl için `annual_growth` değişkeninin değerini ekleyecek. Sonuçları depolamak için bir `TimeSeries` nesnesi kullanacağız:

```
results = TimeSeries()
```

Yeni `TimeSeries` nesnesindeki ilk değeri şöyle belirleyebiliriz:

```
results[t_0] = p_0
```

Bunun neye benzeyeceği aşağıda gösterilmiştir:

```
show(results)
```

Time	Quantity
1950	2.557629

Şimdi ise yıllık artışı simüle etmek suretiyle geri kalan değerleri belirliyoruz:

```
for t in range(t_0, t_end):
    results[t+1] = results[t] + annual_growth
```

t'nin değerleri t_0 dâhil, t_end dâhil olmamak üzere t_0'dan t_end'e kadar gitmektedir.

Döngünün içerisinde, gelecek yılın nüfusunu o an içerisinde bulunulan yılın nüfusuyla annual_growth değişkeninin değerini toplamak suretiyle hesaplıyoruz. Döngünün son çalışmasında t'nin değeri 2015'tir, dolayısıyla results nesnesindeki son etiket 2016'dır.

Kestirimlerle karşılaştırıldığında sonuçların neye benzeyeceği aşağıda gösterilmiştir:

```
results.plot(color='gray', label='model')
plot_estimates()
decorate(title='Sabit artış modeli')
```

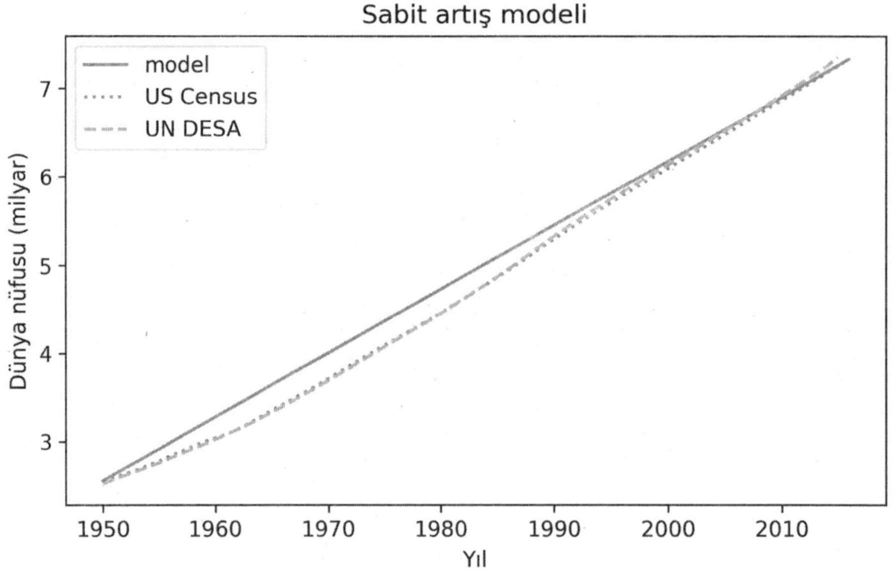

1950'den 1990'a kadar model verilere özellikle iyi uymamaktadır fakat 1990'dan sonra model oldukça iyidir.

5.5 Özet

Bu bölüm son 70 yıl boyunca dünya nüfusunun artışındaki değişiklikleri modellemeye yönelik ilk adımdı. Bir web sayfasından verileri okumak ve sonuçları bir `DataFrame`'de depolamak için pandas'ı kullandık. `DataFrame`'den iki `Series` nesnesi seçtik ve bu nesneleri mutlak ve göreceli hataları hesaplamak için kullandık. Ardından, ortalama nüfus artışını hesapladık ve bu artışı yıllık sabit artışlı basit bir modeli geliştirmek için kullandık. Model yakın zamandaki verilere oldukça iyi uymaktadır. Buna rağmen şüpheci olmamız için iki neden mevcuttur:

- Nüfus artışının yıldan yıla sabit olmasına neden olabilecek bariz bir mekanizma yoktur. Nüfustaki değişiklikler ölen ve doğuran insanların oranı tarafından belirlenir. Dolayısıyla bu değişikliklerin mevcut nüfusa bağlı olmasını bekleriz.
- Bu modele göre, dünya nüfusu sonsuza dek aynı hızda artmaya devam edecektir. Bu ise mantıklı görünmemektedir.

Bir sonraki bölümde verilere daha iyi uyabilen modelleri düşüneceğiz ve daha güvenilir tahminlerde bulunacağız.

5.6 Alıştırmalar

5.1 1970'den günümüze kadar olan verileri kullanarak modeli uydurmaya çalışınız ve bunun daha iyi iş görüp görmediğine bakınız. İşte bazı öneriler:

1. `t_1`'i 1970 olarak, `p_1`'i 1970'deki nüfus olarak tanımlayınız. Yıllık artışı hesaplamak için `t_1` ve `p_1`'i kullanınız fakat simülasyonu çalıştırmak için `t_0` ve `p_0`'ı kullanınız.
2. Verilere daha iyi uymak için başlangıç değerine bir sabit eklemek isteyebilirsiniz.

Bölüm 6

NÜFUS MODELİNİ YİNELEMEK

Bir önceki bölümde sabit artışlı dünya nüfusunun modelini simüle ettik. Bu bölümde ise artışın nüfusla orantılı olduğu daha iyi model oluşturup oluşturamayacağımıza bakacağız. Ancak öncelikle, bir önceki bölümdeki kodu iyileştireceğiz. Bunu, kodu bir fonksiyon içerisine sarmalamak ve yeni bir özellik olan bir `System` (Sistem) nesnesini koda eklemek suretiyle yapacağız.

Bu bölüm, metni okuyabileceğiniz, kodu çalıştırabileceğiniz ve alıştırma üzerinde çalışabileceğiniz bir Jupyter not defteri olarak da mevcuttur. Not defterlerine *https://allendowney.github.io/ModSimPy* adresinden erişebilirsiniz.

6.1 Sistem Nesneleri

Bir `System` nesnesi, bir `State` nesnesi gibi değişkenler ve bu değişkenlerin değerlerini içerir. Farklar şunlardır:

- `State` nesnesi bir simülasyon boyunca güncellenen durum değişkenleri içerir.

- `System` nesneleri, bir simülasyon boyunca genellikle güncellenmeyen sistem parametrelerini içerir.

Örneğin, bisiklet paylaşım modelinde durum değişkenleri her bir konumdaki bisiklet sayısını içerir ve bir müşteri bir bisikleti götürdüğünde güncellenir. Sistem parametreleri ise konum sayısını, toplam bisiklet sayısını ve her bir konumdaki varış oranını içerir.

Nüfus modelinde tek durum değişkeni nüfustur. Sistem parametreleri yıllık artış oranını, başlangıçtaki nüfusu ve başlangıç ve bitiş zamanlarını içerir.

Bir önceki bölümde hesaplanan aşağıdaki değişkenlere sahip olduğumuzu farz edelim (`table2`'nin dosyadan okuduğumuz `DataFrame` olduğunu varsayarak):

```
un = table2.un / 1e9
census = table2.census / 1e9

t_0 = census.index[0]
t_end = census.index[-1]
elapsed_time = t_end - t_0

p_0 = census[t_0]
p_end = census[t_end]

total_growth = p_end - p_0
annual_growth = total_growth / elapsed_time
```

Bu parametrelerden bazıları sistemi simüle etmek için gerekli olan parametrelerdir. Diğerleri ise atabileceğimiz geçici değerlerdir. Gerekli parametreler ve geçici değerler arasında ayrım yapmak için gerekli parametreleri bir `System` nesnesine aşağıdaki gibi yerleştireceğiz:

```
system = System(t_0=t_0,
                t_end=t_end,
                p_0=p_0,
                annual_growth=annual_growth)
```

Burada `t_0` ve `t_end` ilk ve son yıldır. `p_0` başlangıçtaki nüfus, `annual_growth` ise kestirilmiş yıllık artıştır.

`t_0 = t_0` atama işlemi daha önce oluşturduğumuz `t_0` isimli mevcut değişkenin değerini okur ve bu değeri, ismi yine `t_0` olan yeni bir sistem değişkeninde depolar. `System` nesnesi içerisindeki değişkenler öteki değişkenlerden farklıdır. Dolayısıyla isimleri aynı olsa da biri diğerini etkilemeyecek şekilde değiştirebilirsiniz. Bu `System` nesnesi dört yeni değişken içerir:

```
show(system)
```

	value
t_0	1950.000000
t_end	2016.000000
p_0	2.557629
annual_growth	0.072248

Daha sonra, bir önceki bölümdeki kodu bir fonksiyonun içerisine sarmalayacağız:

```
def run_simulation1(system):
    results = TimeSeries()
    results[system.t_0] = system.p_0
    for t in range(system.t_0, system.t_end):
        results[t+1] = results[t] + system.annual_growth
    return results
```

`run_simulation1` bir `System` nesnesi alır ve bu nesneden `t_0`, `t_end` ve `annual_growth` değişkenlerinin değerlerini okur. Bu fonksiyon nüfus artışını zaman üzerinden simüle eder ve sonuçları bir `TimeSeries` nesnesi içerisinde döndürür. Aşağıda bu fonksiyonu nasıl çağıracağımız gösterilmiştir:

```
results1 = run_simulation1(system)
```

Aşağıda kestirimleri çizdirmek için bir önceki bölümde kullandığımız fonksiyon bulunmaktadır:

```
def plot_estimates():
    census.plot(style=':', label='US Census')
    un.plot(style='--', label='UN DESA')
    decorate(xlabel='Yıl',
             ylabel='Dünya nüfusu (milyar)')
```

Sonuçlar aşağıda gösterilmiştir:

```
results1.plot(label='model', color='gray')
plot_estimates()
decorate(title='Sabit artış modeli')
```

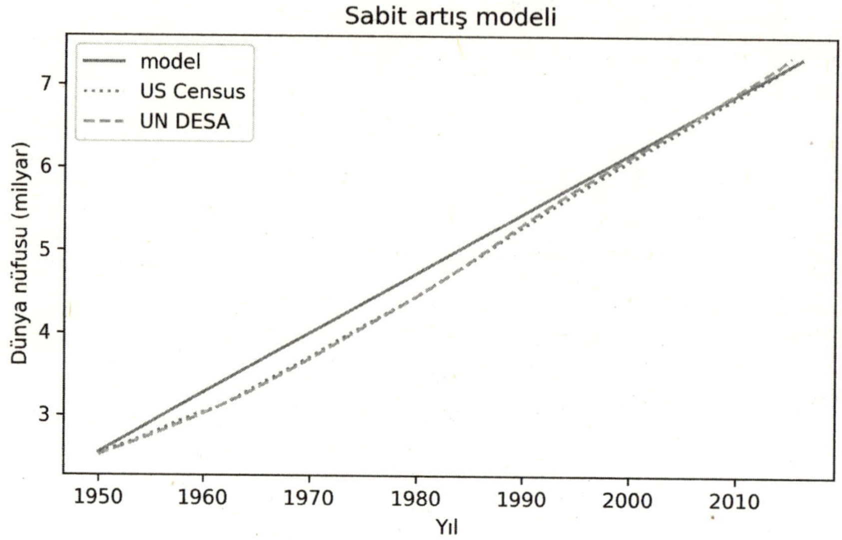

Fonksiyonları ve System nesnelerini kullanmanın büyük bir ilerleme olduğu aşikâr olmayabilir ve sadece bir kere çalıştırdığımız basit bir model için belki de bu, büyük bir ilerleme olmayabilir. Ancak daha karmaşık modellerle çalıştıkça ve farklı parametrelerle birçok simülasyon gerçekleştirdiğimiz zaman, kodu bu şekilde düzenlemenin büyük bir fark oluşturduğunu göreceğiz.

Şimdi modeli iyileştirip iyileştiremeyeceğimizi görelim.

6.2 Oransal Bir Artış Modeli

Sabit artış modeliyle ilgili en büyük problem anlamlı olmamasıdır. Dünya genelinde insanların nüfus artışını yıldan yıla sabit tutmak için nasıl anlaşabileceklerini hayal etmek zordur. Her yıl nüfusun bir kısmı ölürken ve bir kısmı doğururken nüfustaki net değişimi şu şekilde hesaplayabiliriz:

```
def run_simulation2(system):
    results = TimeSeries()
    results[system.t_0] = system.p_0

    for t in range(system.t_0, system.t_end):
        births = system.birth_rate * results[t]
        deaths = system.death_rate * results[t]
        results[t+1] = results[t] + births - deaths

    return results
```

Döngü boyunca her seferinde doğum sayısını hesaplamak için `birth_rate` parametresini, ölüm sayısını hesaplamak için `death_rate` parametresini kullanıyoruz. Fonksiyonun geri kalanı `run_simulation1` ile aynıdır.

Artık `birth_rate` ve `death_rate` parametrelerinin verilere en iyi uyan değerlerini seçebiliriz. Ölüm oranı için kabaca 2020'deki küresel ölüm oranı olan 1000 kişide 7.7 ölümü kullanacağız (*https://www.indexmundi.com/world/death_rate.html*). Nüfus verilerine uymak için doğum oranını elle seçtim.

```
system.death_rate = 7.7 / 1000
system.birth_rate = 25 / 1000
```

Simülasyonu çalıştırıp, sonuçları çizdirdiğimizde şunları elde ederiz:

```
results2 = run_simulation2(system)
results2.plot(label='model', color='gray')
plot_estimates()
decorate(title='Oransal artış modeli')
```

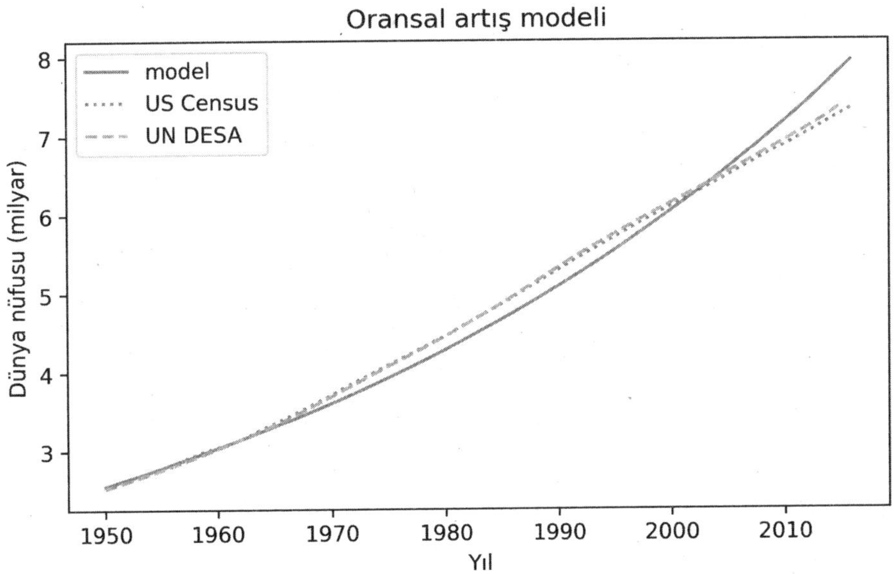

Oransal model 1950'den 1965'e kadar verilere iyi uymaktadır fakat 1965'ten sonra o kadar da iyi uymamaktadır. Genel olarak, uymanın kalitesi sabit artış modeli kadar iyi değildir ve bu, şaşırtıcıdır çünkü oransal model daha gerçekçi gibi görünmektedir.

Bir sonraki bölümde anlamlı olan ve verilere uyan bir model bulmak için bir deneme daha yapacağız. Ancak öncelikle koda birkaç iyileştirme daha yapalım.

6.3 Güncelleme Fonksiyonunu Hesaba Katmamak

Bir sonraki yıl için nüfusu hesapladığımız `for` döngüsünün gövdesi hariç `run_simulation1` ve `run_simulation2` neredeyse özdeştir. Özdeş kodu tekrarlamaktan ziyade, değişen şeyleri değişmeyenlerden ayırabiliriz. Öncelikle doğumları ve ölümleri `run_simulation2` fonksiyonundan çıkaracağız ve bir fonksiyon oluşturacağız:

```
def growth_func1(t, pop, system):
    births = system.birth_rate * pop
    deaths = system.death_rate * pop
    return births - deaths
```

`growth_func1` argüman olarak içerisinde bulunulan yılı, mevcut nüfusu ve bir `System` nesnesini alır ve içerisinde bulunulan yıl boyunca oluşan net nüfus artışını döndürür.

Bu fonksiyon `t`'yi kullanmaz, dolayısıyla `t`'yi dışarıda bırakabiliriz. Ancak, `t`'nin gerekli olduğu başka artış fonksiyonları da göreceğiz ve kullanılsın veya kullanılmasın bu fonksiyonların hepsinin aynı parametreleri alması uygundur. Artık herhangi bir modeli çalıştıran bir fonksiyon yazabiliriz:

```
def run_simulation(system, growth_func):
    results = TimeSeries()
    results[system.t_0] = system.p_0

    for t in range(system.t_0, system.t_end):
        growth = growth_func(t, results[t], system)
        results[t+1] = results[t] + growth

    return results
```

Bu fonksiyon daha önceleri görmediğimiz bir özelliği tanıtmaktadır: Bu fonksiyon bir fonksiyonu parametre olarak almaktadır! `run_simulation` fonksiyonunu çağırdığımızda, ikinci parametre bir sonraki yıl için nüfusu hesaplayan `growth_func1` gibi bir fonksiyondur.

Aşağıda bu fonksiyonu nasıl çağıracağımız gösterilmiştir:

```
results = run_simulation(system, growth_func1)
```

Bir fonksiyonu argüman olarak göndermek başka bir parametreyi göndermekle aynı şeydir. Bu örnekte `growth_func1` olan argüman `growth_func` olarak adlandırılan parametreye atanır. `run_simulation` fonksiyonunun içerisinde `growth_func` fonksiyonunu öteki fonksiyonlar gibi çağırabiliriz.

Döngü boyunca her seferinde `run_simulation` net artışı hesaplamak için `growth_func1` fonksiyonunu çalıştırır ve bu net artışı bir sonraki yılın nüfusunu hesaplamak için kullanır.

6.4 Doğum ve Ölümü Birleştirmek

Net artış oranını hesaplamak için doğumları ve ölümleri birleştirmek suretiyle kodu biraz basitleştirebiliriz. `birth_rate` ve `death_rate` parametreleri yerine güncelleme fonksiyonunu, farkı temsil eden tek bir parametre cinsinden yazabiliriz:

```
system.alpha = system.birth_rate - system.death_rate
```

Bu parametrenin ismi olan `alpha`, oransal bir artış oranının geleneksel ismidir.

Aşağıda `growth_func1` fonksiyonunun değiştirilmiş bir versiyonu bulunmaktadır:

```
def growth_func2(t, pop, system):
    return system.alpha * pop
```

Ve aşağıda bu değiştirilmiş versiyonu nasıl çalıştıracağımız görülmektedir:

```
results = run_simulation(system, growth_func2)
```

Sonuçlar önceki versiyonlarla aynıdır fakat kod artık öteki modellerin incelenmesini kolaylaştıracak şekilde düzenlenmiştir.

6.5 Özet

Bu bölümde bir önceki bölümdeki kodu fonksiyonların içerisine sarmaladık ve sistemin parametrelerini depolamak için `System` nesnesini kullandık.

Doğum ve ölüm sayısının mevcut nüfusla orantılı olduğu yeni bir nüfus artışı modelini inceledik. Bu model daha gerçekçi görünmektedir fakat bu modelin verilere özellikle iyi uymadığı açığa çıkmaktadır.

Bir sonraki bölümde nüfusun sonsuza dek artamayacağı varsayımına dayanan bir modeli deneyeceğiz.

6.6 Alıştırma

6.1 Oransal modelin çok iyi çalışmamasının nedeni belki de artış oranı `alpha` parametresinin zamanla değişmesidir. Dolayısıyla (keyfi bir tercih olarak) 1980 öncesi ve sonrasındaki farklı artış oranlarıyla birlikte bir model deneyelim.

`t`, `pop` ve `System` nesnesini parametre olarak alan bir güncelleme fonksiyonu yazalım. `System` nesnesi olan `system`, iki parametre içermelidir: 1980 öncesi artış oranı olan `alpha1` ve 1980 sonrası artış oranı olan `alpha2`. Bu fonksiyon hangi artış oranının kullanılacağını belirlemek için `t`'yi kullanmalıdır.

Fonksiyonunuzu doğrudan çağırmak suretiyle test ediniz ve ardından, fonksiyonunuzu `run_simulation` fonksiyonuna gönderiniz. Sonuçları çizdiriniz. Verilere yapabildiğiniz kadar iyi uymak için `alpha1` ve `alpha2`'yi ayarlayınız.

6.7 Kaputun Altındakiler

ModSim kütüphanesinde tanımlı olan `System` nesnesi, `types` (tipler) isimli bir standart Python kütüphanesinde tanımlı olan `SimpleNamespace` (basit isim uzayı) nesnesine dayanır. Dokümantasyon *https://docs.python.org/3.7/library/types.html#types.SimpleNamespace* adresinde mevcuttur.

Bölüm 7

ARTIŞIN SINIRLARI

Bir önceki bölümde her bir zaman adımındaki net artışın mevcut nüfusla orantılı olduğu bir nüfus modeli geliştirdik. Bu model sabit artış modelinden daha gerçekçi görünmekte fakat verilere o kadar da iyi uymamaktadır.

Modeli iyileştirmek için deneyebileceğimiz birkaç şey mevcuttur:

- Belki de net artış mevcut nüfusa bağlıdır fakat net artışla mevcut nüfus arasındaki ilişki doğrusal değil kuadratiktir (ÇN: İkinci derecedendir).
- Belki de net artış zamanla değişmektedir.

Bu bölümde ilk seçeneği inceleyeceğiz. Alıştırmalarda ise ikinci seçeneği deneme şansınız olacak.

Bu bölüm, metni okuyabileceğiniz, kodu çalıştırabileceğiniz ve alıştırmalar üzerinde çalışabileceğiniz bir Jupyter not defteri olarak da mevcuttur. Not defterlerine *https://allendowney.github.io/ModSimPy* adresinden erişebilirsiniz.

7.1 Kuadratik Artış

Net artışın mevcut nüfusa bağlı olması gerektiği fikri anlamlıdır fakat belki de net artışla mevcut nüfus arasındaki ilişki aşağıdaki gibi doğrusal bir ilişki değildir:

```
net_growth = system.alpha * pop
```

Belki de aşağıdaki gibi kuadratik bir ilişkidir:

```
net_growth = system.alpha * pop + system.beta * pop**2
```

Bu varsayımı yeni bir güncelleme fonksiyonuyla test edebiliriz:

```
def growth_func_quad(t, pop, system):
    return system.alpha * pop + system.beta * pop**2
```

Aşağıda kullanacağımız `System` nesnesinin `t_0`, `p_0` ve `t_end` ile başlatılışı bulunmaktadır:

```
t_0 = census.index[0]
p_0 = census[t_0]
t_end = census.index[-1]

system = System(t_0=t_0, p_0=p_0,
                t_end=t_end)
```

Şimdi `alpha` ve `beta` parametrelerini eklememiz gerekmektedir:

```
system.alpha = 25 / 1000
system.beta = -1.8 / 1000
```

Bu değerleri deneme yanılma yöntemiyle seçtim. Daha sonraları bu değerleri seçmenin daha iyi yollarını göreceğiz.

Aşağıda simülasyonun nasıl çalıştırılacağı gösterilmiştir:

```
results = run_simulation(system, growth_func_quad)
```

Ve son olarak sonuçlar şu şekildedir:

```
results.plot(color='gray', label='model')
plot_estimates()
decorate(title='Kuadratik artış modeli')
```

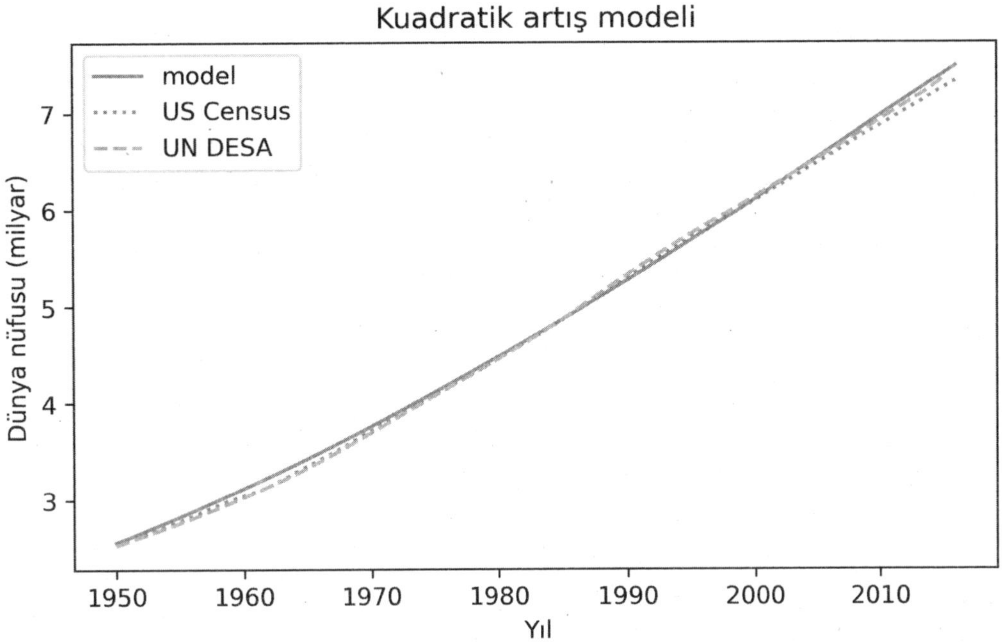

Aralığın tamamı boyunca model, verilere iyi uymaktadır. Sadece 1960'larda aralarında küçük bir boşluk bulunmaktadır.

Kuadratik modelin sabit ve oransal modellerden daha iyi uyması bütünüyle şaşırtıcı değildir: Diğer modellerin sadece bir parametreye sahip olduğu yerde bu modelin seçebileceğimiz iki parametresi mevcuttur. Genel olarak, oynayabileceğiniz ne kadar çok parametre varsa, modelin o kadar iyi uymasını beklemelisiniz.

Ancak verilere uymak, kuadratik modelin iyi bir tercih olduğunu düşünmek için tek neden değildir. Artış ve nüfus arasındaki ilişkinin bu forma sahip olmasını beklemek için geçerli bir nedenin mevcut olması da anlamlıdır. Bunu anlamak için net artışı nüfusun bir fonksiyonu olacak şekilde inceleyelim.

7.2 Net Artış

Kuadratik modeldeki artış ve nüfus arasındaki ilişkiyi çizdirelim. 0'dan 15 milyara kadar 101 nüfusluk bir dizi oluşturmak için `linspace` fonksiyonunu kullanacağız:

```
from numpy import linspace

pop_array = linspace(0, 15, 101)
```

Şimdi her bir nüfus için net artışı hesaplamak amacıyla kuadratik modeli kullanacağız:

```
growth_array = (system.alpha * pop_array +
                system.beta * pop_array**2)
```

Nüfusa karşı artış oranını çizdirmek için Matplotlib kütüphanesinden `plot` fonksiyonunu kullanacağız. Öncelikle bu fonksiyonu içe aktarmamız gerekiyor:

```
from matplotlib.pyplot import plot
```

Artık bu fonksiyonu şu şekilde kullanabiliriz:

```
plot(pop_array, growth_array, label='net artış', color='C2')

decorate(xlabel='Nüfus (milyar)',
        ylabel='Net artış (milyar)',
        title='Nüfusa karşı net artış')
```

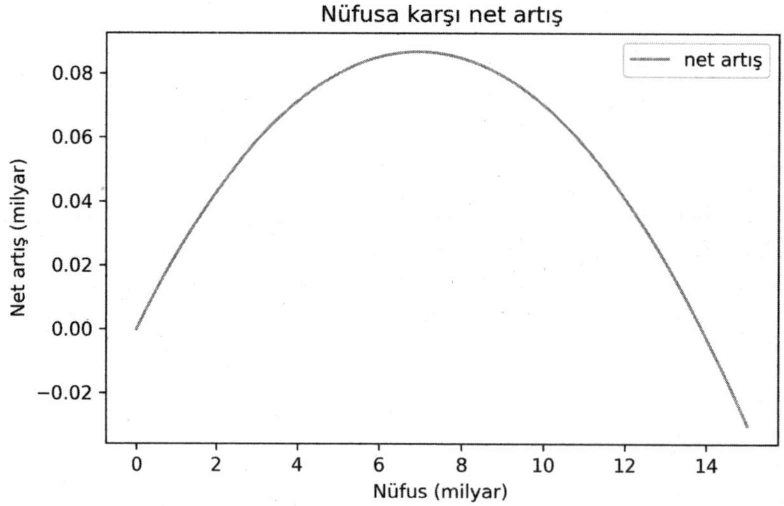

x-ekseninin daha önceki şekillerde olduğu gibi zaman olmadığına, nüfus olduğuna dikkat ediniz. Bu eğriyi dört tür davranışa bölebiliriz:

- Nüfus 3 milyardan daha az olduğunda, net artış, oransal modelde olduğu gibi nüfusla orantılıdır. Bu aralıkta nüfus yavaş bir şekilde artar çünkü nüfus azdır.
- 3 ila 10 milyar arasında nüfus hızlı bir şekilde artar çünkü çok sayıda insan vardır.
- 10 milyarın üzerindeyken, nüfus daha yavaş bir şekilde artar. Bu davranış, doğum oranlarını azaltan veya ölüm oranlarını artıran kaynak sınırlamaları etkisini modellemektedir.
- 14 milyarın üzerindeyken kaynaklar o kadar sınırlıdır ki ölüm oranı doğum oranını aşar ve net artış negatif olur.

14 milyarın hemen altında net artışın sıfırın olduğu bir nokta vardır ki bu, nüfusun değişmediği anlamına gelir. Bu noktada doğum ve ölüm oranları eşittir ve dolayısıyla nüfus dengededir.

7.3 Dengeyi Bulmak

Denge noktası, net nüfus artışı Δp'nin 0 olduğu p nüfusudur. p'yi aşağıdaki denklemin köklerini veya sıfırlarını yapan değerleri bulmak suretiyle hesaplayabiliriz:

$$\Delta p = \alpha p + \beta p^2$$

Burada α ve β modelin parametreleridir. Denklemin sağ tarafını aşağıdaki gibi yazarsak:

$$\Delta p = p(\alpha + \beta p)$$

$p = 0$ veya $p = -\alpha/\beta$ olduğunda net artışın 0 olduğunu görebiliriz. Dolayısıyla (sıfır olmayan) denge noktasını şu şekilde hesaplayabiliriz:

```
-system.alpha / system.beta
```

```
13.88888888888889
```

Bu parametrelerle birlikte, nüfus yaklaşık 13.9 milyar olduğunda net artış 0'dır (sonuç pozitiftir çünkü beta negatiftir).

Nüfus modelleme bağlamında kuadratik model daha geleneksel olarak şu şekilde yazılır:

$$\Delta p = rp(1 - p/K)$$

Bu, aynı modeldir. Bu şekilde yazmak sadece modelin *parametrelendirilmesinin* farklı bir yoludur. α ve β verildiğinde $r = \alpha$ ve $K = -\alpha/\beta$'yı hesaplayabiliriz.

Bu versiyonda parametreleri yorumlamak kolaydır: r, p küçük olduğunda gözlemlenen kısıtlanmamış artış oranı ve K, denge noktasıdır. K'ya aynı zamanda *taşıma kapasitesi* de denir çünkü ortamın besleyebileceği en büyük nüfusu belirtir.

7.4 Fonksiyon Bozuklukları

İnsanlar fonksiyonları öğrenirken sıklıkla kafa karıştırıcı buldukları birkaç şey vardır. Bu kısımda yaygın problemlerden bazılarını sunacak ve anlatacağım.

Bir örnek olarak `alpha` ve `beta` değişkenleriyle birlikte bir `System` nesnesini alan ve `-alpha/beta` taşıma kapasitesini hesaplayan bir fonksiyon istediğinizi farz edelim.

İşte iyi bir çözüm:

```
def carrying_capacity(system):
    K = -system.alpha / system.beta
    return K
sys1 = System(alpha=0.025, beta=-0.0018)
pop = carrying_capacity(sys1)
print(pop)
```

```
13.88888888888889
```

Şimdi bunun ters gidebileceği bütün yolları görelim.

Fonksiyon bozukluğu #1: Parametreleri Kullanmamak

Aşağıdaki versiyonda, fonksiyon herhangi bir parametre almamaktadır. `sys1` fonksiyonun içerisinde göründüğünde, fonksiyonun dışında oluşturduğumuz nesneye işaret etmektedir:

```
# YANLIŞ
def carrying_capacity():
    K = -sys1.alpha / sys1.beta
    return K
sys1 = System(alpha=0.025, beta=-0.0018)
pop = carrying_capacity()
print(pop)
```

```
13.88888888888889
```

Bu versiyon iş görür fakat olabileceği kadar çok yönlü değildir. Eğer birkaç `System` nesnesi varsa, bu fonksiyon, bu nesnelerden sadece bir tanesiyle ve sadece nesnenin ismi `sys1` ise bu nesneyle iş görebilir.

Fonksiyon Bozukluğu #2: Parametreleri Dövmek

İnsanlar parametreleri ilk öğrendiklerinde çoğu zaman fonksiyonları şu şekilde yazmaktadır:

```
# YANLIŞ
def carrying_capacity(system):
    system = System(alpha=0.025, beta=-0.0018)
    K = -system.alpha / system.beta
    return K
sys1 = System(alpha=0.03, beta=-0.002)
pop = carrying_capacity(sys1)
print(pop)
```

```
13.888888888888889
```

Bu örnekte, `carrying_capacity` fonksiyonuna argüman olarak gönderilen `sys1` isimli bir `System` nesnemiz mevcut. Ancak fonksiyon çalıştığında bu argümanı görmezden gelir ve hemen bu argümanı yeni bir `System` nesnesiyle değiştirir. Sonuç olarak, hangi argüman gönderilirse gönderilsin fonksiyon her zaman aynı değeri döndürür.

Bir fonksiyon yazarken parametrelerin değerlerinin ne olacağını genelde bilmezsiniz. Sizin göreviniz geçerli her değer için iş gören bir fonksiyon yazmaktır. Parametrelere kendi değerlerinizi atarsanız, fonksiyonların bütün amacını bozmuş olursunuz.

Fonksiyon Bozukluğu #3: Döndürülen Değer Olmaması

Aşağıda `K`'nın değerini hesaplayan fakat `K`'yı döndürmeyen bir versiyon bulunmaktadır:

```
# YANLIŞ
def carrying_capacity(system):
    K = -system.alpha / system.beta
sys1 = System(alpha=0.025, beta=-0.0018)
pop = carrying_capacity(sys1)
print(pop)
```

```
None
```

`return` deyimi olmayan bir fonksiyon gerçekte `None` isimli özel bir değer döndürür. Dolayısıyla bu örnekte pop değişkeninin değeri `None`'dır. Eğer bir programdan hata ayıklıyorsanız ve bir değişkenin değerinin `None` olduğunu görüyorsanız ve de değerin `None` olmaması gerekiyorsa bunun nedeni muhtemelen `return` deyimi olmayan bir fonksiyondur.

Fonksiyon Bozukluğu #4: Döndürülen Değeri Kullanmamak

Son olarak, fonksiyonun doğru olduğu fakat fonksiyonun kullanılış şeklinin yanlış olduğu versiyon aşağıda bulunmaktadır:

```
def carrying_capacity(system):
    K = -system.alpha / system.beta
    return K

sys1 = System(alpha=0.025, beta=-0.0018)
carrying_capacity(sys1)    # YANLIŞ

print(K)
```

Bu örnekte `carrying_capacity` çalışmakta ve `K`'yı döndürmektedir fakat döndürülen değer görüntülenmemekte veya bir değişkene atanmamaktadır. `K`'yı ekrana yazdırmaya çalışırsak `NameError` (isim hatası) alırız çünkü `K` sadece fonksiyonun içerisinde mevcuttur.

Değer döndüren bir fonksiyon çağırırsanız, sonuç üzerinde bir şeyler yapmanız gerekir.

7.5 Özet

Bu bölümde net artışın mevcut nüfusa ve nüfusun karesine bağlı olduğu kuadratik bir model gerçekledik. Bu model, verilere iyi uymaktadır ve bunun nedenlerinden birini gördük: Dünyanın besleyebileceği insan sayısının bir sınırı olduğu varsayımına dayanmaktadır.

Bir sonraki bölümde geliştirdiğimiz modelleri tahminler üretmek için kullanacağız.

7.6 Alıştırmalar

7.1 Bu bölümde kuadratik modeli parametrelendirmenin farklı bir yolunu gördük:

$$\Delta p = rp(1 - p/K)$$

Burada $r = \alpha$ ve $K = -\alpha/\beta$'dır.

`growth_func` fonksiyonunun modelin bu versiyonunu gerçekleyen bir versiyonunu yazınız. `r` ve `K`'nın, `alpha = 0.025` ve `beta = -0.0018`'e karşılık gelen değerlerini hesaplamak suretiyle `growth_func` fonksiyonunu test ediniz ve aynı sonuçları elde ettiğinizi doğrulayınız.

7.2 20 milyar gibi taşıma kapasitesinin üzerinde bir başlangıç nüfusuyla başlarsak ne olur? Modeli 1 ila 20 miyar arasındaki başlangıç nüfuslarıyla çalıştırınız ve sonuçları aynı eksenlerde çizdiriniz.

İpucu: Açıklamalarda çok sayıda etiket varsa, sonuçları şu şekilde çizdirebilirsiniz:

```
results.plot(label='_nolegend')
```

Bölüm 8

GELECEĞE YÖNELİK TAHMİNLERDE BULUNMAK

Bir önceki bölümde 1950'den 2016'ya kadar dünya nüfusunun artışının kuadratik bir modelini geliştirdik. Bu model basit bir modeldir fakat verilere iyi uymaktadır ve bu modelin dayalı olduğu mekanizmalar mantıklıdır. Bu bölümde kuadratik modeli, gelecekteki artışlara dair tahminler (projections) üretmek ve sonuçlarımızı gerçek demografların (ÇN: Nüfus bilimcilerin) tahminleriyle karşılaştırmak için kullanacağız.

Bu bölüm, metni okuyabileceğiniz, kodu çalıştırabileceğiniz ve alıştırma üzerinde çalışabileceğiniz bir Jupyter not defteri olarak da mevcuttur. Not defterlerine *https://allendowney.github.io/ModSimPy* adresinden erişebilirsiniz.

8.1 Tahminler Üretmek

Sonuçları 2100'e kadar genişleterek kuadratik modeli çalıştıralım ve tahminlerimizin profesyonellerin tahminlerine kıyasla nasıl olduğunu görelim.

Aşağıda bir kere daha artış fonksiyonunu görüyorsunuz:

```
def growth_func_quad(t, pop, system):
    return system.alpha * pop + system.beta * pop**2
```

Ve aşağıda sistem parametrelerini görüyorsunuz:

```
t_0 = census.index[0]
p_0 = census[t_0]

system = System(t_0=t_0,
                p_0=p_0,
                alpha=25/1000,
                beta=-1.8/1000,
                t_end=2100)
```

`t_end = 2100` olmak üzere `run_simulation` fonksiyonunu alışıldığı şekliyle çağırmak suretiyle tahmini üretebiliriz:

```
results = run_simulation(system, growth_func_quad)
```

Aşağıda sonuçlardaki son birkaç değer bulunmaktadır:

```
show(results.tail())
```

Time	Quantity
2096	12.462519
2097	12.494516
2098	12.525875
2099	12.556607
2100	12.586719

Sonuçlar aşağıdaki gibi olur:

```
results.plot(color='gray', label='model')
decorate(xlabel='Yıl',
         ylabel='Dünya nüfusu (milyar)',
         title='Kuadratik modelin tahmini')
```

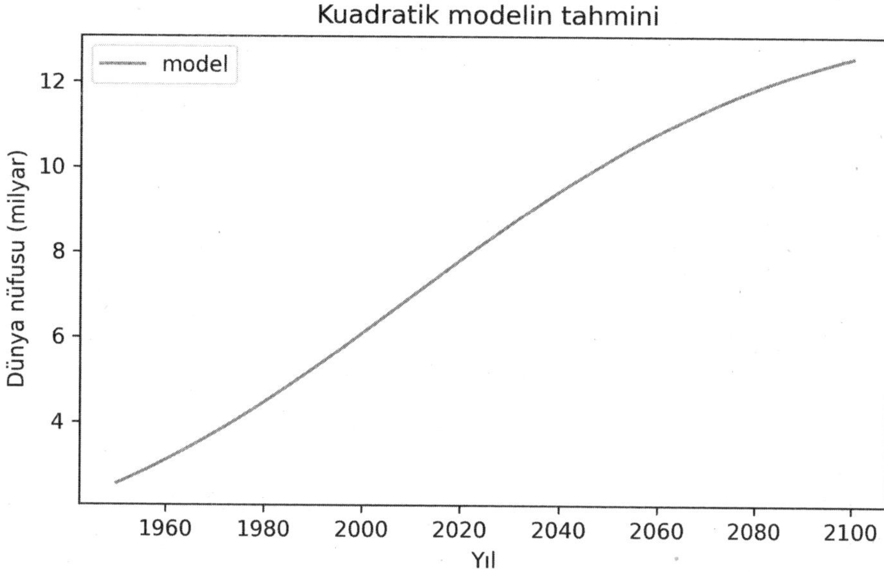

Modele göre nüfus artışı 2020'den sonra kademeli olarak yavaşlayacak ve 2100 itibariyle 12.6 milyara yaklaşacaktır.

Tahmin (prediction) kelimesinden ziyade kestirim (projection) kelimesini bilerek kullanıyorum. Bu iki kelime arasında şu farkı gözetiyorum: Tahmin, "En azından yaklaşık olarak olmasını beklediğimiz şey budur" gibi bir şeyi ima etmektedir. Buna karşın kestirim, "Eğer bu model sistemin iyi bir açıklamasıysa ve gelecekte hiçbir şey sistem parametrelerini değiştirmezse, bu olacaktır" gibi bir şey ima etmektedir.

Kestirim kelimesini kullanmak, bu modelde yakalanmayan ve gerçek dünyada önemli olan şeylerin var olduğu olasılığını açık tutmaktadır. Bu kelimeyi kullanmak, model iyi bile olsa, geçmişe dayalı olarak kestirdiğimiz parametrelerin gelecekte farklı olabileceğini de öne sürmektedir.

Üzerinde çalıştığımız kuadratik model, nüfus artışının kaynakların mevcudiyetiyle sınırlı olduğu varsayımına dayanmaktadır. Bu senaryoda nüfus taşıma kapasitesine yaklaştıkça doğum oranları düşmekte ve ölüm oranları yükselmektedir çünkü kaynaklar seyrekleşmektedir. Bu varsayım geçerliyse artış oranının düşmeye başladığı nüfus aralığına geçişi gözlemlemek kaydıyla, gerçek nüfus artışını taşıma kapasitesini kestirmek için kullanabiliriz.

Ancak dünya nüfusunun artışı söz konusu olduğunda bu koşullar geçerli olmaz. Son 50 yıl boyunca net artış oranı düzleşmiştir fakat henüz düşmeye başlamamıştır. Dolayısıyla taşıma kapasitesinin güvenilir bir kestirimini yapacak yeterli verilere sahip değiliz. Ve kaynak sınırlamaları muhtemelen artışın yavaşlamasının birincil nedeni değildir. Delil olarak şunları düşününüz:

1. Ölüm oranı artmamaktadır. Daha ziyade 1950'deki yüzde 1.9'dan şimdiki 0.8'e gerilemiştir. Dolayısıyla net artıştaki azalış tamamen gerileyen doğum oranından ötürüdür.

2. Kaynaklar ve doğum oranı arasındaki ilişki, modelin varsaydığının tam tersidir. Ülkeler kalkındıkça ve insanlar zenginleştikçe doğum oranları düşme eğiliminde olur.

Bu modelin, taşıma kapasitesini kestirebileceği fikrini çok ciddiye almamalıyız. Ancak bir modelin varsayımları kesin olarak doğru olmasa bile bu modelin tahminleri güvenilir olabilir. Örneğin, gerçek mekanizma başka bir şey olsa bile nüfus artışı sanki kaynaklar sınırlıymış gibi davranabilir.

Gerçekte ise nüfus artışı üzerinde çalışan demograflar çoğu zaman bizimkine benzer modeller kullanırlar. Bir sonraki kısımda kendi tahminlerimizi demografların tahminleriyle karşılaştıracağız.

8.2 Tahminleri Karşılaştırmak

Geçmişteki nüfus kestirimlerini aldığımız aynı Wikipedia sayfasından `table3`'ü okuyacağız. Bu tablo US Census, UN DESA ve Population Reference Bureau (Nüfus Referans Bürosu) tarafından üretilen gelecek 50 yıldaki nüfus artışı kestirimlerini içermektedir:

```
table3 = tables[3]
```

Sütun isimleri uzun dizgilerdir. Kolay olması için bu dizgileri kısaltmalarla değiştirelim:

```
table3.columns = ['census', 'prb', 'un']
```

Aşağıda ilk birkaç satır bulunmaktadır:

```
table3.head()
```

Year	census	prb	un
2016	7.334772e+09	NaN	7.432663e+09
2017	7.412779e+09	NaN	NaN
2018	7.490428e+09	NaN	NaN
2019	7.567403e+09	NaN	NaN
2020	7.643402e+09	NaN	7.758157e+09

Bazı değerler NaN'dır. Bu ise kayıp verileri belirtir çünkü bazı kuruluşlar bazı yıllara dair tahminleri yayınlamamışlardır. Aşağıdaki fonksiyon UN DESA ve US Census'un tahminlerini çizdirmektedir. Bu fonksiyon her bir seriyi çizdirmeden önce bu serilerdeki NaN değerlerini silmek için dropna metodunu kullanmaktadır:

```
def plot_projections(table):
    """Dünya nüfusu tahminlerini çizdir

    tablo: 'un' ve 'census' sütunlarıyla birlikte bir DataFrame
    """
    census_proj = table.census.dropna() / 1e9
    un_proj = table.un.dropna() / 1e9

    census_proj.plot(style=':', label='US Census')
    un_proj.plot(style='--', label='UN DESA')

    decorate(xlabel='Yıl',
             ylabel='Dünya nüfusu (milyar)')
```

Aşağıda profesyonel tahminlerin kuadratik modelin tahminleriyle karşılaştırılması bulunmaktadır:

```
results.plot(color='gray', label='model')
plot_projections(table3)
decorate(
   title='UN ve Census ile birlikte kuadratik modelin tahmini'
)
```

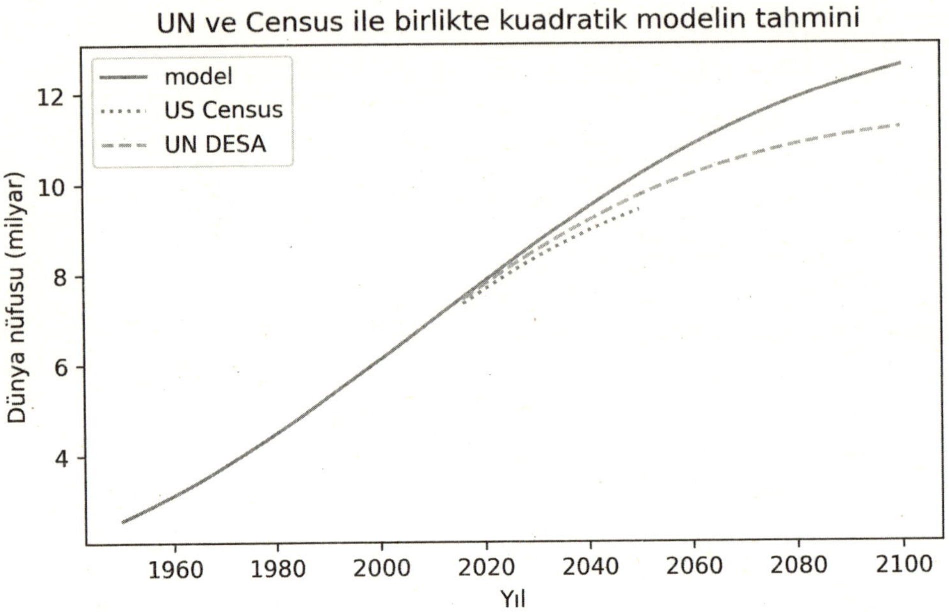

UN DESA, dünya nüfusunun 2100 civarında 11 milyara ulaşmasını ve ardından, düzleşmesini beklemektedir. US Census'un tahminleri biraz daha aşağıdadır ve sadece 2050'ye dek gitmektedir.

8.3 Özet

Bu bölümde şimdi ile 2100 arasındaki dünya nüfusunun artışını tahmin etmek için kuadratik artış modelini kullandık.

Gerçek demograflar dünya nüfusunun modelimizdeki nüfustan daha yavaş artacağını beklerler. Çünkü muhtemelen demografların modelleri, koşulları farklı olan bölge ve ülkelere göre bölünmüştür ve demograflar beklenen ekonomik kalkınmayı hesaba katarlar

Bunlara rağmen demografların tahminleri nitel olarak bizimkine benzerdir ve demografların modelleri birbirinden neredeyse bizimkinden farklı olduğu kadar farklılık gösterir. Dolayısıyla modelin sonuçları basit olmakla birlikte tamamen mantıksız değildir.

Profesyonel tahminlere dâhil olan faktörlerden bazılarıyla ilgileniyorsanız, Hans Rosling'in bu yüzyılda beklediğimiz demografik değişiklikler videosunu izleyebilirsiniz: *https://www.youtube.com/watch?v=ezVk1ahRF78*.

8.4 Alıştırmalar

8.1 Birkaç on yıldır dünya nüfusunun artış oranı gerilemektedir. Bu gözlem daha gerçekçi tahminler üretmek için bir yol daha ileri sürmektedir: artış oranında gözlemlenen değişiklikleri dışadeğerlemek suretiyle.

Geçmiş artış oranlarını hesaplamak için bir `Series`'teki ardışık elemanlar arasındaki farkı hesaplayan `diff` isimli bir fonksiyon kullanacağız. Örneğin aşağıda census'taki bir yıldan bir sonraki yıla kadar olan süre içerisindeki değişiklikler bulunmaktadır:

```
diff = census.diff()
show(diff.head())
```

Year	census
1950	NaN
1951	0.037311
1952	0.041832
1953	0.045281
1954	0.048175

1949 yılının verileri olmadığından ilk eleman `NaN`'dır. Bu yüzden ilk farkı hesaplayamıyoruz.

Bu farkları nüfuslara bölersek, sonuç, her bir yılın artış oranının bir kestirimi olur:

```
alpha = census.diff() / census
show(alpha.head())
```

Year	census
1950	NaN
1951	0.014378
1952	0.015865
1953	0.016883
1954	0.017645

Aşağıdaki fonksiyon census ve un kestirimleri için artış oranlarını hesaplar ve çizdirir:

```
def plot_alpha():
    alpha_census = census.diff() / census
    alpha_census.plot(style='.', label='US Census')
    alpha_un = un.diff() / un
    alpha_un.plot(style='.', label='UN DESA')
    decorate(xlabel='Yıl', ylabel='Net artış oranı')
```

Bu fonksiyon, her bir veri noktasını küçük bir daire ile çizdirmek için `style='.'` kullanmaktadır. Grafik aşağıdaki gibi olur:

```
plot_alpha()
```

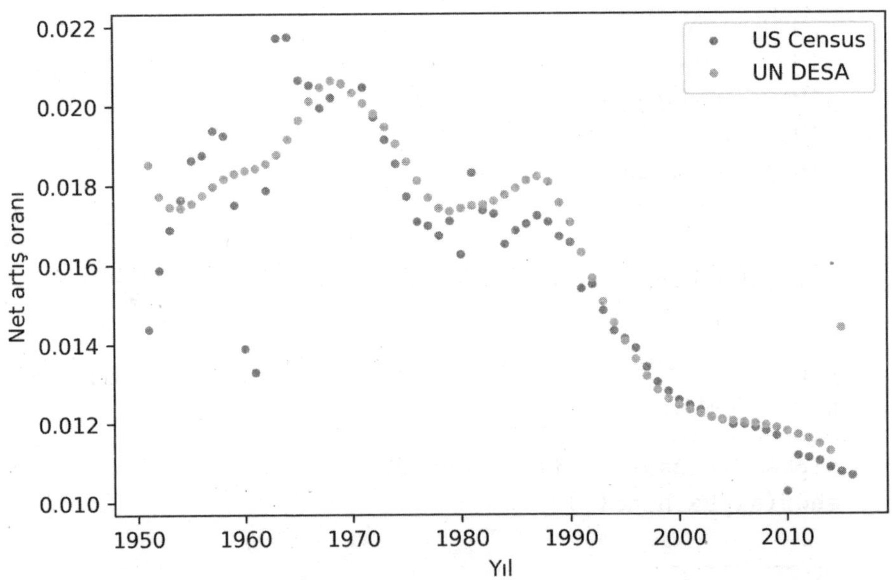

1990'lar etrafındaki bir sıçrama haricinde, net artış oranı 1970'den bu yana kabaca doğrusal bir şekilde düşmektedir.

Bu düşüşü, bu verilere bir doğruyu uydurmak ve geleceğe doğru dışadeğerleme yapmak suretiyle modelleyebiliriz. Aşağıda bir zaman damgasını alan ve 1970'ten bu yanaki artış oranlarına uyan bir doğruyu hesaplayan fonksiyon bulunmaktadır:

```
def alpha_func(t):
    intercept = 0.02
    slope = -0.00021
    return intercept + slope * (t - 1970)
```

Bunun neye benzediğini görmek için 1960'tan 2020'ye kadar olan bir zaman damgası dizisi oluşturalım ve karşılık gelen artış oranlarını hesaplamak için `alpha_func` fonksiyonunu kullanalım:

```
t_array = linspace(1960, 2020, 5)
alpha_array = alpha_func(t_array)
```

Verilerle karşılaştırıldığında bunun neye benzediği aşağıda gösterilmiştir:

```
from matplotlib.pyplot import plot

plot_alpha()
plot(t_array, alpha_array, label='model', color='gray')
decorate(ylabel='Net artış oranı',
            title='Net artış oranının doğrusal modeli')
```

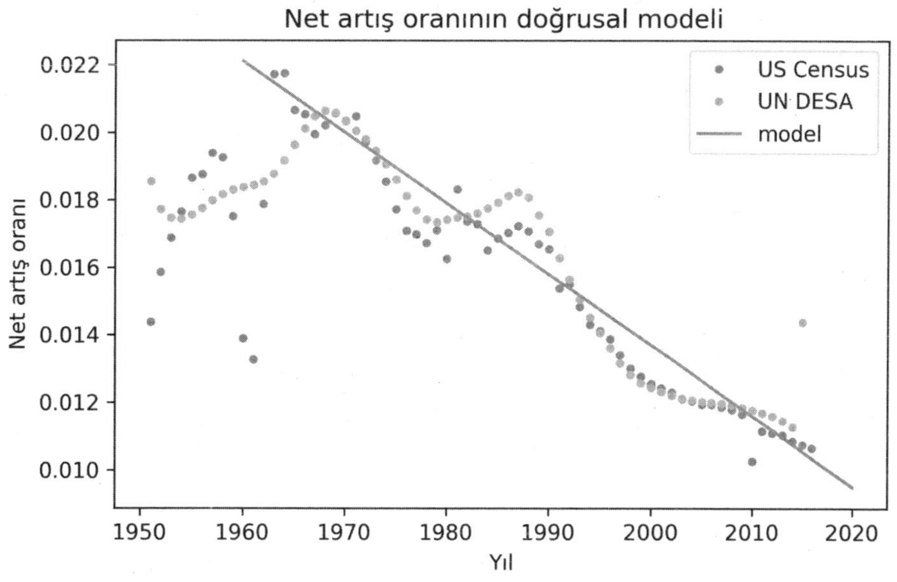

Benim seçtiğim `slope` (eğim) ve `intercept`'i (kesişme) beğenmezseniz bu değerleri kendiniz ayarlayabilirsiniz.

Artık bir alıştırma olarak bu fonksiyonu 2100'e dek dünya nüfusu tahminleri yapmak için kullanabilirsiniz.

1. `alpha_func` fonksiyonunu bir parametre olarak içeren bir `System` nesnesi oluşturunuz.
2. Verilen `t` zamanında net artış oranını hesaplamak için `alpha_func` fonksiyonunu kullanan bir artış fonksiyonu tanımlayınız.
3. Artış fonksiyonunuz ile 1960'tan 2100'e kadar bir simülasyon çalıştırınız ve sonuçları çizdiriniz.
4. Tahminlerinizi US Census ve UN DESA'nın tahminleriyle karşılaştırınız.

Bölüm 9

ANALİZ VE SEMBOLİK HESAPLAMA

Bu bölümde önceki bölümlerdeki modelleri *fark denklemleri* ve diferansiyel denklemler olarak ifade edecek, denklemleri çözecek ve çözümlerin fonksiyonel formlarını türeteceğiz. Ayrıca, matematiksel analiz ve simülasyonun tamamlayıcı rolleriyle ilgili bazı düşünceleri sunacağım.

Bu bölüm, metni okuyabileceğiniz, kodu çalıştırabileceğiniz ve alıştırmalar üzerinde çalışabileceğiniz bir Jupyter not defteri olarak da mevcuttur. Not defterlerine *https://allendowney.github.io/ModSimPy* adresinden erişebilirsiniz.

9.1 Fark Denklemleri

Bir önceki ve bu bölümdeki nüfus modelleri yeterince basit olduğundan ve simülasyon çalıştırmaya gerek duymadık. Bu modelleri matematiksel olarak çözebilirdik. Örneğin sabit artış modelini şu şekilde yazdık:

```
results[t+1] = results[t] + annual_growth
```

Matematiksel gösterimde, aynı modeli şu şekilde yazarız:

$$x_{n+1} = x_n + c$$

Burada x_n, n yılındaki nüfus, x_{n+1}, $n + 1$ yılındaki nüfus ve c ise sabit yıllık artıştır. Model bu şekilde temsil edildiğinde bir fark denklemi elde edilir. Burada gelecekteki nüfus, mevcut nüfusun bir fonksiyonudur.

n'nin belirli bir değeri için, bazen x_n'i doğrudan hesaplamak mümkündür. Yani, x_1'den x_{n-1}'e kadar olan ve araya giren değerler olmadan hesaplamak. Sabit artış söz konusu olduğunda $x_1 = x_0 + c$ ve $x_2 = x_1 + c$ olduğunu görebiliriz. Bunları birleştirerek $x_2 = x_0 + 2c$ ve ardından, $x_3 = x_0 + 3c$ elde ederiz ve genel olarak:

$$x_n = x_0 + nc$$

olduğunu görebiliriz. Dolayısıyla x_{100}'ü bilmek istersek ve öteki değerler bizi ilgilendirmiyorsa, x_{100}'ü bir çarpım ve bir toplam ile hesaplayabiliriz.

Ayrıca, oransal modeli de bir fark denklemi olarak yazabiliriz:

$$x_{n+1} = x_n + \alpha x_n$$

Veya daha geleneksel bir şekilde:

$$x_{n+1} = x_n(1 + \alpha)$$

olarak yazabiliriz.

Şimdi $x_1 = x_0(1 + \alpha)$ ve $x_2 = x_0(1 + \alpha)^2$ olduğunu görebiliriz. Genel olarak:

$$x_n = x_0(1 + \alpha)^n$$

olarak yazılabilir.

Bu fonksiyonel forma sahip bir sekans, *geometrik dizi* olarak adlandırılır. α pozitif olduğunda $1 + \alpha$ çarpanı 1'den büyük olur ve dolayısıyla sekansın elemanları sınırsız bir şekilde artar.

Son olarak, kuadratik modeli şu şekilde yazabiliriz:

$$x_{n+1} = x_n + \alpha x_n + \beta x_n^2$$

Veya daha geleneksel bir parametrelendirmeyle şu şekilde yazabiliriz:

$$x_{n+1} = x_n + r x_n(1 - x_n/K)$$

Bu denklemin analitik çözümü yoktur fakat denkleme bir diferansiyel denklem şeklinde yaklaşabilir ve çözebiliriz. Bir sonraki kısımda bunu gerçekleştireceğiz.

9.2 Diferansiyel Denklemler

Bir kez daha sabit artış modeliyle başlayarak,

$$x_{n+1} = x_n + c$$

Δx'i bir zaman adımından diğerine x'deki değişim olarak tanımlarsak şunu yazabiliriz:

$$\Delta x = x_{n+1} - x_n = c$$

Δt'yi zaman adımı olarak tanımlarsak ki örneğimizde Δt bir yıldır, birim zamana düşen değişim oranını şu şekilde yazabiliriz:

$$\frac{\Delta x}{\Delta t} = c$$

Bu ayrık (kesikli) zamanlı bir modeldir ve bu da zamanın n'nin ara değerlede değil, sadece tam sayı değerlerde tanımlı olduğu anlamına gelir. Ancak gerçekte ise yılda bir kere insan doğmaz veya ölmez, sürekli doğar ve ölür. Dolayısıyla sürekli bir model kullanmak daha gerçekçi olabilir. Bu ise zamanın sadece tam sayılarda değil, t'nin tüm değerlerinde tanımlı olduğu anlamına gelir.

Sürekli zamanlı bir modelde değişim oranını bir türev formunda yazarız:

$$\frac{dx}{dt} = c$$

Modeli bu şekilde temsil ettiğimizde bir *diferansiyel denklem* elde ederiz. Diferansiyel denklem en az bir türev içerir.

Bu denklemi çözmek için denklemin her iki tarafını dt ile çarparız:

$$dx = cdt$$

ve ardından, her iki tarafın integralini alırız:

$$x(t) = ct + x_0$$

Benzer şekilde, oransal artış modelini şu şekilde yazabiliriz:

$$\frac{\Delta x}{\Delta t} = \alpha x$$

ve bir diferansiyel denklem olarak şu şekilde yazabiliriz:

$$\frac{dx}{dt} = \alpha x$$

Denklemin her iki tarafını dt ile çarpar ve x'e bölersek şunu elde ederiz:

$$\frac{1}{x}\ dx = \alpha\ dt$$

Şimdi her iki tarafın integralini alırız ve bu da aşağıdakini verir:

$$\ln x = \alpha t + K$$

Burada ln doğal logaritma, K ise integral sabitidir.
Her iki tarafın üssünü alırsak şunu elde ederiz:

$$\exp(\ln(x)) = \exp(\alpha t + K)$$

Üstel fonksiyon $\exp(x)$ veya e^x olarak yazılabilir. Bu kitapta, ilk formu kullanıyorum çünkü Python koduna benzemektedir.
Bir önceki denklemi şu şekilde yazabiliriz:

$$x = \exp(\alpha t)\exp(K)$$

K keyfi bir sabit olduğundan, $\exp(K)$ da keyfi bir sabittir. Dolayısıyla:

$$x = C\exp(\alpha t)$$

yazabiliriz. Burada $C = \exp(K)$'dır. C'nin farklı değerleriyle birlikte bu diferansiyel denklemin birçok çözümü mevcuttur. İstediğimiz özel çözüm $t = 0$ iken x_0 değerine sahip olan çözümdür.
$t = 0$ iken $x(t) = C$'dir, dolayısıyla $C = x_0$ olur ve istediğimiz çözüm aşağıdaki gibi olur:

$$x(t) = x_0\exp(\alpha t)$$

Bu türetme işleminin nasıl daha dikkatli bir şekilde yapıldığını görmek isterseniz, şu videoyu beğenebilirsiniz: *https://www.khanacademy.org/math/old-ap-calculus-ab/ab-diff-equations/ab-exp-models/v/exponential-solution-to-differential-equation*.

9.3 Analiz ve Simülasyon

Bir modeli tasarladıktan sonra genellikle gidilecek iki yol mevcuttur: Simülasyon ve analiz. Simülasyon çoğu zaman doğumlar ve ölümler veya bir yerden diğerine giden bisikletler gibi bir sistemdeki zaman üzerinden değişimleri modelleyen bir bilgisayar programı formunda gelir. Analiz ise çoğu zaman cebir ve kalkülüs formunda gelir. Yani matematiksel gösterim kullanan sembolik manipülasyon.

Analiz ve simülasyon farklı yetenekler ve sınırlamalara sahiptir. Simülasyon genel olarak çok yönlüdür. Daha önceki örneklerde de yaptığımız gibi bir programa ekleme yapmak veya programdan parçalar çıkarmak ve bir modelin birçok versiyonunu test etmek kolaydır.

Ancak simülasyon ile zor veya imkânsız olan fakat analizle yapabileceğimiz çeşitli işler vardır:

- Simülasyon ile sadece verimsiz bir şekilde sadece yaklaşabileceğimiz bir değeri, analiz ile bazen tam ve verimli bir şekilde hesaplayabiliriz. Örneğin, kuadratik modelde nüfusa karşı net artışı çizdirdik ve net artışın, nüfus 14 milyara yakın olduğunda sıfırdan geçtiğini gördük. Geçiş noktasını sayısal bir arama algoritması kullanarak kestirebilirdik (daha ayrıntılı değineceğiz). Ancak birazcık cebir ile genel sonucu $K = -\alpha/\beta$ olarak türettik.

- Analiz bazen "hesaplamasal kısayollar" sağlar. Yani aradaki durumları hesaplamadan, bir sistemin birçok zaman adımı kadar gelecekteki durumunu hesaplamak için zamanda ileri sıçrama yeteneği.

- Modellerle ilgili genelleştirmeleri ifade etmek ve kanıtlamak için analizi kullanabiliriz. Örneğin, belirli sonuçların her zaman ortaya çıkacağını ve hiçbir zaman ortaya çıkmayacağını kanıtlayabiliriz. Simülasyonlar ile örnekler gösterebilir ve bazen karşı örnekler bulabiliriz fakat kanıtlar yazmak zordur.

- Analiz, modellere ve açıkladıkları sistemlere yönelik bir içgörü sağlayabilir. Örneğin, bazen sistemin davranabileceği nitel olarak farklı şekilleri ve bu davranışları kontrol eden anahtar parametreleri tanımlayabiliriz.

İnsanlar analizin ne yapabildiğini gördüklerinde bazen güç sarhoşu olurlar ve analizin kendilerine maddi dünyanın perdesinin arkasını görmeye ve evreni yöneten matematik kanunları algılamaya yönelik özel bir yetenek verdiğini hayal ederler. Bu insanlar fiziksel bir sistemi analiz ettiklerinde, dünyamız sanki ideal bir matematiksel varlıklar dünyasının sadece gölgesiymiş gibi, "bu fiziksel sistemin ardındaki matematikten" bahsederler (Bunu uydurmuyorum, bakınız: *https://en.wikipedia.org/wiki/Allegory_of_the_cave*). Elbette ki bu, anlamsızdır. Matematiksel notasyon, özellikle cebir gibi sembolik manipülasyonları kolaylaştırmak için insanlar tarafından bir amaç doğrultusunda tasarlanan bir dildir. Benzer şekilde, programlama dilleri, özellikle hesaplamasal fikirleri temsil etmek ve programları çalıştırmak için bir amaç doğrultusunda tasarlanmışlardır.

Bu dillerin her biri tasarlandıkları amaç için iyi, diğer amaçlar için ise daha az iyidirler. Ancak diller çoğu zaman tamamlayıcıdır ve bu kitabın amaçlarından biri bu dillerin nasıl bir arada kullanılabileceğini göstermektir.

9.4 WolframAlpha ile Analiz

Yakın zamana kadar analizin çoğu ağaç hamuruna grafit sürmek suretiyle yapıldı ve bu işlem çaba gerektiren ve hataya açık bir işlemdir. Kullanışlı bir alternatif sembolik hesaplamadır. WolframAlpha gibi hizmetleri kullandıysanız, sembolik hesaplama kullanmışsınız demektir.

Örneğin, *https://www.wolframalpha.com* adresine gider ve aşağıdakini girerseniz:

```
df(t) / dt = alpha f(t)
```

WolframAlpha, $f(t)$'nin t'nin bir fonksiyonu ve `alpha`'nın bir parametre olduğu çıkarımında bulunur. Bu durumda WolframAlpha sorguyu "birinci dereceden doğrusal adi diferansiyel denklem" olarak sınıflandırır ve şu genel çözümü bildirir:

$$f(t) = c_1 \exp(\alpha t)$$

Başlangıç şartını belirtmek için ikinci bir denklem eklerseniz,

```
df(t) / dt = alpha f(t),  f(0) = p_0
```

WolframAlfa şu özel çözümü bildirir:

$$f(t) = p_0 \exp(\alpha t)$$

WolframAlfa, Mathematica tabanlıdır. Mathematica sembolik hesaplama için tasarlanmış olan güçlü bir programlama dilidir.

9.5 SymPy ile Analiz

Python'da Mathematica'ya benzer sembolik araçlar sağlayan SymPy isimli bir kütüphane mevcuttur. WolframAlpha kadar kullanımı basit olmasa da bu kütüphanenin bazı avantajları vardır. SymPy kütüphanesini kullanmak için değişkenlerin ve fonksiyonların isimlerini temsil eden `Symbol` nesneleri tanımlayacağız. `symbols` fonksiyonu bir dizgi alır ve `Symbol` nesneleri döndürür. Dolayısıyla şu atamayı çalıştırırsak,

```
from sympy import symbols

t = symbols('t')
```

ve daha sonra t'yi bir ifade içerisinde kullanırsak, Python t'ye belirli bir sayıdan ziyade bir değişken ismi olarak muamele eder. Örneğin:

```
expr = t + 1
expr
```

$t + 1$

Python sayısal toplama yapmaya çalışmaz. Daha ziyade t ile 1'in toplamını temsil eden yeni bir Symbol oluşturur. Toplamı, bir değişkeni bir değerle değiştiren subs metodunu kullanarak hesaplayabiliriz. Bu örnek, t yerine 2 koymaktadır:

```
expr.subs(t, 2)
```

3

SymPy'da fonksiyonlar Symbol'un özel bir türü ile temsil edilirler:

```
from sympy import Function

f = Function('f')
f
```

f

Şimdi f(t)'yi yazarsak, bir fonksiyonun bir t değerinde hesaplanmasını temsil eden bir f nesnesi elde ederiz:

```
f(t)
```

$f(t)$

Fakat SymPy gerçekte bu fonksiyonu hesaplamaya çalışmamaktadır.

9.6 SymPy'da Diferansiyel Denklemler

SymPy bir fonksiyonu türevleyebilecek olan diff isimli bir fonksiyon sağlar. Bu fonksiyonu f(t)'ye şu şekilde uygulayabiliriz:

```
from sympy import diff

dfdt = diff(f(t), t)
dfdt
```

$$\frac{d}{dt}f(t)$$

Sonuç ise f'in t'ye göre türevini temsil eden bir Symbol nesnesidir. Fakat SymPy henüz türevi hesaplamaya çalışmaz. Bu kodu bir Jupyter not defterinde çalıştırırsanız (tavsiye edilir), çıktısının matematiksel gösterime benzeyecek şekilde formatlanması gerekir. Bu kodu bir başka Python ortamında çalıştırırsanız, daha çok bilgisayar koduna benzeyen bir şeyler görebilirsiniz. Buradaki örnekler her iki şekilde de çalışacaktır. Sadece sonuçlar farklı görüntülenir.

Bir diferansiyel denklemi temsil etmek için Eq fonksiyonunu kullanırız:

```
from sympy import Eq

alpha = symbols('alpha')
eq1 = Eq(dfdt, alpha*f(t))
eq1
```

$$\frac{d}{dt}f(t) = \alpha f(t)$$

Sonuç, bir denklemi temsil eden bir nesnedir.

Bu denklemi çözmek için artık dsolve fonksiyonunu kullanabiliriz:

```
from sympy import dsolve

solution_eq = dsolve(eq1)
solution_eq
```

$$f(t) = C_1 e^{\alpha t}$$

Sonuç, genel çözümdür ve hâlen belirtilmemiş olan C_1 sabitini içermektedir. $f(0) = p_0$ olacak şekilde özel çözümü elde etmek için C_1 yerine p_0 koyarız. Öncelikle Python'a C_1'in bir sembol olduğunu söylememiz gerekmektedir:

```
C1 = symbols('C1')
```

Şimdi C_1'in yerine p_0'ın değerini koyabiliriz. Örneğin p_0, 1000 ise,

```
particular = solution_eq.subs(C1, 1000)
particular
```

$f(t) = 1000e^{at}$

$t = 0$ iken $f(0)$, $p0$'a eşittir.

```
particular.subs(t, 0)
```

$f(0) = 1000$

Bu, bunun istediğimiz çözüm olduğunu doğrulamaktadır.

9.7 Kuadratik Artış Modelini Çözmek

Kuadratik artış denklemini çözmek için r, K parametrelendirmesini kullanacağız. Dolayısıyla iki sembole daha ihtiyacımız olacak:

```
r, K = symbols('r K')
```

Şimdi diferansiyel denklemi şu şekilde yazabiliriz:

```
eq2 = Eq(diff(f(t), t), r * f(t) * (1 - f(t)/K))
eq2
```

$$\frac{d}{dt}f(t) = r\left(1 - \frac{f(t)}{K}\right)f(t)$$

ve şu şekilde çözebiliriz:

```
solution_eq = dsolve(eq2)
solution_eq
```

$$f(t) = \frac{Ke^{C_1K+rt}}{e^{C_1K+rt} - 1}$$

Sonuç, yani `solution_eq`, çözümün sağ tarafı olan `rhs`'yi (ÇN: Right hand side kısaltması, sağ taraf) içerir:

```
general = solution_eq.rhs
general
```

$$\frac{Ke^{C_1K+rt}}{e^{C_1K+rt} - 1}$$

Sağ tarafı $t = 0$'da hesaplayabiliriz:

```
at_0 = general.subs(t, 0)
at_0
```

$$\frac{Ke^{C_1K}}{e^{C_1K} - 1}$$

Şimdi ise `f(0)`'ı `p_0` yapan, yani `f(0) = p_0` olacak şekilde C_1 değerini bulmak istiyoruz. Dolayısıyla `at_0 = 0` denklemini oluşturacak ve bu denklemi C_1 için çözeceğiz. Bu bir diferansiyel denklem değil, sadece bir cebirsel denklem olduğundan, `dsolve` fonksiyonunu değil, `solve` fonksiyonunu kullanıyoruz:

```
from sympy import solve

p_0 = symbols('p_0')
solutions = solve(Eq(at_0, p_0), C1)
```

`solve` fonksiyonunun sonucu bir çözüm listesidir:

```
type(solutions), len(solutions)
```

```
(list, 1)
```

Bu durumda sadece bir tane çözüm vardır fakat yine de bir liste alıyoruz. Dolayısıyla ilk çözümü seçmek için köşeli parantez operatörü olan `[0]`'ı kullanmamız gerekiyor:

```
value_of_C1 = solutions[0]
value_of_C1
```

$$\frac{\log\left(-\frac{p_0}{K-p_0}\right)}{K}$$

Genel çözümde C_1'i az önce bulduğumuz C_1'in değeriyle değiştirmek istiyoruz:

```
particular = general.subs(C1, value_of_C1)
particular
```

$$-\frac{Kp_0e^{rt}}{(K-p_0)\left(-\frac{p_0e^{rt}}{K-p_0} - 1\right)}$$

Sonuç karmaşıktır fakat SymPy bu sonucu basitleştirmeye çalışan bir fonksiyon sağlamaktadır:

```
simpler = particular.simplify()
simpler
```

$$\frac{K p_0 e^{rt}}{K + p_0 e^{rt} - p_0}$$

Bu fonksiyon *lojistik artış eğrisi* olarak adlandırılır. Bakınız *http://modsimpy.com/logistic*. Artış modelleri bağlamında lojistik fonksiyon sıklıkla şu şekilde yazılır:

$$f(t) = \frac{K}{1 + A \exp(-rt)}$$

Burada $A = (K - p_0)/p_0$'dır.

Bu diferansiyel denklemin elle çözümünü görmek isterseniz, şu videoyu beğenebilirsiniz: *https://www.khanacademy.org/math/old-ap-calculus-bc/bc-diff-equations/bc-logistic-models/v/solving-logistic-differential-equation-part-1*.

9.8 Özet

Bu bölümde önceki bölümlerdeki artış modellerini fark denklemleri ve diferansiyel denklemler cinsinden yazdık. Bu denklemlerden bazılarını elle çözdük. Diğerleri için ise WolframAlpha ve SymPy kütüphanesini kullandık.

"Sabit artış" olarak adlandırdığım şey daha yaygın olarak *doğrusal artış* olarak adlandırılır çünkü çözüm bir doğrudur. Eğer zamanı sürekli olacak şekilde modellersek, çözüm:

$$f(t) = p_0 + ct$$

olur. Burada c yıllık net artıştır.

Benzer şekilde, oransal artış modeli genellikle *üstel artış* olarak adlandırılır çünkü çözüm üstel bir fonksiyondur:

$$f(t) = p_0 \exp \alpha t$$

Son olarak, kuadratik artış modeli *lojistik artış* olarak adlandırılır çünkü çözüm lojistik bir fonksiyondur:

$$f(t) = \frac{K}{1 + A \exp(-rt)}$$

Burada $A = (K - p_0)/p_0$'dır. Şimdiye dek bu terimlerden kaçındım çünkü bu terimler henüz türetmediğimiz sonuçlara dayanmaktadır.

Böylece dünya nüfusunun artışını modelleme işini bitirdik. Bir sonraki bölüm şu ana dek öğrendiğimiz araçları uygulayabileceğiniz örnek durum incelemelerini sunmaktadır.

9.9 Alıştırma

9.1 Alternatif parametrelendirmeyi kullanarak kuadratik artış denklemini çözmek için SymPy kütüphanesini kullanınız:

$$\frac{df(t)}{dt} = \alpha f(t) + \beta f^2(t)$$

9.2 Parametrelendirme formlarından bir tanesini veya her ikisini kullanarak kuadratik artış modelini çözmek için *https://www.wolframalpha.com* sitesini kullanınız:

```
df(t) / dt = alpha f(t) + beta f(t)^2
```

veya

```
df(t) / dt = r f(t) (1 - f(t)/K)
```

`f(0) = p_0` olacak şekilde genel çözümü ve aynı zamanda özel çözümü bulunuz.

Bölüm 10

ÖRNEK DURUM İNCELEMELERİ KISIM I

Bu bölüm şu ana dek öğrendiğimiz araçları nüfus artışını, kuyruklama sistemlerini ve ağaç büyümesini içeren problemlere uygulayabileceğiniz örnek durum incelemelerini sunmaktadır.

Bu bölüm, metni okuyabileceğiniz, kodu çalıştırabileceğiniz ve örnek durum incelemeleri üzerinde çalışabileceğiniz bir Jupyter not defteri olarak da mevcuttur. Not defterlerine *https://allendowney.github.io/ModSimPy* adresinden erişebilirsiniz.

10.1 Tarihi Dünya Nüfusu

Dünya nüfusu hakkındaki Wikipedia sayfası 12.000 yıl öncesinden günümüze kadar olan dünya nüfusuna yönelik kestirimleri içermektedir (*https://en.wikipedia.org/wiki/World_population_estimates.html*). Aşağıdaki şekil, çeşitli araştırma gruplarının 1 CE'den (ÇN: Common Era kısaltması, Milattan Sonra 1 yılından günümüze kadar geçen zaman) yakın zamana kadar olan kestirimlerini göstermektedir:

```
table1.plot()
decorate(xlim=[0, 2000], xlabel='Yıl',
            ylabel='Dünya nüfusu (milyar)',
            title='CE nüfus kestirimleri')
```

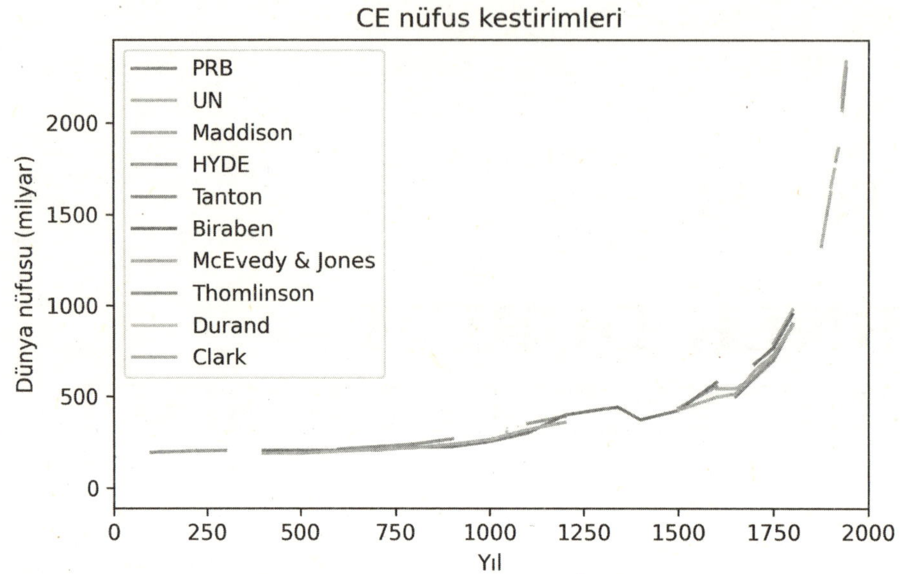

Bu kestirimlere uyan bir model bulup bulamayacağınıza bakınız. En iyi modeliniz 1940'tan günümüze kadar olan gerçek nüfus artışını ne kadar iyi tahmin edebiliyor?

10.2 Bir Kuyruk mu, İki Kuyruk mu?

Bu örnek durum incelemesi *kuyruklama teorisiyle* ilgilidir. Kuyruklama teorisi "kuyruk" olarak da bilinen bir sırada bekleme işini içeren sistemleri inceler.

Yeni bir mağazanın ödeme alanını tasarladığınızı farz ediniz. Mağazada iki kasa ve müşterilerin bekleme yeri için yeterli yer bulunmaktadır. Her bir kasa için bir sıra veya her bir kasayı besleyen tek bir sıra oluşturabilirsiniz.

Teoride tek bir sıranın daha iyi olacağını umabilirsiniz fakat böyle bir şeyin bazı pratik olumsuzlukları olur: Tek bir sırayı sürdürebilmek için bariyerler kurmanız gerekebilir ve bu durumda kuyruk hızlı ilerlese bile bu, müşterilere itici gelebilir. Dolayısıyla tek bir sıranın gerçekten daha iyi olup olmadığını ve iyiyse ne kadar iyi olduğunu kontrol etmek isteyeceksiniz. Simülasyon, bu soruyu yanıtlamanıza yardımcı olabilir.

Şekil 10.1 göz önünde bulunduracağımız üç senaryoyu göstermektedir.

Bisiklet paylaşım sisteminde yaptığımız gibi zamanı bir dakikalık kesikli adımlara böleceğiz ve bir müşterinin herhangi bir zaman adımında varmasının eşit olasılıklı olduğunu varsayacağız. Bu olasılığı Yunan harfi lambda, yani λ veya `lam` değişken ismini kullanarak göstereceğim. λ'nın değeri muhtemelen

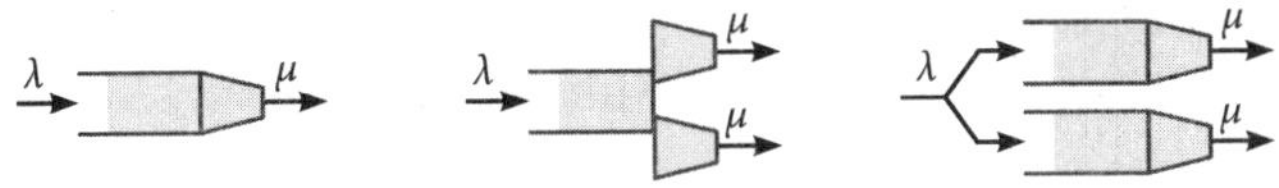

Şekil 10.1: Bir kuyruk, bir kasiyer (solda). Bir kuyruk, iki kasiyer (ortada). İki kuyruk, iki kasiyer (sağda).

günden güne değişir. Dolayısıyla bir olasılık aralığını göz önünde bulundurmamız gerekmektedir.

Diğer mağazaların verilerine dayanarak, bir müşterinin ödeme yapmasının ortalama beş dakika aldığını biliyorsunuz. Ancak ödeme zamanları değişkendir: Çoğu müşterinin ödeme yapması beş dakikadan az sürmektedir fakat bazı müşterilerin ödeme yapması bayağı uzun sürmektedir. Bu değişkenliği modellemenin basit bir yolu, bir müşteri ödeme yaparken ödeme süresi ne kadar uzun olursa olsun, bir sonraki adımda ödemeyi tamamlama süresinin her zaman aynı olasılıkta olacağını varsaymaktır. Bu olasılığı Yunan harfi mu, yani μ veya `mu` değişken ismini kullanarak göstereceğim.

μ'yu dakikada 1/5 olarak seçersek her bir ödeme ortalama beş dakika alır ve bu da verilerle uyumludur.

Artık modeli gerçeklemeye hazırız. Bu kitabın GitHub deposunda `queue.ipynb` isimli bir not defteri bulacaksınız. Bu kitapta talimatlarla birlikte ilk adımları atmanızı sağlayacak bazı kodlar bulunmaktadır. Bu kitabı *https://github.com/AllenDowney/ModSimPy/raw/master/examples/queue.ipy* adresinden indirebilir veya *https://colab.research.google.com/github/AllenDowney/ModSimPy/blob/master/examples/queue.ipynb* adresinde Colab üzerinde çalıştırabilirsiniz.

Her zamanki gibi artımlı geliştirmeyi uygulamanız gerekmektedir: Bir seferde bir veya iki satırdan fazla kod ve ilerledikçe bu kodu test et!

10.3 Somon Nüfuslarını Tahmin Etmek

US Atlantic Somon Assessment Committee (Amerikan Atlantik Somon Değerlendirme Komitesi) Amerika'nın kuzeydoğusundaki okyanus ve nehirlerdeki somon nüfuslarının kestirimlerini rapor etmektedir. Raporlar bu nüfuslardaki değişimleri izlenmede kullanışlıdır fakat bu raporlar genellikle tahminleri içermezler.

Bu örnek durum incelemesinin amacı nüfustaki yıldan yıla meydana gelen değişimleri modellemek, bu değişimlerin ne kadar tahmin edilebilir olduğunu değerlendirmek ve belirli bir nüfusun gelecek 10 yılda artma veya azalma olasılığını kestirmektir. Örnek olarak 2017 yılının raporunu kullanacaksınız. Bu rapor Maine'deki Narraguagus ve Sheepcot Rivers'ın nüfus kestirimlerini sağlamaktadır.

Bu kitabın GitHub deposunda *salmon.ipynb* isimli bir not defteri bulacaksınız. Bu not defteri bu verileri ve ilk adımları atmanızı sağlayacak bazı kodları içermektedir. Bu not defterini *https://github.com/AllenDowney/ModSimPy/raw/master/examples/salmon.ipynb* adresinden indirebilir veya *https://colab.research.google.com/github/AllenDowney/ModSimPy/blob/master/examples/salmon.ipynb* adresinde Colab üzerinde çalıştırabilirsiniz.

Talimatlarımı öneri olarak kabul edebilirsiniz. Farklı bir şey denemek isterseniz lütfen deneyiniz!

10.4 Ağaç Büyümesi

Bu örnek durum incelemesi Flewelling ve arkadaşlarının "Height-Age Curves for Planted Stands of Douglas Fir, with Adjustments for Density" (Yoğunluk Ayarlamalarıyla Birlikte, Dikilmiş Douglas Köknarı Standları için Yükseklik-Yaş Eğrileri) isimli onaylanmamış ön makalesine dayanmaktadır. Bu örnek durum incelemesi *saha indeks eğrilerini* sağlamaktadır. Bu eğriler, ağaçların aynı yaşta olduğu bir meşcere için Douglas köknar meşceresindeki en uzun ağacın beklenen yüksekliğini yaşın bir fonksiyonu olarak gösteren eğrilerdir. Sahanın kalitesine bağlı olarak ağaçlar daha hızlı veya daha yavaş büyüyebilir. Dolayısıyla her bir eğri, sahanın kalitesini belirten bir saha indeksiyle tanımlanır. Bu örnek durum incelemesinin amacı, bu eğrilerin şeklini açıklamaktır. Yani ağaçların neden bu şekilde büyüdüğünü açıklamaktır. Önerdiğim yanıt fraktal boyutlar içermektedir ve dolayısıyla bu yanıtı ilginç bulabilirsiniz.

Bu kitabın GitHub deposunda `trees.ipynb` isimli bir not defteri bulacaksınız. Bu not defteri bir ağaç büyümesinin artımlı bir modelini geliştirmekte ve bu modeli verilere uymak için kullanmaktadır. Bu not defterini *https://github.com/AllenDowney/ModSimPy/raw/master/examples/trees.ipynb* adresinden indirebilir veya *https://colab.research.google.com/github/AllenDowney/ModSimPy/blob/master/examples/trees.ipynb* adresinde Colab üzerinde çalıştırabilirsiniz.

Bu örnek durum incelenmesinde alıştırma bulunmamaktadır fakat bu inceleme şu ana dek sahip olduğunuz araçlarla neler yapabileceğinizin bir örneğidir ve sonraki birkaç bölümde bu araçlarla ne yapabileceğinizin bir ön izlemesidir.

Kısım II

BİRİNCİ DERECEDEN SİSTEMLER

Bölüm 11

EPİDEMİYOLOJİ VE SIR MODELLERİ

Bu bölümde savunmasız bir popülasyonda (ÇN: İstatistik[illegible] kitle) yayılan bir salgın hastalığın modelini geliştireceğiz ve bu modeli olası müdahalelerin etkinliğini değerlendirmek için kullanacağız.

Sonraki birkaç bölümde modelle ilgili sunumum, David Smith ve Lang Moore'un Aralık 2001'de Journal of Online Mathematics and Its Applications dergisinde yayınlanmış olan "The SIR Model for Spread of Disease" isimli mükemmel bir makalesine dayanmaktadır (*https://www.maa.org/press/periodicals/loci/joma/the-sir-model-for-spread-of-disease*).

Bu bölüm, metni okuyabileceğiniz, kodu çalıştırabileceğiniz ve alıştırma üzerinde çalışabileceğiniz bir Jupyter not defteri olarak da mevcuttur. Not defterine *https://allendowney.github.io/ModSimPy/* adresinden erişebilirsiniz.

11.1 Freshman Salgını

Her yıl ülkenin ve dünyanın dört bir yanından yaklaşık 90 yeni öğrenci Olin Üniversitesi'ne gelir. Bu öğrencilerin çoğu sağlıklı ve mutlu bir biçimde varır fakat genellikle en az bir tanesi beraberinde bir çeşit bulaşıcı hastalık getirir. Birkaç hafta sonra beklenildiği üzere sınıfın bir kısmı Freshman Salgını (ÇN: Üniversite Birinci Sınıf Öğrencisi Salgını) denilen hastalığa yakalanır.

Bu bölümde iyi bilinen bir bulaşıcı hastalık modeli olan Kermack-McKendrick

(KM) modelini tanıtacağız ve bu modeli yarıyıl boyunca hastalığın ilerleyişini açıklamak, olası müdahalelerin (bağışıklama gibi) etkisini tahmin etmek ve en etkin müdahale kampanyasını tasarlamak için kullanacağız.

Şu ana dek kendi modellememizi yaptık. Yani fiziksel sistemleri seçtik, önemli gibi görünen faktörleri belirledik ve bu faktörleri nasıl temsil edeceğimiz ile ilgili kararlar verdik. Bu bölümde mevcut bir modelle başlıyoruz ve bu modelin tersine mühendisliğini yapıyoruz. Yol boyunca, bu modele etki etmiş olan modellemeyle ilgili kararları göz önünde bulunduracağız ve bu modelin kapasitesi ve sınırlarını belirleyeceğiz.

11.2 Kermack-McKendrick Modeli

KM modeli *SIR* modelinin bir örneğidir. *SIR* olarak isimlendirilmiştir çünkü üç kategoriye ayrılmış insanları temsil eder:

S (ÇN: Susceptible kısaltması, savunmasız) "Savunmasız", yani hastalığa yakalanmış birisiyle temas etmeleri hâlinde hastalığa yakalanabilecek (ÇN: Enfekte olabilecek) insanlar.

I (ÇN: Infectious kısaltması, bulaştırıcı) "Bulaştırıcı", yani savunmasız biriyle temas etmeleri hâlinde hastalığı bulaştırabilecek insanlar.

R (ÇN: Recovered kısaltması, iyileşmiş) "İyileşmiş" insanlar. Modelin temel versiyonunda, iyileşmiş insanların artık bulaştırıcı olmadıkları ve hastalığa karşı bağışıklık kazandıkları kabul edilir. Bu model bazı hastalıklar için makul bir modeldir fakat öteki hastalıklar için makul değildir ve dolayısıyla yeniden göz önünde bulundurulmak üzere varsayımlar listesinde yer almalıdır.

Her bir kategorideki insan sayısının zamanla nasıl değiştiğini düşünelim. Hastalığa yakalanmış insanların ortalama dört gün boyunca bulaştırıcı olduğunu bildiğimizi farz edelim. Zaman üzerinde belirli bir anda 100 kişi bulaştırıcıysa ve her bir kişinin hastalığa yakalandığı anı göz ardı edersek, herhangi bir günde yaklaşık dört kişiden birinin iyileşmesini bekleriz.

Daha farklı ifade edecek olursak, enfeksiyon (ÇN: hastalığa yakalanma) ve iyileşme arasında geçen zaman dört gün ise, iyileşme oranı yaklaşık günde 0.25'tir. Bu sayıyı Yunan harfi gamma, yani γ ile veya değişken ismi `gamma` ile göstereceğiz.

Popülasyondaki toplam insan sayısı N ise ve mevcut bulaştırıcı sayısı kesri i ise beklediğimiz günlük toplam iyileşme sayısı $\gamma i N$ olur.

Şimdi yeni enfeksiyon sayısını düşünelim. Her bir savunmasız kişinin her üç günde bir, bir kişiyle temas hâlinde bulunduğunu ve bu temasın diğer kişinin hastalığa yakalanmış olması durumunda hastalığı savunmasız kişiye bulaştıracak şekilde gerçekleştiğini bildiğimizi farz edelim. Bu temas oranını Yunan harfi `beta`, yani β ile veya değişken ismi beta ile göstereceğiz. β'yı önceden bildiğimizi varsaymak muhtemelen makul bir iş olmaz fakat daha sonraları β'yı hastalığın daha önceki ortaya çıkışlarına dayalı olarak nasıl kestireceğimizi göreceğiz.

Eğer s savunmasız olan insan sayısının kesri ise, sN savunmasız insan sayısı, βsN gün başına düşen temas sayısı ve βsiN diğer kişinin bulaştırıcı olduğu temas sayısı olur.

Özet olarak:

- Gün başına düşen beklediğimiz iyileşme sayısı γiN olur. Bu sayıyı N'ye bölersek popülasyonun bir günde iyileşen kesri olan γi'yi elde ederiz.
- Gün başına düşen beklediğimiz yeni enfekte sayısı βsiN olur. Bu sayıyı N'ye bölersek popülasyonun bir günde hastalığa yakalanan kesri olan βsi'yi elde ederiz.

KM modeli popülasyonun kapalı olduğunu varsayar. Yani kimse katılmaz ve ayrılmaz ve dolayısıyla popülasyonun büyüklüğü olan N sabittir.

11.3 KM Denklemleri

Zamana sürekli bir nicelik olarak muamele edersek, s, i ve r'nin değişim oranlarını açıklayan diferansiyel denklemler yazabiliriz (Burada r, iyileşen popülasyonun bir kesridir):

$$\frac{ds}{dt} = -\beta si$$

$$\frac{di}{dt} = \beta si - \gamma i$$

$$\frac{dr}{dt} = \gamma i$$

Denklemleri karmakarışık bir hâle getirmemek için s'nin $s(t)$ şeklinde zamanın bir fonksiyonu olduğunu doğrudan doğruya yazmayıp, ifade edilmiş olarak bırakıyorum. Aynı şey i ve r için de geçerlidir.

SIR modelleri *kompartıman modellerinin* bir örneğidir. Bu şekilde adlandırılırlar çünkü dünyayı ayrık kategorilere veya kompartımanlara ayırırlar ve bir kompartımandan ötekine doğru olan geçişleri açıklarlar. Kompartımanlar aynı zamanda *stoklar* olarak da adlandırılır. Kompartımanlar arası geçişler ise *akışlar* olarak adlandırılır.

Bu örnekte üç stok (savunmasız, bulaştırıcı ve iyileşmiş) ve iki akış (yeni enfeksiyonlar ve iyileşmeler) vardır. Kompartıman modelleri çoğu zaman stok ve akış diyagramları şeklinde görsel olarak temsil edilirler. KM modelinin stok ve akış diyagramını gösteren Şekil 11.1'e bakınız.

Şekil 11.1: KM modelinin stok ve akış diyagramı

Stoklar dikdörtgenler şeklinde temsil edilirler. Akışlar ise oklarla temsil edilirler. Okun ortasındaki parçacık, akış oranını kontrol eden bir vanayı temsil etmektedir. Şekil 11-1 vanaları kontrol eden parametreleri göstermektedir.

11.4 KM Modelini Gerçeklemek

Belirli bir fiziksel sistem için olası birçok model ve belirli bir model için bu modeli temsil etmenin birçok yolu vardır. Örneğin bir SIR modelini bir stok ve akış diyagramı, bir diferansiyel denklem kümesi veya bir Python programı olarak temsil edebiliriz. Bir modeli bu formlarda temsil etmeye gerçekleme denir. Bu kısımda KM modelini Python'da *gerçekleyeceğiz.*

Sistemin başlangıç durumunu `s`, `i` ve `r` durum değişkenleriyle birlikte bir State nesnesi kullanarak temsil edeceğiz. `s`, `i` ve `r` popülasyonun her bir kompartımandaki kesrini temsil etmektedir.

`State` nesnesini her bir kompartımandaki insan sayısıyla başlatabiliriz. Örneğin aşağıda 90 kişilik bir sınıfta hastalığa yakalanmış 1 öğrenci olması hâlindeki başlangıç durumu verilmiştir:

```
init = State(s=89, i=1, r=0)
show(init)
```

	state
s	89
i	1
r	0

Toplama bölmek suretiyle sayıları kesirlere dönüştürebiliriz:

```
init /= init.sum()
show(init)
```

	state
s	0.988889
i	0.011111
r	0.000000

Şimdilik temaslar arasındaki geçen zamanı ve enfeksiyon ile iyileşme arasında geçen zamanı bildiğimizi varsayalım:

```
tc = 3          # temaslar arasında geçen zaman (gün olarak)
tr = 4          # iyileşmek için geçen zaman (gün olarak)
```

Bunları modelin parametrelerini hesaplamak için kullanabiliriz:

```
beta = 1 / tc     # temas oranı (gün başına)
gamma = 1 / tr    # iyileşme oranı (gün başına)
```

Parametreleri ve başlangıç şartlarını depolamak için bir `System` nesnesi kullanacağız. Aşağıdaki fonksiyon, sistem parametrelerini alır ve yeni bir `System` nesnesi döndürür:

```
def make_system(beta, gamma):
    init = State(s=89, i=1, r=0)
    init /= init.sum()

    return System(init=init, t_end=7*14,
                  beta=beta, gamma=gamma)
```

`t_end`'in varsayılan değeri 14 hafta, yani yaklaşık olarak bir yarıyıl süresi kadardır.

Aşağıda `System` nesnesinin neye benzediği görülmektedir:

```
system = make_system(beta, gamma)
show(system)
```

	value
init	s 0.988889 i 0.011111 r 0.000000 Name...
t_end	98
beta	0.333333
gamma	0.25

Sistemi ve sistemin durumunu temsil eden bir nesneye sahip olduğumuza göre, güncelleme fonksiyonuna hazırız demektir.

11.5 Güncelleme Fonksiyonu

Güncelleme fonksiyonunun amacı, sistemin mevcut durumunu almak ve bir sonraki zaman adımında durumu hesaplamaktır. Aşağıda KM modeli için kullanacağımız güncelleme fonksiyonu bulunmaktadır:

```
def update_func(t, state, system):
    s, i, r = state.s, state.i, state.r

    infected = system.beta * i * s
    recovered = system.gamma * i

    s -= infected
    i += infected - recovered
    r += recovered

    return State(s=s, i=i, r=r)
```

`update_func` fonksiyonu mevcut zamanı, bir `State` nesnesini ve bir Sistem nesnesini parametre olarak alır. İlk satır `State` nesnesini açar ve bu nesnenin içerisindeki değerleri aynı isimlere sahip yeni değişkenlere atar. Bu bir çoklu atama örneğidir. Sol taraf bir değişkenler sekansı, sağ taraf ise bir ifadeler sekansıdır. Sağ taraftaki değerler sol taraftaki değerlere sıralı bir şekilde atanır. Bu değişkenleri oluşturmakla `state`'i birkaç kez tekrarlamaktan kaçınırız ve bu da kodu daha okunur hâle getirir.

Güncelleme fonksiyonu `infected` ve `recovered` değişkenlerini popülasyonun bir kesri olarak hesaplar ve ardından, `s`, `i` ver `r`'yi günceller. Döndürülen değer, güncellenmiş değerleri içeren bir `State` nesnesidir.

`update_func` fonksiyonunu şu şekilde çağırabiliriz:

```
state = update_func(0, init, system)
show(state)
```

	state
s	0.985226
i	0.011996
r	0.002778

Sonuç ise yeni bir `State` nesnesidir.

`update_func` fonksiyonunun bu versiyonunun, fonksiyonun parametrelerinden biri olan `t`'yi kullanmadığını fark etmiş olabilirsiniz. Bu parametreyi yine de dâhil ediyorum çünkü güncelleme fonksiyonları bazen zamana bağlı olur ve güncelleme fonksiyonları bu parametrelere ihtiyaç duysun veya duymasın güncelleme fonksiyonlarının aynı parametreleri alması uygundur.

11.6 Simülasyonu Çalıştırmak

Artık modeli bir zaman adımı sekansı üzerinden simüle edebiliriz:

```
def run_simulation1(system, update_func):
    state = system.init
    for t in range(0, system.t_end):
        state = update_func(t, state, system)
    return state
```

`run_simulation1` fonksiyonunun parametreleri `System` nesneleri ve güncelleme fonksiyonudur. `System` nesnesi parametreleri, başlangıç şartlarını ve 0 ve `t_end`'in değerlerini içerir.

`run_simulation1` fonksiyonunu şu şekilde çağırabiliriz:

```
final_state = run_simulation1(system, update_func)
show(final_state)
```

	state
s	0.520568
i	0.000666
r	0.478766

Sonuç, 14 hafta (98 gün) sonra popülasyonun yaklaşık yüzde 52'sinin hâlen savunmasız olduğunu belirtmektedir. Bu ise bu popülasyonun yüzde 52'sinin hiçbir zaman hastalığa yakalanmadığı, yaklaşık yüzde 48'inin iyileştiği, iyileşen kısmın bir zamanlar hastalığa yakalandığı ve popülasyonun yüzde 1'inden azının aktif olarak hastalığa yakalanmış olduğu anlamına gelmektedir.

11.7 Sonuçları Bir Araya Getirmek

`run_simulation` fonksiyonunun önceki versiyonu sadece son durumu döndürür fakat durumun zamanla nasıl değiştiğini görmek isteyebiliriz. Bunu yapmanın iki yolunu göz önünde bulunduracağız: Önce üç `TimeSeries` nesnesi kullanmak ve ardından, `TimeFrame` denilen yeni bir nesne kullanmak.

İşte ilk versiyon:

```
def run_simulation2(system, update_func):
    S = TimeSeries()
    I = TimeSeries()
    R = TimeSeries()

    state = system.init
    S[0], I[0], R[0] = state

    for t in range(0, system.t_end):
        state = update_func(t, state, system)
        S[t+1], I[t+1], R[t+1] = state.s, state.i, state.r

    return S, I, R
```

Öncelikle sonuçları depolamak için `TimeSeries` nesneleri oluşturuyoruz. Ardından, `state`'e ve S, I ve R'nin ilk elemanlarına ilk değer atıyoruz.

Sistemin bir sonraki zaman adımındaki durumunu hesaplamak için döngünün içerisinde `update_func` fonksiyonunu kullanıyoruz ve ardından, state'in elemanlarını açmak ve her bir elemanı ilgili `TimeSeries`'e atamak için çoklu atamayı kullanıyoruz.

Fonksiyonun sonunda `S`, `I` ve `R`'nin değerlerini döndürüyoruz. Bu, bir fonksiyonun birden çok değer döndürdüğünü gördüğümüz ilk örnektir.

Fonksiyonu şu şekilde çalıştırabiliriz:

```
S, I, R = run_simulation2(system, update_func)
```

Sonuçları çizdirmek için aşağıdaki fonksiyonu kullanacağız:

```
def plot_results(S, I, R):
    S.plot(style='--', label='Savunmasız')
    I.plot(style='-', label='Hastalığa yakalanmış')
    R.plot(style=':', label='İyileşmiş')
    decorate(xlabel='Zaman (gün)',
             ylabel='Popülasyonun kesri')
```

Bu fonksiyonu şu şekilde çalıştırabiliriz:

```
plot_results(S, I, R)
```

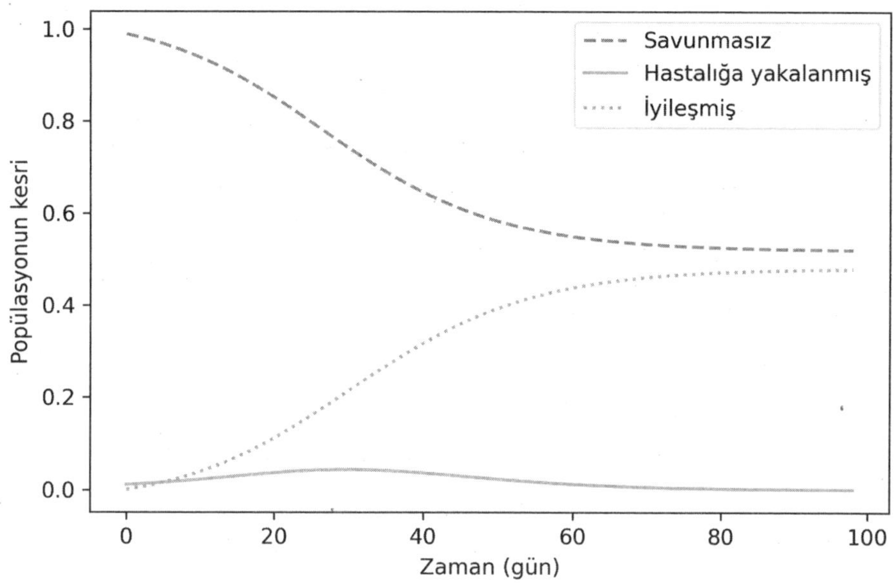

Hastalığın başlaması yaklaşık üç hafta (21 gün), zirveye çıkması ise yaklaşık beş hafta (35 gün) almaktadır. Popülasyonun hastalığa yakalanmış kesri hiçbir zaman çok yüksek değildir fakat birikmektedir. Toplamda popülasyonun neredeyse yarısı hastalanır.

11.8 Şimdi Bir TimeFrame ile

Durum değişkenlerinin sayısı küçükse bu değişkenleri ayrı `TimeSeries` nesneleri olarak depolamak o kadar da kötü olmayabilir. Ancak daha iyi bir alternatif ise bir `TimeFrame` kullanmaktır. `TimeFrame`, ModSim kütüphanesinde tanımlı bir başka nesnedir. Bir `TimeFrame` bir çeşit `DataFrame`'dir. `DataFrame`'i dünya nüfusu kestirimlerini depolamak için daha önce kullandık.

Aşağıda `run_simulation` fonksiyonunun `TimeFrame` kullanan daha kısa bir versiyonu bulunmaktadır:

```
def run_simulation(system, update_func):
    frame = TimeFrame(columns=system.init.index)
    frame.loc[0] = system.init

    for t in range(0, system.t_end):
        frame.loc[t+1] = update_func(t, frame.loc[t], system)

    return frame
```

Birinci satır, her bir durum değişkeni için bir sütunla birlikte boş bir `TimeFrame` oluşturur. Ardından, döngü başlamadan önce başlangıç şartlarını 0'daki `TimeFrame`'de depoluyoruz. `TimeSeries` nesnelerini kullanım şeklimize dayalı olarak aşağıdakini yazmak cazip gelebilir:

```
frame[0] = system.init
```

Ancak bir `TimeFrame` veya `DataFrame` ile birlikte köşeli parantez operatörünü kullandığınızda bu `TimeFrame` veya `DataFrame` bir satır değil, bir sütun seçer.

Bir satır seçmek için aşağıdaki gibi `loc` kullanmamız gerekir:

```
frame.loc[0] = system.init
```

Sağ taraftaki değer bir `State` olduğundan, atama işlemi `State`'in indeksini `TimeFrame`'in sütunlarıyla eşleştirir. Yani atama işlemi `system.init`'ten gelen s değerini `frame`'in `s` sütununa atar ve benzer işlemi `i` ve `r` için yapar.

Döngü boyunca her geçişte `update_func` fonksiyonundan elde ettiğimiz `State`'i, `frame`'in bir sonraki satırına atarız. En sonunda ise `frame`'i döndürürüz.

`run_simulation` fonksiyonunun bu versiyonunu şu şekilde çağırabiliriz:

```
results = run_simulation(system, update_func)
```

Aşağıda sonuçların ilk birkaç satırı bulunmaktadır:

```
results.head()
```

	s	i	r
0	0.988889	0.011111	0.000000
1	0.985226	0.011996	0.002778
2	0.981287	0.012936	0.005777
3	0.977055	0.013934	0.009011
4	0.972517	0.014988	0.012494

`TimeFrame`'deki sütunlar `s`, `i` ve `r` durum değişkenlerine karşılık gelir.

`DataFrame`'de olduğu gibi `TimeFrame`'den sütunları seçmek için nokta operatörünü kullanabiliriz. Dolayısıyla sonuçları şu şekilde çizdirebiliriz:

```
plot_results(results.s, results.i, results.r)
```

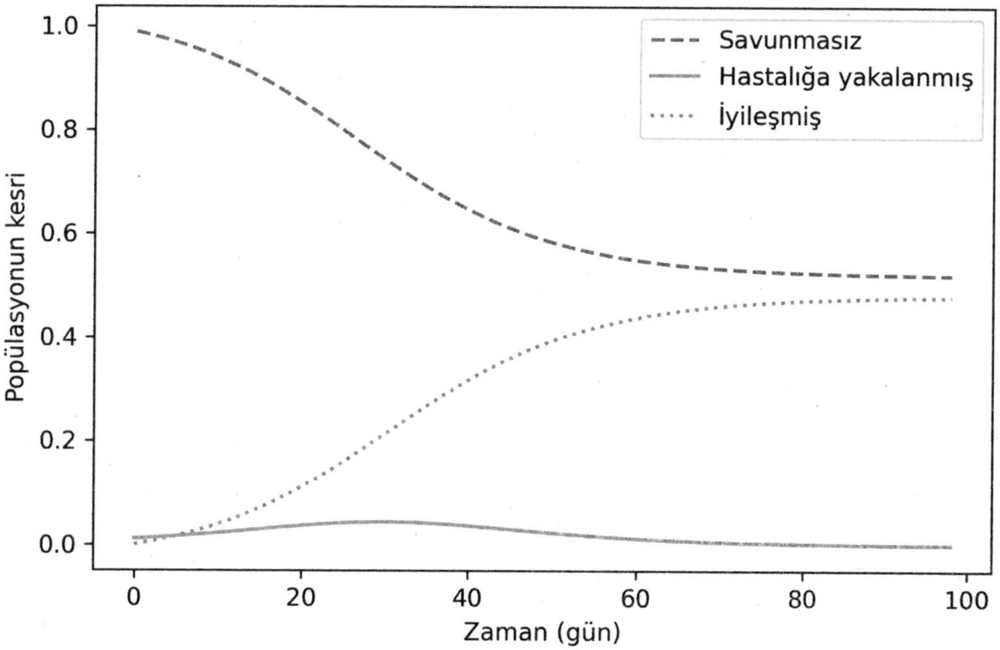

Sonuçlar önceki sonuçların aynısıdır fakat şimdi daha uygun bir formdadır.

11.9 Özet

Bu bölüm bulaşıcı bir hastalığın SIR modelini sundu ve birkaç `TimeSeries` nesnesi veya tek bir `TimeFrame` kullanarak sonuçları bir araya getirmenin iki yolunu sundu. Bir sonraki bölümde bağışıklamanın etkisini incelemek için bu modeli kullanacağız.

11.10 Alıştırma

11.1 Temaslar arası sürenin dört gün ve iyileşme süresinin beş gün olduğunu farz ediniz. 14 hafta sonra toplamda kaç tane öğrenci hastalığa yakalanmış olacaktır.

İpucu: Simülasyonun başı ve sonu arasında `s`'deki değişim ne olur?

Bölüm 12

MÜDAHALELERİ NİCELEMEK

Bir önceki bölümde bulaşıcı hastalığın Kermack-McKendrick (KM) modelini sundum ve bu modeli Olin'deki Freshman Salgınını modellemek için kullandım. Bu bölümde hastalığın etkilerini nicelemeye yönelik metrikleri ve bu etkileri azaltmaya yönelik müdahaleleri göz önünde bulunduracağız.

Bir önceki bölümden bazı fonksiyonları kullanacağız: `make_system`, `update_func` ve sonuçları bir `TimeFrame` nesnesi içerisinde döndüren `run_simulation` fonksiyonunun son versiyonu.

Bu bölüm, metni okuyabileceğiniz, kodu çalıştırabileceğiniz ve alıştırma üzerinde çalışabileceğiniz bir Jupyter not defteri olarak da mevcuttur. Not defterlerine *https://allendowney.github.io/ModSimPy* adresinden erişebilirsiniz.

12.1 Bağışıklamanın Etkileri

Bunun gibi modeller "eğer böyle olursa ne olur" senaryolarını test etmede kullanışlıdır. Örnek olarak bağışıklamanın etkilerini göz önünde bulunduracağız. Bir öğrencinin hastalığa yakalanmadan Freshman Salgınına karşı bağışıklık kazanmasını sağlayacak bir aşının mevcut olduğunu farz ediniz. Modeli bu etkiyi yakalayacak şekilde nasıl değiştirebilirsiniz?

Seçeneklerden biri bağışıklık kazanma durumuna, bulaştırıcı durumundan geçmeden, savunmasızdan iyileşmişe bir kısayol olarak muamele etmektir. Bu özelliği şu şekilde gerçekleyebiliriz:

```
def add_immunization(system, fraction):
    system.init.s -= fraction
    system.init.r += fraction
```

add_immunization, popülasyonun verilen kesrini S'den R'ye taşır.

Karşılaştırma işlemine temel oluşturması açısından, modeli, bağışıklama olmadan, bir önceki bölümdeki parametrelerin aynısı ile çalıştıralım:

```
tc = 3   # gün cinsinden temaslar arasındaki süre
tr = 4   # gün cinsinden iyileşme süresi

beta = 1 / tc  # temas oranı (gün başına)
gamma = 1 / tr  # iyileşme oranı (gün başına)

system = make_system(beta, gamma)
results = run_simulation(system, update_func)
```

Şimdi öğrencilerin yüzde 10'unun bağışıklı olduğunda ne olacağını görelim. Aynı parametreler ile bir başka System nesnesi oluşturacağız ve ardından, başlangıç şartlarını değiştirmek için add_immunization fonksiyonunu çalıştıracağız:

```
system2 = make_system(beta, gamma)
add_immunization(system2, 0.1)
```

Artık simülasyonu şu şekilde çalıştırabiliriz:

```
results2 = run_simulation(system2, update_func)
```

Aşağıdaki şekil s'yi bağışıklama varken ve bağışıklama yok iken zamanın bir fonksiyonu olarak göstermektedir:

```
results.s.plot(style='--', label='Bağışıklama yok')
results2.s.plot(label='10% bağışıklama')

decorate(xlabel='Zaman (gün)',
            ylabel='Popülasyonun kesri')
```

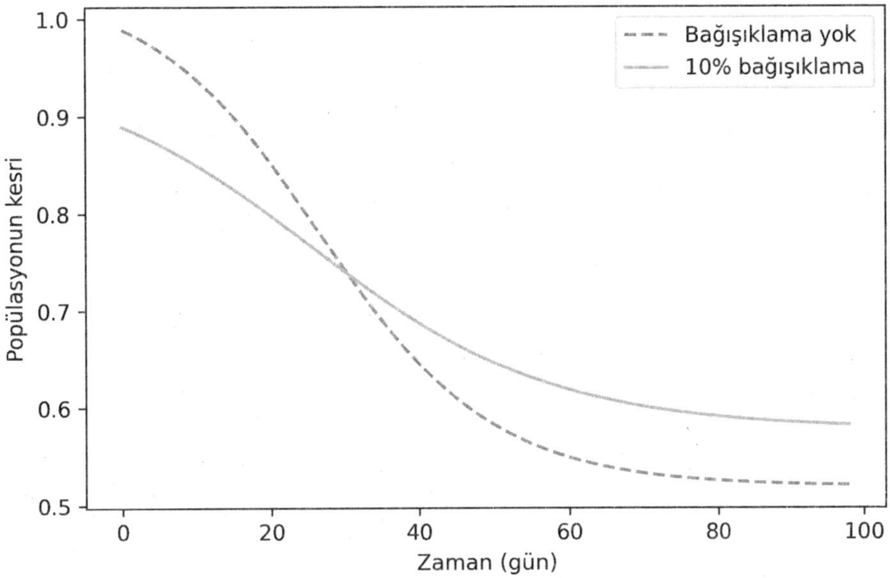

Bağışıklamayla birlikte s'de küçük bir değişiklik olmaktadır. Yani daha az insan etkilenmektedir. Bir sonraki kısımda bu değişikliği hesaplayacak ve bağışıklığın etkisini nicelemek için kullanacağız.

12.2 Metrikleri Seçmek

Bir zaman serisini çizdirdiğimizde, model çalıştırıldığında dönüp biten her şeyin bir görünümünü elde ederiz fakat çoğu zaman bu dönüp biten şeyleri, sonucu özetleyen birkaç metriğe indirgemek isteriz.

KM modelinde, hastalığın zirve yaptığı ana kadar geçen zamanı, bu zirve anındaki hasta sayısını, yarıyılın sonunda hasta olacak olan öğrenci sayısını veya herhangi bir anda hastalığa yakalanan toplam öğrenci sayısını bilmek isteyebiliriz. Örnek olarak sonuncusuna, yani toplam hasta öğrenci sayısına odaklanacağız ve toplam hasta sayısını en aza indirgemeye yönelik müdahaleleri göz önünde bulunduracağız.

Simülasyonun başındaki ve sonundaki s arasındaki farkı hesaplamak suretiyle toplam enfeksiyon sayısını elde edebiliriz:

```
def calc_total_infected(results, system):
    s_0 = results.s[0]
    s_end = results.s[system.t_end]
    return s_0 - s_end
```

Aşağıda ilk simülasyonun sonucu bulunmaktadır:

```
calc_total_infected(results, system)
```

```
0.468320811028781
```

İkinci simülasyonun sonucu ise şu şekildedir:

```
calc_total_infected(results2, system2)
```

```
0.30650802853979753
```

Bağışıklama olmadığında popülasyonun neredeyse yüzde 47'si bir noktada hastalığa yakalanmaktadır. Yüzde 10 bağışıklamayla birlikte popülasyonun sadece yüzde 31'i hastalığa yakalanmaktadır. Bu oldukça iyidir.

12.3 Bağışıklamayı Taramak

Şimdi daha fazla aşı yaptığımızda ne olduğunu görelim. Aşağıdaki fonksiyon bir bağışıklama aralığını taramaktadır:

```
def sweep_immunity(fraction_array):
    sweep = SweepSeries()

    for fraction in fraction_array:
        system = make_system(beta, gamma)
        add_immunization(system, fraction)
        results = run_simulation(system, update_func)
        sweep[fraction] = calc_total_infected(results, system)

    return sweep
```

`sweep_immunity` fonksiyonunun parametresi bir bağışıklama oranları dizisidir. Sonuç, her bir bağışıklama oranından, şimdiye dek hastalığa yakalanmış öğrencilerin kesrine eşleme yapan bir `SweepSeries` nesnesidir.

Bu fonksiyonu şu şekilde çağırabiliriz:

```
fraction_array = linspace(0, 1, 21)
infected_sweep = sweep_immunity(fraction_array)
```

Aşağıdaki şekil `SweepSeries`'i çizdirmektedir:

```
infected_sweep.plot(color='C2')

decorate(
  xlabel='Bağışıklanmış kesir',
  ylabel='Hastalığa yakalananların toplam kesri',
  title='Bağışıklama oranına karşı hastalığa yakalananların kesri'
)
```

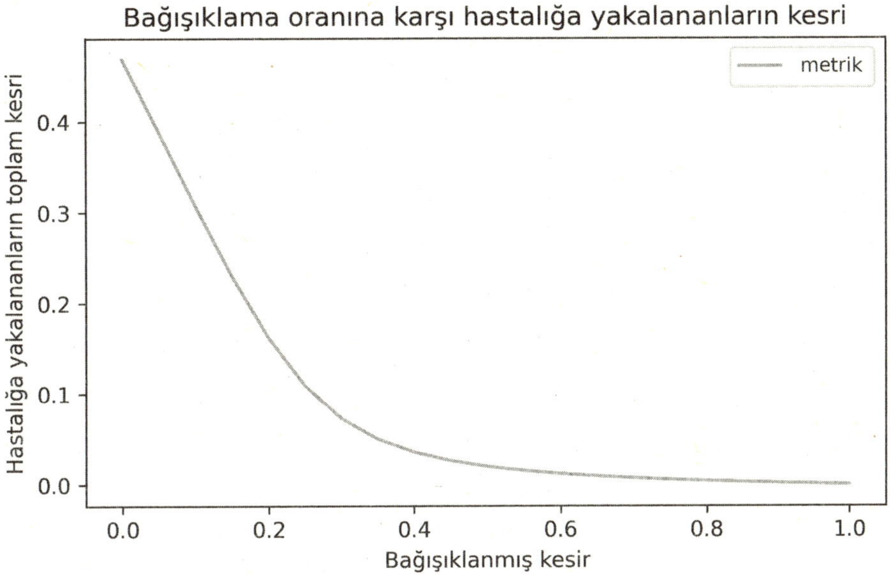

x-ekseninin zaman olmadığına, bağışıklama oranı olduğuna dikkat ediniz.

Bağışıklama oranı arttıkça enfeksiyon sayısı dik bir şekilde düşmektedir. Öğrencilerin yüzde 40'ı bağışıklandığında yüzde 4'ten azı hastalanmaktadır. Bu, bağışıklamanın iki etkisinin olmasından dolayıdır: (Elbette ki) bağışıklanan insanları korumakla kalmayıp, aynı zamanda popülasyonun geri kalanını da korumaktadır.

"Savunmasızların" sayısını azaltmak ve "dirençlilerin" sayısını arttırmak hastalığın yayılmasını zorlaştırır çünkü temasların bir kesri, hastalığa yakalanamayacak insanlar üzerinde boşa harcanır. Bu hadiseye sürü bağışıklığı denir ve halk sağlığının önemli unsurlarındandır.

Eğrinin dikliği hem bir nimet hem bir lanettir. Bir nimettir çünkü herkesi bağışıklamak zorunda olmadığımız ve yüzde 100 etkili olmasa bile aşıların "sürüyü" koruyabileceği anlamına gelmektedir.

Ancak bir lanettir çünkü bağışıklamadaki ufak bir düşüş enfeksiyonlarda büyük artışa neden olabilir. Bu örnekte yüzde 80'lik bağışıklamadan yüzde 60'lık bağışıklamaya düşersek bu, çok kötü olmayabilir. Ancak yüzde 40'tan yüzde 20'ye düşersek bu, büyük bir salgını tetikler ve popülasyonun yüzde 15'inden fazlasını etkiler. İsim vermek gerekirse sadece kızamık gibi ciddi bir hastalık için bu, bir halk sağlığı felaketi olur.

12.4 Özet

Genel olarak modeller tahmin etmek, açıklamak ve tasarlamak için kullanılır. Bu bölümde bağışıklamanın etkilerini tahmin etmek ve sürü bağışıklığı hadisesini açıklamak için bir SIR modeli kullandık.

Bu kitabın GitHub deposunda *plague.ipynb* isimli bir dosya bulacaksınız. Bu dosya bu modeli tasarım, yani bir amaca ulaşmaya yönelik halk sağlığı kararları vermek için kullanmaktadır.

Bir sonraki bölümde parametreleri taramak suretiyle SIR modelini daha ayrıntılı olarak inceleyeceğiz.

12.5 Alıştırma

12.1 Hastalığa yakalanmış öğrencileri karantinaya alma seçeneğimizin olduğunu farz ediniz. Örneğin, kendisini hasta hisseden bir öğrenci bulaştırıcı olmayana dek bir revire veya özel bir yurt odasına götürülebilir. Karantinanın etkisini SIR modeline nasıl dâhil edebilirsiniz?

Bölüm 13

PARAMETRELERİ TARAMAK

Bir önceki bölümde bağışıklamayı dâhil etmek için Kermack-McKendrick (KM) modelini genişlettik ve bu modeli sürü bağışıklığını göstermek için kullandık. Ancak modelin parametrelerinin, temas oranının ve iyileşme oranının bilindiğini varsaydık. Bu bölümde ise bu parametreleri değiştirdikçe modelin davranışının nasıl olacağını inceleyeceğiz.

Bir sonraki bölümde bu ilişkileri daha iyi anlamak için analizi kullanacağız ve parametreleri kestirmek için verileri kullanan bir yöntem önereceğiz.

Bu bölüm, metni okuyabileceğiniz, kodu çalıştırabileceğiniz ve alıştırma üzerinde çalışabileceğiniz bir Jupyter not defteri olarak da mevcuttur. Not defterlerine *https://allendowney.github.io/ModSimPy* adresinden erişebilirsiniz.

13.1 Beta'yı Taramak

β'nın temas oranı olduğunu hatırlayınız. β hem insanlar arasındaki etkileşimin frekansını hem de bu etkileşimlerin yeni bir enfeksiyonla sonuçlanan kesrini yakalar. N popülasyonun büyüklüğü ve s savunmasız olanların kesri ise sN savunmasızların sayısı, βsN savunmasızlar ve diğer insanlar arasındaki gün başına düşen temas sayısı ve βsiN diğer kişinin bulaştırıcı olduğu temas sayısıdır.

β arttıkça toplam enfeksiyon sayısının artmasını bekleriz. Bu ilişkiyi nicelemek amacıyla β için bir değer aralığı oluşturalım:

```
beta_array = linspace(0.1, 1.1, 11)
gamma = 0.25
```

gamma'ya iyileşme oranını, yani hastalığa yakalanmış insanlar arasında her gün iyileşenlerin kesri olan tek bir değer vererek başlayacağız.

Aşağıdaki fonksiyon beta_array ve gamma'yı parametre olarak alır:

```
def sweep_beta(beta_array, gamma):
    sweep = SweepSeries()
    for beta in beta_array:
        system = make_system(beta, gamma)
        results = run_simulation(system, update_func)
        sweep[beta] = calc_total_infected(results, system)
    return sweep
```

Fonksiyon, beta'nın her bir değeri için simülasyonu çalıştırır ve bir önceki bölümde kullandığımız aynı metriği hesaplar: Popülasyon içerisinde hastalığa yakalanmış olanların kesri. Sonuç, beta'yı ve ilgili metrikleri içeren bir SweepSeries'tir.

sweep_beta fonksiyonunu şu şekilde çalıştırabiliriz:

```
infected_sweep = sweep_beta(beta_array, gamma)
```

Sonuçları çizdirmeden önce gamma'nın değerini içeren bir etiketi bir araya getirmek için, *f-dizgisi* olarak da adlandırılan, formatlanmış bir dizgi literalini kullanacağım:

```
label = f'gamma = {gamma}'
label
```

```
'gamma = 0.25'
```

Bir *f-dizgisi* f harfiyle başlar ve bunu tek veya çift tırnak işareti içerisindeki bir dizgi takip eder. Dizgi kıvrımlı parantezler, yani {} içerisinde herhangi bir sayıda format belirteçlerini içerebilir. Bir değişken ismi bir format belirteci içerisinde göründüğünde, bu isim yerine, değişkenin değeri konulur. Bu örnekte gamma'nın değeri 0.25'tir ve dolayısıyla label'ın değeri 'gamma = 0.25' olur. *https://docs.python.org/3/tutorial/inputoutput.html#tut-f-strings* adresinde f-dizgileri hakkında daha fazla bilgi edinebilirsiniz.

Şimdi sonuçları görelim:

```
infected_sweep.plot(label=label, color='C1')

decorate(xlabel='Temas oranı (beta)',
         ylabel='Hastalığa yakalananların kesri')
```

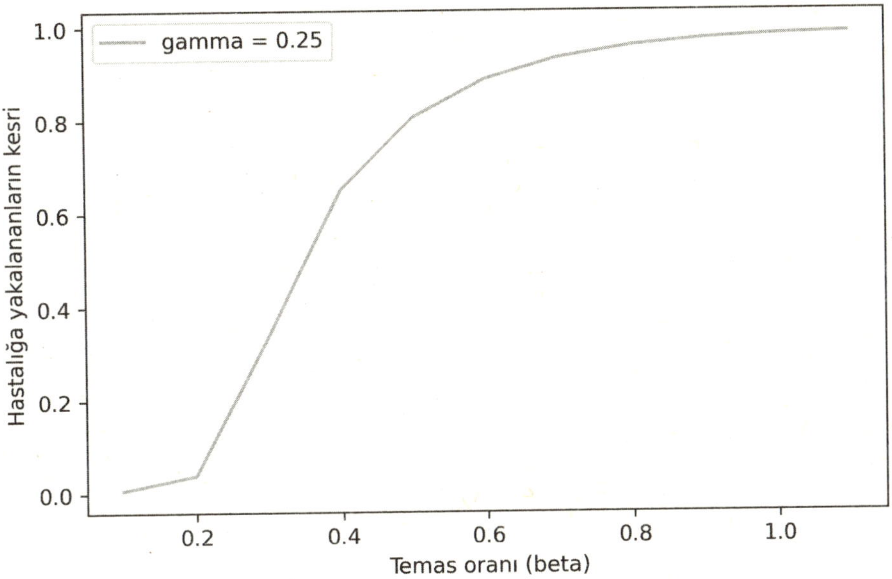

Bu şeklin bir zaman serisi olmadığını, bir parametre taraması olduğunu unutmayınız. Dolayısıyla *x-ekseni* zaman değil, beta parametresidir.

`beta` küçük olduğunda temas oranı düşük olur ve salgın hiçbir zaman gerçekten artışa geçmez; hastalığa yakalanmış toplam öğrenci sayısı sıfıra yakındır. `beta` arttıkça `0.3` yakınlarında bir eşiğe ulaşır ve burada hastalığa yakalanmış öğrenci kesri hızla yükselir. `beta 0.5`'i aştığında ise popülasyonun yüzde 80'inden fazlası hasta olur.

13.2 Gamma'yı Taramak

`gamma`'nın birkaç farklı değeri için bunun neye benzeyeceğini görelim. Bir değerler dizisi oluşturmak için `linspace`'i kullanacağız:

```
gamma_array = linspace(0.1, 0.7, 4)
gamma_array
```

```
array([0.1, 0.3, 0.5, 0.7])
```

Ardından, gamma'nın her bir değeri için sweep_beta fonksiyonunu çalıştıracağız:

```
for gamma in gamma_array:
    infected_sweep = sweep_beta(beta_array, gamma)
    label = f'gamma = {gamma}'
    infected_sweep.plot(label=label)

decorate(xlabel='Temas oranı (beta)',
         ylabel='Hastalığa yakalananların kesri')
```

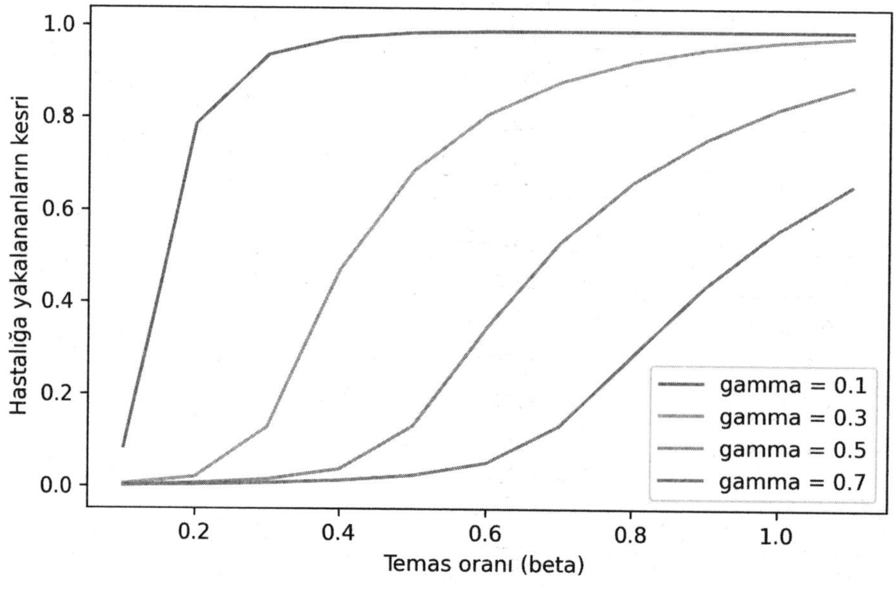

gamma düşük olduğunda, iyileşme oranı düşük olur ve bu da insanların daha uzun süre bulaştırıcı olduğu anlamına gelir. Bu durumda düşük bir temas oranı (beta) bile bir salgınla sonuçlanır.

gamma yüksek olduğunda, işlerin yürümesi için beta'nın daha da yüksek olması gerekir.

13.3 SweepFrame Kullanmak

Bir önceki bölümde gamma'nın bir değer aralığını taradık ve gamma'nın her bir değeri için beta'nın bir değer aralığını taradık. Bu süreç iki boyutlu bir süreçtir.

Sonuçları çizdirmek yerine depolamak istersek, bir SweepFrame nesnesi kullanabiliriz. SweepFrame, satırların bir parametreyi, sütunların ise bir başka parametreyi taradığı ve değerlerin bir simülasyona ait metrikleri içerdiği bir çeşit DataFrame'dir.

Aşağıdaki fonksiyon bunun nasıl işlediğini göstermektedir:

```
def sweep_parameters(beta_array, gamma_array):
    frame = SweepFrame(columns=gamma_array)
    for gamma in gamma_array:
        frame[gamma] = sweep_beta(beta_array, gamma)
    return frame
```

sweep_parameters fonksiyonu parametre olarak beta için bir değerler dizisi ve gamma için bir değerler dizisi alır. Bu fonksiyon, gamma'nın her bir değeri için bir sütun ve beta'nın her bir değeri için bir satır ile birlikte sonuçları depolamak için bir SweepFrame oluşturur.

Döngü boyunca her seferinde sweep_beta fonksiyonunu çalıştırırız. Sonuç ise beta'nın her bir değeri için bir elemanı olan bir SweepSeries nesnesidir. Döngünün içerisindeki atama işlemi SweepSeries'i gamma'nın mevcut değerine karşılık gelen yeni bir sütun olarak SweeFrame'de depolar.

Sonunda, SweepFrame her bir beta ve gamma parametre çifti için hastalığa yakalanmış öğrencilerin kesrini depolar.

sweep_parameters fonksiyonunu şu şekilde çalıştırabiliriz:

```
frame = sweep_parameters(beta_array, gamma_array)
```

Sonuçlar bir SweepFrame'in içerisinde olmak üzere, her bir sütunu şu şekilde çizdirebiliriz:

```
for gamma in gamma_array:
    label = f'gamma = {gamma}'
    frame[gamma].plot(label=label)

decorate(xlabel='Temas oranı (beta)',
         ylabel='Hastalığa yakalananların kesri',
         title="beta'yı, birden çok gamma değeriyle tara")
```

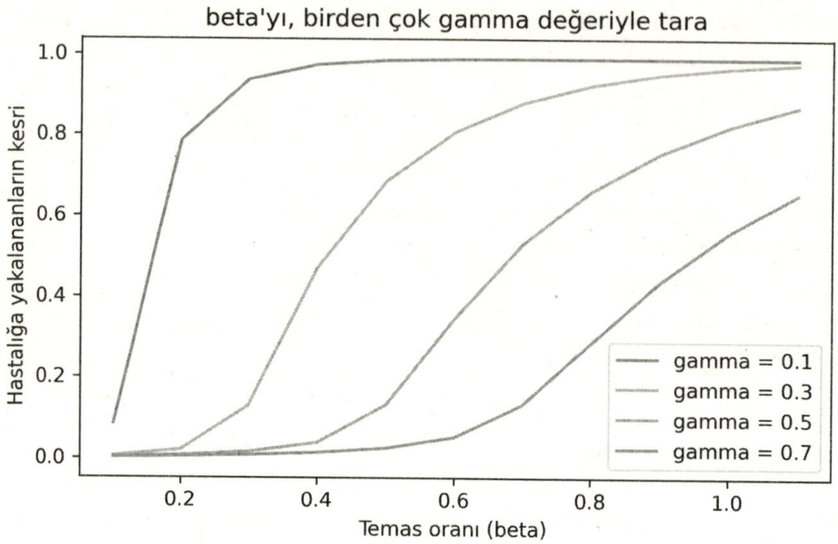

Alternatif olarak her bir satırı şu şekilde çizdirebiliriz:

```
for beta in [0.2, 0.5, 0.8, 1.1]:
    label = f'beta = {beta}'
    frame.loc[beta].plot(label=label)
decorate(xlabel='İyileşme oranı (gamma)',
         ylabel='Hastalığa yakalananların kesri',
         title="gamma'yı, birden çok beta değeriyle tara")
```

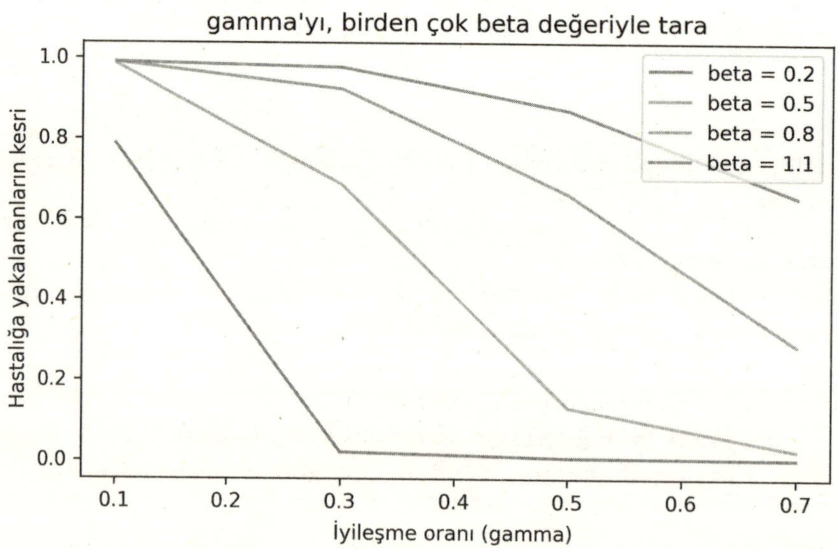

Bu örnek SweepFrame'in bir kullanımını göstermektedir: Analizi bir kere çalıştırabilir, sonuçları kaydedebilir ve ardından, farklı görselleştirmeler üretebiliriz.

İki boyutlu bir taramanın sonuçlarını görselleştirmenin bir başka yolu ise kontur grafiğidir (*contour plot*). Kontur grafiği, metriğin değerinin sabit olduğu kontur çizgilerini ve eksenler üzerindeki parametreleri gösterir. ModSim kütüphanesi, bir SweepFrame nesnesi alan ve bir kontur grafiği oluşturmak için Matplotlib kütüphanesini kullanan contour fonksiyonunu sağlar:

```
contour(frame)

decorate(xlabel='İyileşme oranı (gamma)',
         ylabel='Temas oranı (beta)',
         title='Kontur grafiği, Hastalığa yakalananların kesri')
```

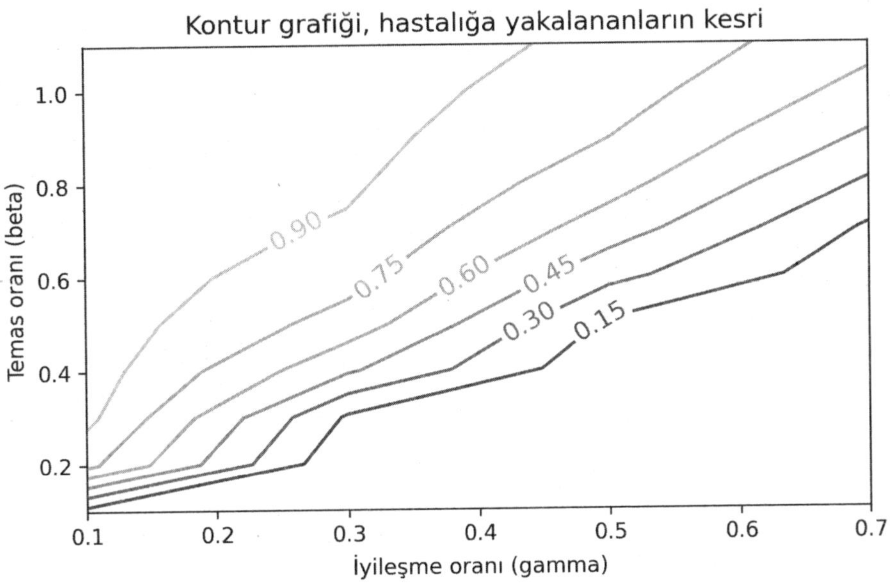

gamma'nın SweepFrame'in sütunlarına karşılık gelen değerleri *x-ekseni* üzerindedir. beta'nın SweepFrame'in satırlarına karşılık gelen değerleri ise *y-ekseni* üzerindedir. Her bir çizgi, enfeksiyon oranının sabit olduğu bir konturu takip etmektedir.

Enfeksiyon oranları, temas oranının düşük, iyileşme oranının yüksek olduğu sağ alt tarafta en düşüktür. Enfeksiyon oranları, temas oranının yüksek, iyileşme oranının düşük olduğu sol üst tarafa doğru gidildikçe artar.

13.4 Özet

Bu bölüm, sonuçları depolamak için `SweepFrame` kullanan iki boyutlu bir parametre taramasını göstermiştir.

Sonuçları üç şekilde çizdirdik:

- Öncelikle her bir `gamma` değeri için bir çizgi olacak şekilde, `beta`'ya karşı toplam enfeksiyonu çizdirdik.
- Ardından, her bir `beta` değeri için bir çizgi olacak şekilde, `gamma`'ya karşı toplam enfeksiyonu çizdirdik.
- Son olarak beta y-ekseni, `gamma` x-ekseni üzerinde olacak şekilde ve metriğin sabit olduğu kontur çizgileri olacak şekilde bir kontur grafiği oluşturduk.

Bu görselleştirmeler, `beta` ve `gamma` arasında modelin çıktısını belirleyen bir ilişki olduğunu öne sürmektedir. Aslında böyle bir ilişki vardır. Bir sonraki bölümde simülasyonlar çalıştırmak suretiyle bu ilişkiyi inceleyecek ve analiz yoluyla türeteceğiz.

13.5 Alıştırma

13.1 `beta` ve `gamma`'yı bilirsek, popülasyon içerisinde hastalığa yakalananların kesrini hesaplayabiliriz. Genelde bu parametreleri bilmeyiz fakat bazen salgının davranışına dayalı olarak bu parametreleri kestirebiliriz.

Freshman Salgınının bulaşıcı olduğu periyodun iki gün olduğunun bilindiğini ve özellikle kötü bir yılda sınıfın yüzde 40'ının bir noktada hastalığa yakalandığını farz ediniz. `1/beta`, yani temaslar arası geçen zamanı kestiriniz.

Bölüm 14

BOYUTSUZLAŞTIRMA

Bir önceki bölümde Kermack-McKendrick (KM) modelinin parametrelerini taradık: Temas oranı beta ve iyileşme oranı gamma. Her bir parametre çifti için bir simülasyon gerçekleştirdik ve popülasyon içerisinde hastalığa yakalananların toplam kesrini hesapladık.

Bu bölümde hem simülasyon hem analiz kullanarak parametreler ve bu metrik arasındaki ilişkiyi araştıracağız.

Bu bölüm, metni okuyabileceğiniz, kodu çalıştırabileceğiniz ve alıştırmalar üzerinde çalışabileceğiniz bir Jupyter not defteri olarak da mevcuttur. Not defterlerine *https://allendowney.github.io/ModSimPy* adresinden erişebilirsiniz.

14.1 Beta ve Gamma

Bir önceki bölümdeki rakamlar KM modelinin parametreleri olan `beta` ve `gamma` ve popülasyon içerisinde hastalığa yakalananların kesri arasında bir ilişki olduğunu öne sürmektedir. Bu ilişkinin ne olabileceğini düşünelim.

- `beta`, `gamma`'yı aştığında, her bir gün için iyileşmeden fazla temas vardır. `beta` ve `gamma` arasındaki fark, birimi gün başına düşen temas olmak üzere *aşırı temas oranı* olarak adlandırılabilir.

- Alternatif olarak, iyileşme başına düşen temas sayısı olan `beta/gamma` oranını düşünebiliriz. Pay ve paydanın birimi aynı olduğundan, bu oran *boyutsuzdur*. Bu ise bu oranın biriminin olmadığı anlamına gelir.

Fiziksel sistemleri boyutsuz parametreler kullanarak açıklamak, modelleme ve simülasyon oyununda çoğu zaman kullanışlı bir hamledir. Aslında o kadar kullanışlıdır ki bir ismi bile vardır: *Boyutsuzlaştırma*. Dolayısıyla ilk önce boyutsuzlaştırmayı deneyeceğiz.

14.2 Sonuçları İncelemek

Bir önceki bölümde beta için bir değerler dizisi ve gamma için bir değerler dizisi alan `sweep_parameters` isimli bir fonksiyon yazmıştık. Bu fonksiyon her bir parametre çifti için bir simülasyon çalıştırır ve sonuçlarla birlikte bir `SweepFrame` döndürür.

Aşağıdaki parametre dizileriyle birlikte bu fonksiyonu bir kez daha çalıştıralım:

```
beta_array = [0.1, 0.2, 0.3, 0.4, 0.5,
              0.6, 0.7, 0.8, 0.9, 1.0, 1.1]
gamma_array = [0.2, 0.4, 0.6, 0.8]

frame = sweep_parameters(beta_array, gamma_array)
```

Aşağıda ilk birkaç sütunun neye benzediği görülmektedir:

```
frame.head()
```

Parameter	0.2	0.4	0.6	0.8
0.1	0.010756	0.003642	0.002191	0.001567
0.2	0.118984	0.010763	0.005447	0.003644
0.3	0.589095	0.030185	0.010771	0.006526
0.4	0.801339	0.131563	0.020917	0.010780
0.5	0.896577	0.396409	0.046140	0.017640

`SweepFrame`'in, beta'nın her bir değeri için bir satırı ve `gamma`'nın her bir değeri için bir sütunu vardır. `SweepFrame`'deki değerleri şu şekilde ekrana yazdırabiliriz:

```
for gamma in frame.columns:
    column = frame[gamma]

    for beta in column.index:
        metric = column[beta]
        print(beta, gamma, metric)
```

```
0.1 0.2 0.010756340768063644
0.2 0.2 0.11898421353185373
0.3 0.2 0.5890954199973404
-kesinti-
0.9 0.8 0.2668895539427739
1.0 0.8 0.40375121210421994
1.1 0.8 0.519583469821867
```

Bir `for` döngüsünün içerisinde bir başka `for` döngüsünün olduğu ilk örnektir bu.

- Dış döngü her çalıştığında `SweepFrame`'in sütunlarından bir `gamma` değeri seçer ve ilgili sütunu çıkarır.
- İç döngü her çalıştığında sütunun indeksinden bir beta değeri seçer ve ilgili elemanı seçer. Bu eleman, popülasyon içerisinde hastalığa yakalananların kesridir.

11 satır ve 4 sütun olduğundan, çıktıdaki toplam çizgi sayısı 44'tür.

Aşağıdaki fonksiyon `SweepFrame`'in elemanlarını numaralandırmak için aynı döngüleri kullanır fakat her bir eleman için ekrana bir çizgi yazdırmak yerine bir nokta çizdirir:

```
from matplotlib.pyplot import plot

def plot_sweep_frame(frame):
    for gamma in frame.columns:
        column = frame[gamma]
        for beta in column.index:
            metric = column[beta]
            plot(beta/gamma, metric, '.', color='C1')
```

Bu fonksiyon, `SweepFrame`'in her bir elemanı için `beta/gamma` oranı *x-koordinatı*, popülasyon içerisinde hastalığa yakalananların kesri olan `metric` *y-koordinatı* olacak şekilde bir nokta çizer.

Aşağıda bunun neye benzediği görülmektedir:

```
plot_sweep_frame(frame)

decorate(xlabel='Temas sayısı (beta/gamma)',
         ylabel='Fraction infected')
```

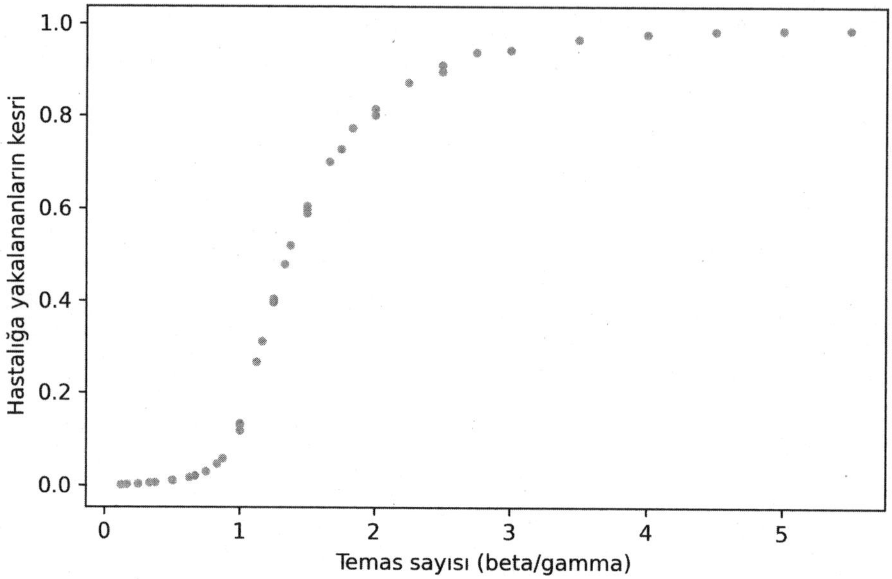

Sonuçlar en azında yaklaşık olarak tek bir eğri üzerine düşmektedir. Bu ise popülasyonun hastalığa yakalanacak kesrini tek bir parametreye, yani `beta/gamma` oranına bağlı olarak tahmin edebileceğimiz anlamına gelir. `beta` ve `gamma`'nın değerlerini ayı ayrı bilmemize gerek yoktur.

14.3 Temas Sayısı

Bölüm 11'den, belirli bir gündeki yeni enfeksiyon sayısının βsiN ve iyileşme sayısının γiN olduğunu hatırlayınız. Bu nicelikleri bölersek sonuç $\beta s/\gamma$ olur. Bu ise iyileşme başına düşen yeni enfeksiyon sayısıdır (popülasyonun bir kesri olarak).

Savunmasız bir popülasyona yeni bir hastalık girdiği zaman s yaklaşık olarak 1'dir. Dolayısıyla her bir hasta kişi yoluyla hastalığa yakalanan insan sayısı β/γ olur. Bu oran temas sayısı veya temel çoğalma sayısı olarak adlandırılır. Geleneksel olarak bu sayı R_0 ile gösterilir fakat SIR modeli bağlamında bu gösterim kafa karıştırıcıdır. Bu yüzden R_0 yerine c kullanacağız.

Bir önceki kısımdaki sonuçlar c ile toplam enfeksiyon sayısı arasında bir ilişki olduğunu öne sürmektedir. Bu ilişkiyi Bölüm 11'deki diferansiyel denklemleri analiz ederek türetebiliriz:

$$\frac{ds}{dt} = -\beta si$$
$$\frac{di}{dt} = \beta si - \gamma i$$
$$\frac{dr}{dt} = \gamma i$$

Boyutsuz bir nicelik olan c'yi elde etmek için temas oranını enfeksiyon oranına bölmüştük. Aynı şekilde oranların oranını elde etmek için di/dt'yi ds/dt'ye böleceğiz:

$$\frac{di}{ds} = \frac{\beta si - \gamma i}{-\beta si}$$

Bunu aşağıdaki gibi basitleştirebiliriz:

$$\frac{di}{ds} = -1 + \frac{\gamma}{\beta s}$$

β/γ yerine c koyarak aşağıdakini yazabiliriz:

$$\frac{di}{ds} = -1 + \frac{1}{cs}$$

Bir diferansiyel denklemi bir başka diferansiyel denkleme bölmek alışılmış bir durum değildir fakat burada kullanışlıdır. Çünkü i, s ve c arasında zamana bağlı olmayan bir ilişki verir bize. Bu ilişkiden yola çıkarak, c'yi s'nin son değeriyle ilişkilendiren bir denklem türetebiliriz. Teoride, bu denklem bir salgının gidişatını gözlemlemek suretiyle c'yi çıkarsamayı mümkün kılar.

Aşağıda bu türetme işinin nasıl yürüdüğü görülmektedir. Bir önceki denklemin her iki tarafını ds ile çarparız:

$$di = \left(-1 + \frac{1}{cs}\right) ds$$

ve ardından, her iki tarafın integralini alırız:

$$i = -s + \frac{1}{c}\log s + q$$

Burada q bir integral sabitidir. Terimleri yeniden düzenlersek:

$$q = i + s - \frac{1}{c}\log s$$

Şimdi q'nun ne olduğunu bulup bulamayacağımıza bakalım. Bir salgının başlangıcında hastalığa yakalananların kesri küçükse ve neredeyse herkes savunmasızsa, q'yu hesaplamak için $i(0) = 0$ ve $s(0) = 1$ yaklaşımlarını kullanabiliriz:

$$q = 0 + 1 + \frac{1}{c} \log 1$$

$\log 1 = 0$ olduğundan, $q = 1$'i elde ederiz.

Şimdi, salgının sonunda $i(\infty) = 0$ ve $s(\infty)$'un bilinmeyen bir nicelik olan s_∞ olduğunu varsayalım. Şimdi aşağıdakine sahibiz:

$$q = 1 = 0 + s_\infty - \frac{1}{c} \log s_\infty$$

c için çözerek aşağıdakini elde ederiz:

$$c = \frac{\log s_\infty}{s_\infty - 1}$$

c ile s_∞'u ilişkilendirmek suretiyle bu denklem, verilere dayalı olarak c'yi kestirmeyi ve muhtemelen gelecekteki salgınların davranışını tahmin etmeyi mümkün kılar.

14.4 Analiz ile Simülasyonu Karşılaştırmak

Bu analitik sonucu simülasyon sonuçlarıyla karşılaştıralım. s_∞ için bir değerler dizisi oluşturacağız:

```
s_inf_array = linspace(0.003, 0.99, 50)
```

ve c'nin ilgili değerlerini hesaplayacağız:

```
from numpy import log

c_array = log(s_inf_array) / (s_inf_array - 1)
```

Hastalığa yakalananların toplamını elde etmek için $s(0)$ ve $s(\infty)$ arasındaki farkı hesaplıyoruz ve ardından, sonuçları bir `Series` içerisine depoluyoruz:

```
frac_infected = 1 - s_inf_array
```

ModSim kütüphanesi, `c_array` ve `frac_infected`'i bir pandas `Series` içerisine koymak için kullanabileceğimiz `make_series` isimli bir fonksiyon sağlar:

```
frac_infected_series = make_series(c_array, frac_infected)
```

Artık sonuçları çizdirebiliriz:

```
plot_sweep_frame(frame)
frac_infected_series.plot(label='analiz')

decorate(xlabel='Temas sayısı (c)',
         ylabel='Hastalığa yakalananların kesri')
```

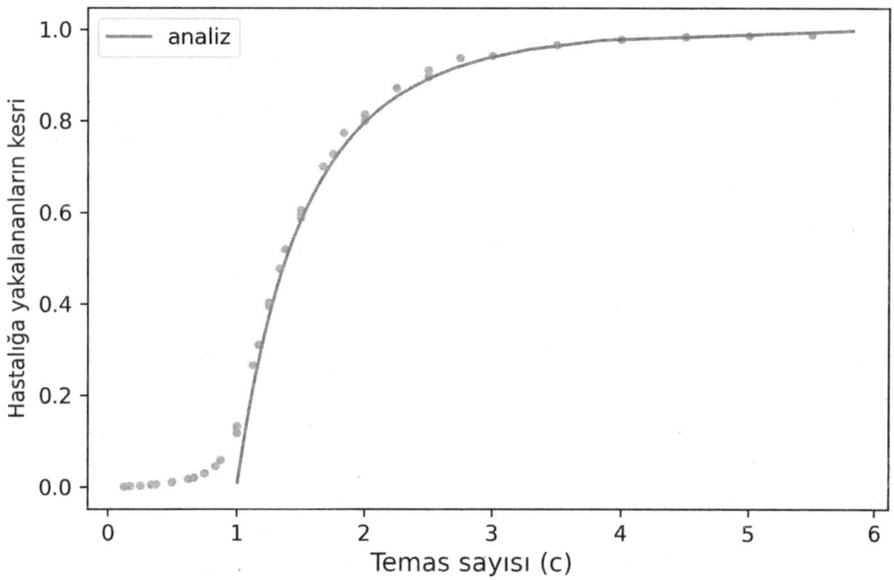

Temas sayısı 1'i aştığında analiz ve simülasyon uyumludur. Temas sayısı 1'den küçük olduğunda ise uyumlu değildirler: Analiz sonuçları hiçbir enfeksiyonun olmaması gerektiğini söylerken, simülasyonlarda az sayıda enfeksiyon vardır.

Farklılığın nedeni, simülasyonun zamanı ayrık gün serilerine bölmesi, buna karşın analizin zamana sürekli bir nicelik olarak muamele etmesidir. Temas sayısı büyük olduğunda iki model uyumlu olur. Temas sayısı küçük olduğunda ise iki model birbirinden ayrışır.

14.5 Temas Sayısını Kestirmek

Bir önceki şekil, temas sayısını bildiğimizde, popülasyon içerisinde hastalığa yakalanacakların kesrini sadece birkaç aritmetik işlemle kestirebileceğimizi göstermektedir. Simülasyon gerçekleştirmemiz gerekmemektedir.

Şekli öteki türlü de okuyabiliriz. Geçmiş bir salgında popülasyonun hangi kesrinin etkilendiğini bilirsek, temas sayısını kestirebiliriz. Daha sonra, örneğin `gamma` gibi parametrelerden birini bilirsek, `beta` gibi diğer bir parametreyi kestirmek için temas sayısını kullanabiliriz.

En azından teoride bunu yapabiliriz. Uygulamada ise eğrinin şeklinden ötürü bu, çok iyi işlemeyebilir:

- Temas sayısı düşük olduğunda eğri oldukça diktir. Bu ise c'deki küçük değişikliklerin enfeksiyon sayısında büyük değişikliklere yol açacağı anlamına gelir. Hastalığa yakalananların toplam kesrinin yüzde 20 ile yüzde 80 arasında bir yerlerde olduğunu gözlemlersek, c'nin 2'ye yakın olduğu sonucunu çıkarabiliriz.

- Temas sayısı yüksek olduğunda eğri neredeyse düzdür. Bu ise c'nin değerleri 3 ila 6 arasında olduğunda farkı görmenin zor olduğu anlamına gelir.

Gerçek verilerdeki belirsizlikle birlikte c'yi çok fazla hassasiyetle kestiremeyebiliriz. Ancak aşağıda bir alıştırma olarak bunu deneme şansınız olacak.

14.6 Özet

Bu bölümde `beta`, `gamma` ve hastalığa yakalananların kesri arasındaki ilişkiyi keşfetmek için simülasyonlar kullandık. Ardından, bu ilişkiyi açıklamak için analizi kullandık.

Bununla birlikte Kermack-McKendrick modelini bitirdik. Bir sonraki bölümde termal sistemlere ve kahvenin soğuması problemine geçeceğiz. Kahvenin soğuması problemi meşhur bir problemdir.

14.7 Alıştırma

14.1 Bu bölümün başında `beta` ile `gamma` arasında ilişki kurmanın iki yolunu önerdim: `beta` ile `gamma`'nın farklarını veya oranlarını hesaplayabiliyorduk.

Oran boyutsuz olduğundan, öncelikle oranı incelemeyi önerdim ve bu, `beta/gamma` temas sayısını keşfetmemizi sağladı. Hastalığa yakalananların kesrini temas sayısının bir fonksiyonu olarak çizdirdiğimizde, bu metriğin en azından yaklaşık olarak tek bir eğri üzerine düştüğünü gördük. Bu, oranın, sonuçları tahmin etmek için yeterli olduğunu belirtir. `beta` ve `gamma`'yı tek tek bilmemize gerek yoktur.

Ancak bu, bir soruyu açıkta bırakmaktadır: Aynı şeyi oran yerine fark kullanarak yaparsak ne olur?

plot_sweep_frame fonksiyonunun, beta-gamma farkına karşı hastalığa yakalananların kesrini çizdiren plot_sweep_frame_difference isimli versiyonunu yazınız.

Sonuçlar neye benzemektedir ve neye işaret etmektedir?

14.2 Yarıyılın sonunda bir araştırma yaptığınızı ve öğrencilerin yüzde 26'sının bir noktada Freshman Salgınına yakalandığını bulduğunuzu farz ediniz. c'nin en iyi kestirimi ne olur?

İpucu: frac_infected_series'i görüntülerseniz, yanıtı sesli bir şekilde okuyabilirsiniz.

14.3 Şu ana dek göz önünde bulundurduğumuz tek metrik, popülasyonun salgın esnasında hastalanan toplam kesridir. Bu, önemli bir metriktir fakat dikkate aldığımız tek metirk değildir.

Örneğin hastalığa yakalanmış kişilerle ilgilenmeye yönelik kaynaklarımız sınırlıysa, salgının zirvesinde hasta olan kişilerin sayısıyla da bizim için önemlidir. Bu sayı I'nın maksimumudur.

sweep_beta fonksiyonunun bu metriği hesaplayan bir versiyonunu yazınız ve bu versiyonu beta ve gamma'nın bir değer aralığı için bir SweepFrame hesaplamak amacıyla kullanınız. Bu metriğin değerini beta ve gamma'nın bir fonksiyonu olarak gösteren bir kontur grafiği oluşturunuz.

Ardından, I'nın maksimumunu temas sayısı beta/gamma'nın bir fonksiyonu olarak çizdirmek için plot_sweep_frame fonksiyonunu kullanınız. Sonuçlar tek bir eğri üzerine düşüyor mu?

14.8 Kaputun Altındakiler

ModSim, bir pandas Series oluşturmayı kolaylaştırmak için make_series fonksiyonunu sağlar. Bu bölümde make_series fonksiyonunu şu şekilde kullandık:

```
frac_infected_series = make_series(c_array, frac_infected)
```

Series'i pandas'tan içe aktarırsanız, kendiniz şu şekilde bir Series oluşturabilirsiniz:

```
from pandas import Series

frac_infected_series = Series(frac_infected, c_array)
```

Fark, argümanların ters sıralamada olmasıdır: İlk argüman, Series'te değerler olarak depolanırken, ikinci argüman indeks olarak depolanmıştır.

Bu sıralamayı mantık dışı buluyorum ve bu nedenle `make_series` fonksiyonunu kullanıyorum. `make_series`, `Series` ile isteğe bağlı olan aynı argümanları alır. *https://pandas.pydata.org/pandas-docs/stable/reference/api/pandas.Series.html* adresinde `make_series` ile ilgili bilgi edinebilirsiniz.

Bölüm 15

TERMAL SİSTEMLER

Şu ana dek incelediğimiz sistemler gerçek dünyada var olmaları bakımından fiziksel idi. Ancak fizik derslerinin neyle ilgili olduğu söz konusu olduğunda ise fiziksel değillerdi. Sonraki birkaç bölümde biraz fizikle meşgul olacağız ve termal sistemlerle, yani ısı bir nesneden diğerine aktarıldığında nesnenin sıcaklığının değiştiği sistemlerle başlayacağız.

Bu bölüm, metni okuyabileceğiniz, kodu çalıştırabileceğiniz ve alıştırmalar üzerinde çalışabileceğiniz bir Jupyter not defteri olarak da mevcuttur. Not defterlerine *https://allendowney.github.io/ModSimPy* adresinden erişebilirsiniz.

15.1 Kahvenin Soğuması Problemi

Kahvenin soğuması problemi, `Scientific American` dergisinin Kasım 1977 sayısının "The Amateur Scientist" (ÇN: Amatör Bilim İnsanı) köşesinde Jearl Walker tarafından ele alınmıştır. Bu yazı o tarihten bu yana modelleme ve simülasyonun standart bir örneği olmuştur.

Problemi kendi tarzımla şu şekilde ifade ediyorum:

Farz ediniz ki işe giderken bir bardak kahve ve küçük bir kap süt almak için yolda duruyorum. İşe vardığımda kahvenin mümkün olduğunca sıcak olmasını istediğimi varsayarsak, sütü kahve dükkânında mı eklemeliyim, işe varıncaya kadar beklemeli miyim, yoksa sütü arada bir yerde mi eklemeliyim?

Bu soruyu yanıtlamaya yardımcı olmak için süt ve kahveyi ayrı kaplarda kullanarak bir deneme çalışması ve bazı ölçümler yaptım (pek sayılmaz):

- Servis edildiğinde kahvenin sıcaklığı 90°C'dir (derece santigrat). Hacmi ise 300 mL'dir (mililitre).
- Sütün başlangıç sıcaklığı 5°C'dir ve 50 mL süt alıyorum.
- Arabamın ortam sıcaklığı 22°C'dir.
- Kahve iyi yalıtılmış bir bardakta servis edilmiştir. 30 dakika sonra işe vardığımda kahvenin sıcaklığı 70°C'ye düşmüştür.
- Süt kabı iyi yalıtılmamıştır. 15 dakika sonra sütün sıcaklığı 20°C'ye, yani neredeyse ortam sıcaklığına yükselmiştir.

Bu verileri kullanıp, soruyu yanıtlamak için sıcaklık ve ısı hakkında bir şeyler bilmeli ve bazı modelleme kararları vermeliyiz.

15.2 Sıcaklık ve Isı

Kahvenin nasıl soğuduğunu (ve sütün nasıl ısındığını) anlamak için sıcaklık ve ısının bir modeli gerekmektedir. Sıcaklık bir nesne veya sistemin bir özelliğidir. SI biriminden derece santigrat (°C) (derece Celsius) olarak ölçülür. *Sıcaklık* bir nesnenin ne kadar sıcak veya ne kadar soğuk olduğunu niceler. Bir nesnenin ne kadar sıcak veya ne kadar soğuk olduğu, o nesneyi oluşturan parçacıkların ortalama hızıyla ilgilidir.

Sıcak bir nesnedeki parçacıklar soğuk bir nesnedeki parçacıklarla temas ettiğinde, enerji bir nesneden diğerine aktarıldığından, sıcak nesne soğur, soğuk nesne ise ısınır. Aktarılan enerji ısı olarak adlandırılır. Isı, SI biriminden joule (J) cinsinden ölçülür.

Isı ile sıcaklık arasındaki ilişki aşağıdaki denklem ile verilir:

$$Q = C\ \Delta T$$

Burada Q, nesneye aktarılan ısı miktarı, ΔT sıcaklıktaki değişim, C ise nesnenin termal kütlesidir. *Termal kütle*, bir nesnenin ısınması veya soğuması için o nesnenin ne kadar enerji alması gerektiğini belirleyen bir özelliktir. SI biriminden termal kütle, santigrat derece başına düşen joule (J/°C) cinsinden ölçülür.

Ağırlıklı olarak tek bir malzemeden oluşan nesneler için termal kütle aşağıdaki gibi hesaplanabilir:

$$C = mc_p$$

Burada m nesnenin kütlesi, c_p ise malzemenin *özgül ısı kapasitesidir*. Özgül ısı kapasitesi, gram başına düşen termal kütledir.

Bir bardak kahvenin termal kütlesini kestirmek için bu denklemleri kullanabiliriz. Kahvenin özgül ısı kapasitesi muhtemelen suyunkine yakındır. Suyun özgül ısı kapasitesi 4.2 (J/g)/°C 'dir. Kahvenin yoğunluğunun suyunkine yakın, yani 1g/mL olduğunu varsayarsak, 300 mL'lik kahvenin kütlesi 300 g ve termal kütlesi 1260 J/°C olur.

Dolayısıyla bir bardak kahvenin sıcaklığı 90°C'den 70°C'ye düştüğünde, sıcaklıktaki değişim, yani ΔT, 20°C'dir. Bu ise 25200 J'luk ısı enerjisinin bardak ve kahveden ortama (arabamdaki kahve taşıyıcısı ve hava) aktarıldığı anlamına gelir.

Bunun ne kadarlık bir enerji olduğuna dair bir fikir vermek gerekirse, bu kadar ısıyı bir iş yaptırmak için kullanabilseydiniz (ki bunu yapamazsınız), bu ısıyı bir bardak kahveyi deniz seviyesinden 8571 metre yüksekliğe çıkarmak için kullanabilirdiniz. Yani 8848 metre yüksekliğindeki Everest Dağından sadece biraz az bir yüksekliğe.

15.3 Isı Transferi

Kahvenin soğuması gibi bir durumda ısının bir nesneden diğerine aktarılmasının üç yolu vardır:

İletim Farklı sıcaklıktaki nesneler temas ettiğinde, daha sıcak olan nesnenin hızlı hareket eden parçacıkları daha düşük sıcaklıktaki nesnenin yavaş hareket eden parçacıklarına kinetik enerji aktarır.

Konveksiyon Bir gazdaki veya sıvıdaki parçacıklar bir yerden diğerine aktığında, bu parçacıklar beraberinde enerji taşırlar. Akışkan akışları karıştırma gibi harici eylemlerden veya sıcaklıktaki dâhili farklardan kaynaklanabilir. Örneğin sıcak havanın yükseldiğini duymuşsunuzdur. Bu yükselme, "doğal konveksiyonun" bir şeklidir.

Radyasyon Bir nesnedeki parçacıklar termal enerji nedeniyle hareket ettikçe elektromanyetik radyasyon yayarlar. Bu radyasyon tarafından taşınan enerji nesnenin sıcaklığı ve yüzey özelliklerine bağlıdır.

Arabadaki kahve gibi nesnelerde radyasyonun etkisi iletim ve konveksiyonun etkisinden çok daha küçüktür. Bu yüzden radyasyon etkisini hesaba katmayacağız.

Çoğu zaman üç boyuttaki akışkan akışının ayrıntılarına bağlı olduğundan, konveksiyon karmaşık bir konu olabilir. Ancak bu problemde "Newton'un soğuma yasasıyla" işimizi görebileceğiz.

15.4 Newton'un Soğuma Yasası

Newton'un soğuma yasası, bir nesnenin sıcaklığındaki değişim oranının, nesne ile nesneyi çevreleyen ortam arasındaki sıcaklık farkıyla doğru orantılı olduğunu ileri sürer:

$$\frac{dT}{dt} = -r(T - T_{env})$$

Burada t zaman, T nesnenin sıcaklığı, T_{env} ortamın sıcaklığı ve r ise ısının nesne ile ortam arasında ne kadar hızlı aktarıldığını belirten bir sabittir.

Newton'un "yasası" gerçekten bir modeldir: Bazı koşullarda iyi bir yaklaşım iken, öteki koşullarda o kadar iyi değildir. Örneğin ısı transferinin birincil mekanizması iletim ise Newton'un yasası "doğrudur". Yani r geniş bir sıcaklık aralığında sabittir. Ve bazı zamanlar malzemenin özellikleri ve nesnenin şekline dayalı olarak r'yi kestirebiliriz.

Konveksiyon, ısı transferinin ihmal edilemez bir kısmına katkıda bulunduğunda, r sıcaklığa bağlı olur fakat Newton'un yasası en azından dar bir sıcaklık aralığında çoğu zaman yeterince doğrudur. Bu durumda r; yüzey şekli, hava akışı, buharlaşma ve diğer unsurlara bağlı olduğundan, deneysel olarak kestirilmelidir.

Radyasyon, ısı transferinin önemli bir kısmını oluşturduğunda, Newton'un yasası hiç iyi bir model değildir. Uzaydaki veya vakumdaki nesneler veya yüksek sıcaklıktaki (örneğin birkaç yüz santigrat dereceden daha sıcak) nesneler için bu durum geçerlidir. Ancak kahvenin soğuması gibi bir durumda Newton'un modelinin oldukça iyi olmasını bekleriz.

Bununla birlikte vereceğimiz sadece bir modelleme kararı bulunur: Kahve ve bardağa ayrı nesneler olarak mı, yoksa tek bir nesne olarak mı muamele edeceğiz. Bardak kâğıttan yapılmışsa kütlesi kahveden azdır ve özgül ısı kapasitesi de düşüktür. Bu durumda bardağa ve kahveye tek bir nesne olarak muamele etmek mantıklıdır. Seramik kupa gibi önemli bir termal kütleye sahip bir bardak söz konusu olduğunda, kahve ve bardağın sıcaklığını ayrı ayrı hesaplayan bir model düşünebiliriz.

15.5 Newton Soğumasını Gerçeklemek

Başlamak için kahveye odaklanacağız. Ardından, bir alıştırma olarak sütü simüle edebilirsiniz. Bir sonraki bölümde kahveyi ve sütü kelimenin tam anlamıyla bir araya getireceğiz.

Aşağıda bir sistemin parametrelerini alan ve bir `System` nesnesi oluşturan fonksiyon görülmektedir:

```
def make_system(T_init, volume, r, t_end):
    return System(T_init=T_init,
                  T_final=T_init,
                  volume=volume,
                  r=r,
                  t_end=t_end,
                  T_env=22,
                  t_0=0,
                  dt=1)
```

Parametrelere ilave olarak `make_system`, `T_env` ortam sıcaklığını, `t_0` başlangıç zaman damgasını ve soğuma sürecini simüle etmek için kullanacağımız `dt` zaman adımını belirler.

Aşağıda kahveyi temsil eden bir `System` nesnesi görülmektedir:

```
coffee = make_system(T_init=90, volume=300, r=0.01, t_end=30)
```

`T_init`, `volume` ve `t_end` değerleri problemin ifade edilişinden gelmektedir. `r`'nin değerini şimdilik keyfi olarak seçiyorum. `r`'nin nasıl kestirileceğini yakında göreceğiz.

Aslına bakılırsa Newton'un yasası bir diferansiyel denklemdir fakat kısa bir zaman aralığında bu denkleme bir fark denklemiyle yaklaşabiliriz:

$$\Delta T = -r(T - T_{env})dt$$

Burada dt zaman adımı ve ΔT ise bu zaman adımı boyunca sıcaklıkta meydan gelen değişikliktir.

Not

ΔT'yi sıcaklıkta zamanla meydana gelen değişimi belirtmek için kullanıyorum. Fakat ısı transferi bağlamında ΔT'nin bir nesne ve bu nesnenin içerisinde bulunduğu ortam arasındaki ΔT sıcaklık farkını belirtmek için kullanıldığını da görebilirsiniz. Kafa karışıklığını en aza indirgemek için ikinci kullanımdan kaçınıyorum.

Aşağıdaki fonksiyon mevcut zaman olan `t`'yi, mevcut sıcaklık olan `T`'yi ve bir `System` nesnesini alır ve bir zaman adımı boyunca sıcaklıkta meydana gelen değişimi hesaplar:

```
def change_func(t, T, system):
    r, T_env, dt = system.r, system.T_env, system.dt
    return -r * (T - T_env) * dt
```

Bu fonksiyonu kahvenin başlangıç sıcaklığıyla şu şekilde test edebiliriz:

```
change_func(0, coffee.T_init, coffee)
```

```
-0.68
```

`dt = 1` dakika olduğunda, sıcaklık, `r`'nin en azından bu değeri için yaklaşık 0.7°C düşer.

Şimdi ise aşağıda `run_simulation` fonksiyonunun `t_0`'dan `t_end`'e kadar olan bir zaman serisini simüle eden versiyonu bulunmaktadır:

```
def run_simulation(system, change_func):
    t_array = linrange(system.t_0, system.t_end, system.dt)
    n = len(t_array)

    series = TimeSeries(index=t_array)
    series.iloc[0] = system.T_init

    for i in range(n-1):
        t = t_array[i]
        T = series.iloc[i]
        series.iloc[i+1] = T + change_func(t, T, system)

    system.T_final = series.iloc[-1]
    return series
```

Burada `run_simulation` fonksiyonunun önceki versiyonlarından farklı olan iki şey vardır.

İlk olarak, `dt` zaman adımıyla birlikte `t_0`'dan `t_end`'e kadar olan bir değerler dizisi oluşturmak için `linrange` fonksiyonunu kullanıyoruz. `linrange` fonksiyonu `linspace` fonksiyonuna benzerdir. Her ikisi de bir başlangıç ve bir bitiş değeri alır ve eşit aralıklı bir değerler dizisi döndürür. Farkları ise üçüncü argümandadır: `linspace` aralıktaki nokta sayısını belirten bir tam sayı alırken, `linrange` değerler arasındaki aralığı belirten bir adım büyüklüğü alır. `TimeSeries` oluştururken, `TimeSeries`'in indeksinin zaman damgaları dizisi olan `t_array` olduğunu belirtmek için anahtar kelime argümanı `index`'i kullanırız.

İkinci olarak, `run_simulation` fonksiyonunun bu versiyonu `TimeSeries`'teki satırları belirtmek için loc'dan ziyade iloc kullanır. Fark şudur:

- `loc` ile birlikte köşeli parantezler içerisindeki etiket herhangi türde bir değer olabilir. Yani herhangi bir başlangıç, bitiş ve zaman adımı. Örneğin dünya nüfusu modelinde etiketler 1950 ile başlayan ve 2016 ile biten yıllardır.

- `iloc` ile birlikte köşeli parantezler içerisindeki etiket her zaman 0 ile başlayan bir tam sayıdır. Dolayısıyla etiketlerin ne olduğuna bakmaksızın, her zaman ilk elemanı `iloc[0]` ve son elemanı `iloc[-1]` ile elde edebiliriz.

`run_simulation` fonksiyonunun bu versiyonunda döngü değişkeni tam sayı olan `i`'dir ve 0 dâhil, `n-1` dâhil olmamak üzere 0'dan `n-1`'e kadar gitmektedir. Dolayısıyla döngüde ilk seferde `i`, 0'dır ve `TimeSeries`'e eklediğimiz değerin indeksi 1'dir. Döngüde son seferde i, `n-2`'dir ve eklediğimiz değerin indeksi ise `n-1`'dir.

Simülasyonu şu şekilde çalıştırabiliriz:

```
results = run_simulation(coffee, change_func)
```

Sonuç, zaman adımı başına bir satırla birlikte bir `TimeSeries`'tir. İşte ilk birkaç satır:

```
show(results.head())
```

Time	Quantity
0.0	90.000000
1.0	89.320000
2.0	88.646800
3.0	87.980332
4.0	87.320529

Ve son birkaç satır:

```
show(results.tail())
```

Time	Quantity
26.0	74.362934
27.0	73.839305
28.0	73.320912
29.0	72.807702
30.0	72.299625

`t_0=0`, `t_end=30` ve `dt=1` olmak üzere, zaman damgası 0.0'dan 30.0'a kadar gider.

TimeSeries aşağıdaki gibidir:

```
results.plot(label='kahve')
decorate(xlabel='Zaman (dakika)',
         ylabel='Sıcaklık (C)',
         title='Kahvenin soğuması')
```

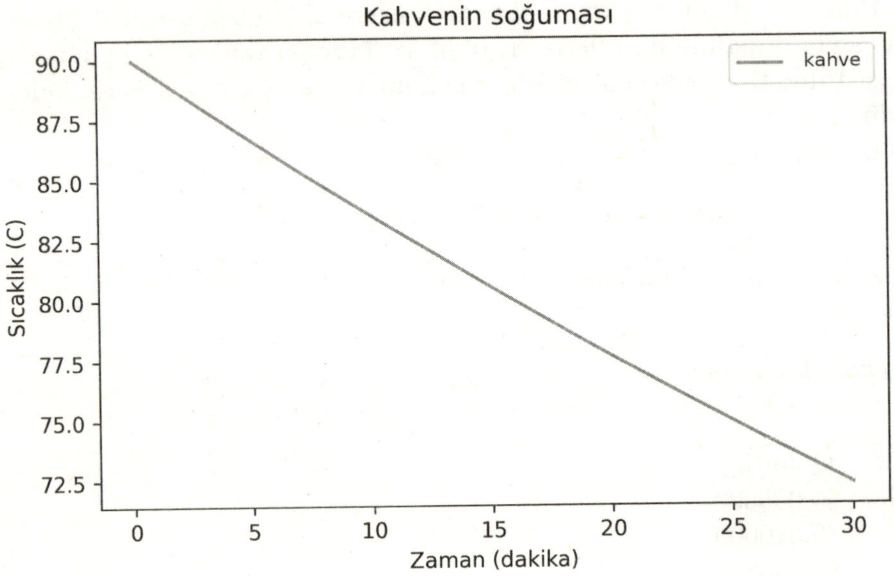

30 dakika sonra sıcaklık 72.3°C'dir. Bu ise eşleştirmeye çalıştığımız ölçüm olan 70°C'den biraz yüksektir:

```
coffee.T_final
```

```
72.2996253904031
```

Son sıcaklığın tam olarak 70°C olduğu `r` değerini bulmak için deneme yanılma yöntemiyle hareket edebiliriz fakat kök bulma algoritmasını kullanmak daha verimlidir.

15.6 Kökleri Bulmak

ModSim kütüphanesi doğrusal olmayan denklemlerin köklerini bulan `root_scalar` isimli bir fonksiyon sağlar. Örneğin aşağıdaki polinomun köklerini bulmak istediğinizi farz ediniz:

$$f(x) = (x - 1)(x - 2)(x - 3)$$

Kök denilen şey $f(x) = 0$ eşitliğini sağlayan bir değerdir. Polinomu yazma şeklimizden $x = 1$ olduğunda ilk çarpanın 0, $x = 2$ olduğunda ikinci çarpanın 0 ve $x = 3$ olduğunda üçüncü çarpanın 0 olduğunu görebiliriz. Dolayısıyla bu değerler denklemin kökleridir.

`root_scalar` fonksiyonunu göstermek için bu örneği kullanacağım. Öncelikle f'yi hesaplayan bir fonksiyon yazmamız gerekiyor:

```
def func(x):
    return (x-1) * (x-2) * (x-3)
```

`root_scalar` fonksiyonunu ise şu şekilde çağırıyoruz:

```
res = root_scalar(func, bracket=[1.5, 2.5])
res
```

```
      converged: True
           flag: 'converged'
 function_calls: 3
     iterations: 2
           root: 2.0
```

İlk argüman, köklerini bulmak istediğimiz fonksiyondur. İkinci argüman, bir kökü içeren veya kökü *köşeli parantez* içerisine alan bir aralıktır. Sonuç, çeşitli değişkenleri içeren bir nesnedir. Bu değişkenlere Boole değeri `converged` ve `root` değeri de dâhildir. `converged` değeri arama bir kök üzerinde başarılı ise `True` olur. `root` değeri ise bulunan köktür.

```
res.root
```

```
2.0
```

Farklı bir aralık sunarsak, farklı bir kök buluruz:

```
res = root_scalar(func, bracket=[2.5, 3.5])
res.root
```

```
2.9999771663211003
```

Aralık bir kök içermediğinde, `ValueError` (değer hatası) ve `f(a)` ve `f(b)`'nin farklı işaretlere sahip olması gerektiği şeklinde bir mesaj alırsınız.

Şimdi `r`'yi kestirmek için `root_scalar` fonksiyonunu kullanabiliriz.

15.7 r'yi Kestirmek

İstediğimiz şey, 70°C'lik son sıcaklığı sağlayacak olan `r` değeridir. `root_scalar` fonksiyonunu kullanmak için, `r`'yi parametre olarak alan ve son sıcaklıkla hedeflenen sıcaklık arasındaki farkı döndüren bir fonksiyon gerekmektedir:

```
def error_func(r, system):
    system.r = r
    results = run_simulation(system, change_func)
    return system.T_final - 70
```

Buna *hata* fonksiyonu denir çünkü elde ettiğimiz şey ile istediğimiz şey arasındaki farkı yani hatayı döndürür. r'nin doğru olan değeriyle birlikte hata 0 olur.

İlk tahmin olarak `r=0.01` alırsak, `error_func` fonksiyonunu şu şekilde test edebiliriz:

```
coffee = make_system(T_init=90, volume=300, r=0.01, t_end=30)
error_func(0.01, coffee)
```

```
2.2996253904030937
```

Sonuç 2.3°C'lik bir hatadır. Bu ise `r=0.01` olduğunda son sıcaklığın çok yüksek olduğu anlamına gelir:

```
error_func(0.02, coffee)
```

```
-10.907066281994297
```

`r=0.02` alındığında ise hata yaklaşık -11°C olur. Bu ise son sıcaklığın çok düşük olduğu anlamına gelir. Dolayısıyla doğru değerin arada bir yerde olması gerektiğini biliyoruz.

Şimdi `root_scalar` fonksiyonunu şu şekilde çağırabiliriz:

```
res = root_scalar(error_func, coffee, bracket=[0.01, 0.02])
res
```

```
      converged: True
           flag: 'converged'
 function_calls: 6
     iterations: 5
           root: 0.011543084190599507
```

İlk argüman hata fonksiyonudur. İkinci argüman `root_scalar` fonksiyonunun `error_func` fonksiyonuna argüman olarak gönderdiği `System` nesnesidir. Üçüncü argüman ise kökü köşeli parantez içerisine alan bir aralıktır.

İşte bulduğumuz kök:

```
r_coffee = res.root
r_coffee
```

```
0.011543084190599507
```

Bu örnekte `r_coffee` değişkeninin dakika-1 (dakikanın tersi) cinsinden yaklaşık 0.0115 olduğu ortaya çıkmaktadır.

`r`'yi bulduğumuz köke eşitleyip, simülasyonu çalıştırmak suretiyle bu değerin doğru olduğunu doğrulayabiliriz:

```
coffee.r = res.root
run_simulation(coffee, change_func)
coffee.T_final
```

```
70.00000057308064
```

Son sıcaklık 70°C'ye oldukça yakındır.

15.8 Özet

Bu bölüm ısı, sıcaklık ve Newton'un soğuma yasasının temellerini sunmaktadır. Newton'un soğuma yasası, ısı transferinin radyasyon ile değil, iletim ve konveksiyon ile gerçekleştiğinde doğru olan bir modeldir.

Bir bardak sıcak kahveyi simüle etmek için Newton'un yasasını bir fark denklemi olarak yazdık ve ardından, `run_simulation` fonksiyonunun bu denklemi uygulayan bir versiyonunu yazdık. Daha sonra `r`'nin benim varsayıma dayanan deneyimin ölçümüyle eşleşen değerini bulmak için `root_scalar` fonksiyonunu kullandık.

Bütün bunlar bölümün başında ortaya koyduğum kahvenin soğuması problemini çözmeye yönelik ilk adımdır. Bir alıştırma olarak bir sonraki adımı, yani sütün simüle edilmesi adımını yapacaksınız. Bir sonraki bölümde karıştırma sürecini modelleyeceğiz ve problemi bitireceğiz.

15.9 Alıştırmalar

15.1 5°C'lik bir başlangıç sıcaklığı, `r=0.1` ve 15 dakikalık bir süre ile birlikte bir kaptaki 50 mL'lik bir sütü simüle ediniz ve sonuçları çizdiriniz. Sütü temsil eden bir `System` nesnesi oluşturmak için `make_system` fonksiyonunu ve bu `System` nesnesini simüle etmek için `run_simulation` fonksiyonunu kullanınız. Deneme yanılma yöntemiyle son sıcaklığı 20°C'ye yakın yapan bir `r` değeri bulunuz.

15.2 Sütün sıcaklığını simüle eden ve son sıcaklık ile 20°C arasındaki farkı döndüren bir hata fonksiyonu yazınız. Bu fonksiyonu sütün `r` değerini kestirmek için kullanınız.

Bölüm 16

KAHVE PROBLEMİNİ ÇÖZMEK

Bir önceki bölümde, soğuyan bir bardaktaki kahvenin simülasyonunu yazdık. Kahvenin başlangıç sıcaklığı, atmosferin sıcaklığı ve oran parametresi `r` verilmişken, kahvenin zaman üzerinden sıcaklığını tahmin ettik. Daha sonra verilere dayalı olarak `r`'yi kestirmek için bir kök bulma algoritması kullandık. Alıştırmaları yaptıysanız, süt ısındıkça sütün sıcaklığını simüle etmiş ve oran parametresini de kestirmişsinizdir.

Şimdi hepsini bir araya getirelim. Bu bölümde iki sıvıyı karıştırmayı simüle eden bir fonksiyon yazacak ve bu fonksiyonu başlangıçta sorduğum soruyu yanıtlamak için kullanacağız: Kahve ve sütü en başta mı, en sonda mı, yoksa ikisinin arasında bir yerlerde karıştırmak mı iyidir?

Bu bölüm, metni okuyabileceğiniz, kodu çalıştırabileceğiniz ve alıştırmalar üzerinde çalışabileceğiniz bir Jupyter not defteri olarak da mevcuttur. Not defterlerine *https://allendowney.github.io/ModSimPy* adresinden erişebilirsiniz.

16.1 Sıvıları Karıştırmak

İki sıvıyı karıştırdığımızda karışımın sıcaklığı karışımı oluşturan sıvıların sıcaklıklarının yanı sıra hacimlerine, yoğunluklarına ve özgül ısı kapasitelerine bağlı olur (bir önceki bölümde de tanımlandığı gibi). Bu bölümde karışımın sıcaklığının nasıl hesaplanacağını anlatacağım.

Isı üreten veya tüketen bir kimyasal tepkime olmadığını varsayarsak, sistemin toplam termal enerjisi karıştırma işleminin öncesi ve sonrasında aynıdır. Bir başka deyişle termal enerji korunur.

Birinci sıvının sıcaklığı T_1, ikinci sıvının sıcaklığı T_2 ve karışımın son sıcaklığı T ise birinci sıvıya doğru olan ısı aktarımı $C_1(T - T_1)$, ikinci sıvıya doğru olan ısı aktarımı $C_2(T - T_2)$ olur. Burada C_1 ve C_2 sıvıların termal kütleleridir.

Enerjinin korunması için bu ısı transferlerinin toplamının 0 olması gerekir:

$$C_1(T - T_1) + C_2(T - T_2) = 0$$

Bu denklemi T için çözebiliriz:

$$T = \frac{C_1T_1 + C_2T_2}{C_1 + C_2}$$

Kahvenin soğuması probleminde her bir sıvının hacmini biliyoruz. Yoğunluğu, yani ρ'yu ve özgül ısı kapasitesini, yani c_p'yi bilirsek, termal kütleyi hesaplayabiliriz:

$$C = \rho V c_p$$

Sıvılar aynı yoğunluk ve ısı kapasitesine sahip olduğunda, denklemde sadeleşme olur ve aşağıdakini yazabiliriz:

$$T = \frac{V_1T_1 + V_2T_2}{V_1 + V_2}$$

Burada V_1 ve V_2 sıvıların hacimleridir.

Bir yaklaşım olarak, sütün ve kahvenin aynı yoğunluk ve özgül ısıya sahip olduklarını varsayalım. İlginizi çekiyorsa bu niceliklere bakabilir ve varsayımın ne kadar iyi olduğunu görebilirsiniz.

Şimdi karışma sürecini simüle edelim. Aşağıdaki fonksiyon kahve ve sütü temsil eden iki `System` nesnesi alır ve karışımı temsil etmek üzere yeni bir `System` oluşturur:

```
def mix(system1, system2):
    V1, V2 = system1.volume, system2.volume
    T1, T2 = system1.T_final, system2.T_final
    V_mix = V1 + V2
    T_mix = (V1 * T1 + V2 * T2) / V_mix
    return make_system(T_init=T_mix, volume=V_mix,
                       r=system1.r, t_end=30)
```

İlk iki satır, hacmi ve sıcaklığı `System` nesnesinden alır. Sonraki iki satır ise karışımın hacim ve sıcaklığını hesaplar. Son olarak mix fonksiyonu yeni bir `System` nesnesi oluşturur ve bu nesneyi döndürür.

Bu fonksiyon `system1`'in `r` değerini karışımın `r` değeri olarak kullanır. system1 kahveyi temsil ediyorsa ve kahveye süt ekliyorsak bu, muhtemelen makul bir seçimdir. Öte yandan kahve bardağındaki sıvı miktarını arttırdığımızda bu, r'yi değiştirebilir. Dolayısıyla bu, gözden geçirmek isteyebileceğimiz bir varsayımdır.

Artık problemi çözmek için gerekli her şeye sahibiz.

16.2 Başta mı Karıştırmalı, Sonda mı Karıştırmalı?

Öncelikle kahve ve sütü temsil eden nesneler oluşturalım. `r_coffee` için bir önceki bölümde hesapladığımız değeri kullanacağız:

```
r_coffee = 0.0115
coffee = make_system(T_init=90, volume=300, r=r_coffee, t_end=30)
```

`r_milk` için bir önceki bölümde Alıştırma 15.2 için kestirdiğim değeri kullanacağım:

```
r_milk = 0.133
milk = make_system(T_init=5, volume=50, r=r_milk, t_end=15)
```

Artık kahve ve sütü karıştırabilir ve 30 dakika sonrasını simüle edebiliriz:

```
mix_first = mix(coffee, milk)
run_simulation(mix_first, change_func)

mix_first.T_final
```

```
61.48016207445017
```

Son sıcaklık 61.5°C'dir ve bu sıcaklık keyif almak için yeterince yüksek bir sıcaklıktır. Sütü en sonda ekleseydik daha mı iyi olurdu?

Kahve ve sütü ayrı ayrı simüle edelim ve ardından, karıştıralım:

```
run_simulation(coffee, change_func)
run_simulation(milk, change_func)
mix_last = mix(coffee, milk)
mix_last.T_final
```

```
62.91117032872072
```

Karıştırdıktan sonra sıcaklık 62.9°C'dir. Dolayısıyla sütü en sonda eklemek daha iyiymiş gibi görünüyor. Ancak yapabileceğimiz en iyi şey bu mudur?

16.3 Optimal Zamanlama

Sütü 30 dakika sonra eklemek hemen eklemekten daha iyidir fakat belki arada bir yerlerde daha iyi bir şey vardır. Bunu tespit etmek için sütün ekleneceği zaman olan `t_add` değişkenini parametre olarak alan aşağıdaki fonksiyonu kullanalım:

```
def run_and_mix(t_add, t_total):
    coffee.t_end = t_add
    coffee_results = run_simulation(coffee, change_func)

    milk.t_end = t_add
    milk_results = run_simulation(milk, change_func)

    mixture = mix(coffee, milk)
    mixture.t_end = t_total - t_add
    results = run_simulation(mixture, change_func)

    return mixture.T_final
```

`run_and_mix` fonksiyonu verilen `t_add` zamanı için her iki sistemi simüle eder. Ardından, bu iki sistemi karıştırır ve karışımı geri kalan zaman olan `t_total - t_add` için simüle eder.

`t_add`, 0 olduğunda sütü hemen eklemiş, `t_add`, 30 olduğunda ise sütü en sonda eklemiş oluruz. Artık aradaki değer aralığını tarayabiliriz:

```
sweep = SweepSeries()
for t_add in linspace(0, 30, 11):
    sweep[t_add] = run_and_mix(t_add, 30)
```

Sonuçların neye benzeyeceği aşağıda gösterilmiştir:

```
sweep.plot(label='karışım', color='C2')

decorate(xlabel='Karıştırmaya kadar geçen süre (dakika)',
         ylabel='Son sıcaklık (C)')
```

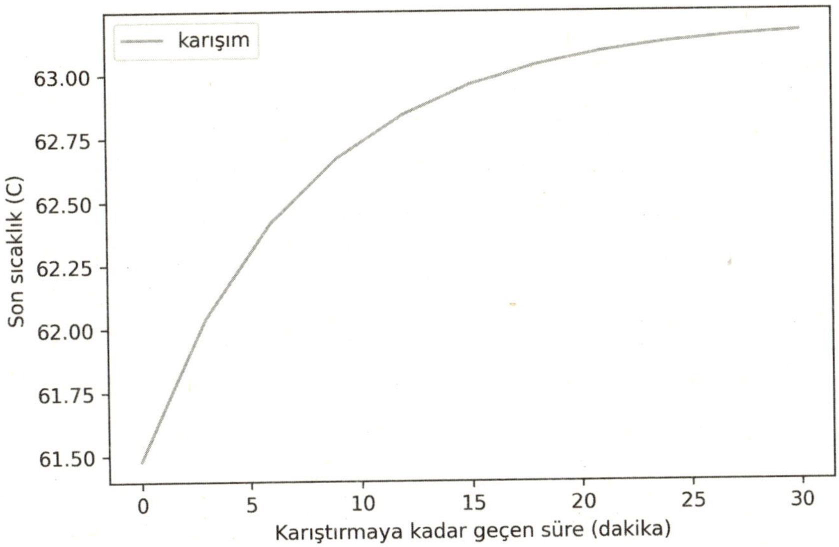

Bunun bir zaman serisi olmadığına, bir parametre taraması olduğuna dikkat ediniz.

`t_add = 30` olduğunda son sıcaklık en büyüktür. Dolayısıyla sütü en sonda eklemek en optimal olanıdır.

16.4 Analitik Çözüm

Newton'un soğuma yasasını simüle etmek aslında gerekli değildir çünkü diferansiyel denklemi analitik olarak çözebiliriz. Eğer

$$\frac{dT}{dt} = -r(T - T_{env})$$

ise genel çözüm

$$T(t) = C\exp(-rt) + T_{env}$$

ve $T(0) = T_{init}$ olmak üzere, özel çözüm

$$T_{env} + (-T_{env} + T_{init})\exp(-rt)$$

şeklinde olur.

r parametresini kestirmek için artık gözlemlenmiş verileri kullanabiliriz. t_{end}'deki sıcaklığın T_{final} olduğunu gözlemlersek, bu değerleri özel çözümde yerine yazabilir ve denklemi r için çözebiliriz. Sonuç şu şekildedir:

$$r = \frac{1}{t_{end}} \log\left(\frac{T_{init} - T_{env}}{T_{final} - T_{env}}\right)$$

Aşağıdaki fonksiyon bir `System` nesnesi alır ve r'yi hesaplar:

```
from numpy import log

def compute_r(system):
    t_end = system.t_end
    T_init = system.T_init
    T_final = system.T_final
    T_env = system.T_env
    r = log((T_init - T_env) / (T_final - T_env)) / t_end
    return r
```

Problemin parametreleri verildiğinde, kahvenin `r`'sini hesaplamak için bu fonksiyonu kullanabiliriz:

```
coffee2 = make_system(T_init=90, volume=300, r=0, t_end=30)
coffee2.T_final = 70
r_coffee2 = compute_r(coffee2)
r_coffee2
```

```
0.01161022314227386
```

Bu değer bir önceki bölümde `r`'nin 0.115 olarak hesapladığımız değerine yakındır fakat tam olarak aynı değildir. Bunun nedeni simülasyonun ayrık zaman adımları kullanması, analizin ise sürekli zamanı kullanmasıdır.

Buna rağmen analizin sonuçları simülasyonla uyumludur. Bunu kontrol etmek için aşağıdaki fonksiyonu kullanacağız. Bu fonksiyon bir `System` nesnesi alır ve bir zaman serisi hesaplamak için analitik sonucu kullanır:

```
from numpy import exp

def run_analysis(system):
    T_env, T_init, r = system.T_env, system.T_init, system.r
    t_array = linrange(system.t_0, system.t_end, system.dt)
    T_array = T_env + (T_init - T_env) * exp(-r * t_array)
    system.T_final = T_array[-1]
    return make_series(t_array, T_array)
```

İlk satır, sistem parametrelerini açar. Sonraki iki satır, zaman damgalarından oluşan bir NumPy dizisi olan `t_array`'i ve karşılık gelen sıcaklıkların dizisi olan `T_array`'i hesaplar. Son iki satır ise `System` nesnesinde son sıcaklığı depolar ve sonucu bir pandas `Series` içerisinde döndürmek için `make_series` fonksiyonunu kullanır.

Bu fonksiyonu şu şekilde çalıştırabiliriz:

```
coffee2.r = r_coffee2
results2 = run_analysis(coffee2)
coffee2.T_final
```

```
70.0
```

Son sıcaklık, olması gerektiği gibi 70°C'dir. Aslında sonuçlar yuvarlamadan kaynaklanan küçük bir farkla birlikte simülasyondan elde ettiğimiz sonuçlarla neredeyse özdeştir.

Bu problemi analitik olarak çözebileceğimize göre, neden bir simülasyon yazma zahmetine girdiğimizi merak ediyor olabilirsiniz. Nedenlerden biri doğrulamadır: Aynı problemi iki yoldan çözdüğümüzden, yanıtın doğru olduğuna daha emin olabiliriz. Diğer bir neden ise esnekliktir: Çalışan bir simülasyonumuz olduğuna göre daha fazla özellik eklemek kolay olur. Örneğin ortamın sıcaklığı zamanla değişebilir veya kahve ve kabı iki farklı nesne olarak simüle edebiliriz. Kahve ve süt yan yana ise aralarındaki ısı akışını simülasyona dâhil edebiliriz. Bu özelliklere sahip bir modeli analitik olarak çözmek zor veya imkânsız olabilir.

16.5 Özet

Bu bölümde bir önceki bölümün kahve soğuma problemini bitirdik ve en azından ortaya attığım problemde sütü en son eklemenin daha iyi olduğunu bulduk. Bir alıştırma olarak problemin, yanıtın farklı olabileceği bir çeşidini inceleme şansınız olacak.

Bir sonraki bölümde yeni bir örneğe geçeceğiz. Bu örnekte glikoz ve insülinin kan şekerini kontrol etmek için nasıl etkileştiğinin bir modeli söz konusu olacak.

16.6 Alıştırmalar

16.1 Analitik çözüme göre `r_milk`'i hesaplamak için `compute_r` fonksiyonunu kullanınız. Analizi `r_milk`'in bu değeriyle çalıştırınız ve sonuçların simülasyonla uyumlu olduğunu doğrulayınız.

16.2 Kahve dükkanının sütü ayrı bir kapta almama izin vermediğini fakat ofisimdeki buzdolabında bir şişe süt sakladığımı farz ediniz. Bu durumda sütü kahve dükkanında eklemek mi, yoksa ofise gidene dek beklemek mi daha iyidir?

İpucu: Bu modelde buzdolabının davranışını temsil etmenin en basit yolunu düşününüz. Problemin bu çeşidini test etmek için yaptığınız değişiklik çok küçük olmalıdır!

Bölüm 17

KAN ŞEKERİNİ MODELLEMEK

Bu bölümde yeni bir örneğe, glikoz ve insulinin kan şekerini düzenlemek üzere nasıl etkileştiklerine dair bir modele başlayacağız. Sadece sistemin gözlemlenen davranışını açıklamak için gerekli olan elemanları içermesi amaçlandığı için minimal model olarak adlandırılan ve yaygın olarak kullanılan bir modeli gerçekleyeceğiz. Burada modeli ve bu modeli anlamak için ihtiyacımız olan bazı arka plan bilgilerini sunacağız. Bir sonraki bölümde ise modeli gerçekleyeceğiz ve sonuçları gerçek verilerle karşılaştıracağız.

Bu bölümdeki sunumum R. N. Bergman'ın 2005 yılında *Hormone Research in Pediatrics* dergisinde yayınlanan "Minimal Model: Perspective" isimli makalesine dayanmaktadır (*https://www.karger.com/article/Abstract/89312*).

Bu bölüm, metni okuyabileceğiniz, kodu çalıştırabileceğiniz ve alıştırmalar üzerinde çalışabileceğiniz bir Jupyter not defteri olarak da mevcuttur. Not defterlerine *https://allendowney.github.io/ModSimPy* adresinden erişebilirsiniz.

17.1 Minimal Model

Farmakokinetik, ilaçların ve öteki maddelerin vücutta nasıl dolaştıkları, etkileşime girdikleri ve atıldıklarını inceleyen bir bilim dalıdır. Bu bölümde kan dolaşımındaki glikoz ve insülinin yaygın olarak kullanılan farmakokinetik bir modelini sunuyorum.

Glikoz, hayvanların kanında dolaşan bir şeker formudur. Kaslar, beyin ve diğer organların yakıtı olarak kullanılır. Kan şekerinin yoğunluğu özellikle de *insülin* tarafından olmak üzere hormon sistemi tarafından kontrol edilir. İnsülin pankreas tarafından üretilir ve kan şekerini azaltma etkisine sahiptir.

Normal pankreatik fonksiyona sahip insanlarda hormon sistemi *homeostazı* (özdengeyi) sürdürür. Yani kan şekerini ne çok yüksek ne de çok düşük olan bir konsantrasyonda tutar.

Ancak pankreas yeterince insülin üretmezse veya insüline tepki vermesi gereken hücreler duyarsız hâle geldiğinde, kan şekeri yükselebilir. Bu duruma *hiperglisemi* denir. Uzun süreli ve şiddetli hiperglisemi diyabet, yani *şeker hastalığının (diabetes mellitus)* belirleyici semptomudur. Diyabet Amerika nüfusunun neredeyse yüzde 10'unu etkileyen ciddi bir hastalıktır.

Hiperglisemi ve diyabeti tespit etmeye yönelik yaygın olarak kullanılan bir test, sıkça örneklenmiş intravenöz (damar içi) glikoz tolerans testidir (FSIGT) (frequently sampled intravenous glucose tolerance test). Bu testte aç bir kişinin (yakın zamanda yemek yememiş bir kişi) kan dolaşımına glikoz enjekte edilir. Ardından, 3 saat boyunca 2-10 dakika aralıklarla kan örnekleri alınır. Örnekler glikoz ve insülinin konsantrasyonunu ölçmek için analiz edilir.

Bu ölçümleri kullanarak kişinin tepkisinin çeşitli parametrelerini kestirebiliriz. Bu parametrelerden en önemlisi S_I ile gösterilen parametredir. Bu parametre, insülinin kan şekerinin azalma oranı üzerindeki etkisini niceler.

17.2 Glikozun Minimal Modeli

Bergman, Ider, Bowden ve Cobelli tarafından ortaya atılan minimal model iki kısımdan oluşur: Glikoz modeli ve insülin modeli. Glikoz modelinin gerçeklenmesini ben sunacağım. Sizin ise bir örnek durum incelemesi olarak insülin modelini gerçekleme şansınız olacak.

Orijinal model 1970'lerde geliştirilmiştir. O zamanlardan bu yana modelin birçok çeşidi ve modele yönelik birçok uzantı öne sürülmüştür. 2005 yılına ait makalesinde, Bergman, modelin geliştirilmesi üzerine yorumlar yapmış ve süreçlerine dair bir içgörü sunmuştur:

> Yalınlık ilkesini (Occam's razor) uyguladık. Bu ilkeyi verilerden açığa çıkarılan insülin-glikoz ilişkisini açıklayabilecek ve bilinen fizyolojiye dayalı en basit modelin hangisinin olduğunu sorarak uyguladık. Böyle bir model, ölçülen glikozu (insülin girdisi verildiğinde) tamamen açıklayabilecek kadar basit olmalı ve aynı zamanda matematiksel teknikler kullanarak tek bir veri kümesinden modelin tüm karakteristik parametrelerini kestirmek mümkün olmalıdır (böylelikle, doğrulanamayacak varsayımların önüne geçilir).

En kullanışlı modeller bu dengeyi sağlayan modellerdir: Sistemin kullanışsız olacak kadar karmaşık olmayan önemli özelliklerini yakalamak için yeterli gerçekçiliği içeren modeller. Bu örnekte pratik sınır, verileri kullanarak modelin parametrelerini kestirme ve parametreleri anlamlı bir şekilde yorumlama yeteneğidir.

Bergman aynı zamanda kendisi ve arkadaşlarının önemli olduğunu düşündüğü özellikleri de ele almaktadır:

> 1. Glikoz enjeksiyonla yükseltildikten sonra iki etkiden ötürü bazal düzeye döner: Glikozun kendi derişimini normalleştirmeye yönelik olan kendi etkisinin [...] yanı sıra glikozun kendi kendini normalleştirmesini sağlamasına yönelik olan insülinin katalitik etkisi.
>
> 2. Ayrıca, insülinin glikozun net yok oluşu üzerindeki etkisinin yavaş olması gerektiğini keşfettik. Yani insülin yavaş iş görür çünkü insülinin glikozun atılışı üzerinde iş görmesi için plazmadan öncelikle uzak bir kompartımana [...] geçmesi gerekmektedir.

İkinci hususu başka bir şekilde ifade etmek gerekirse, insülinin glikozun atılışı üzerindeki etkisi, verilerde de görüldüğü üzere, bu atılışın birincil olarak kandaki insülin derişimine bağlı olması durumuna göre çok daha yavaş gerçekleşir. Bergman'ın grubu, insülinin, kandan etkisini göstereceği uzak kompartımana nispeten yavaş bir şekilde geçmesi gerektiği varsayımında bulunmuştur.

O zamanlar "uzak kompartıman" fiziksel bir şeyi temsil edebilecek veya edemeyecek bir modelleme soyutlamasıydı. Daha sonraları, Bergman'a göre bunun "interstisyel sıvı (doku sıvısı) olduğu gösterilmiştir". İnterstisyel sıvı, doku hücrelerini çevreleyen sıvıdır.

Matematiksel modelleme tarihinde, belirli etkileri elde etmek için modellere eklenen varsayımsal varlıkların sonraları fiziksel varlıklara karşılık geldiği görülmüştür. Kayda değer örneklerden biri genlerdir. Genlerin DNA'da kodlanmış oldukları öğrenilmeden önce, genler birkaç on yıl boyunca kalıtsal birim olarak tanımlanmıştır (*https://en.wikipedia.org/wiki/Gene#Discovery_of_discrete_inherited_units*).

Glikoz modeli iki diferansiyel denklemden oluşur:

$$\frac{dG}{dt} = -k_1 [G(t) - G_b] - X(t)G(t)$$

$$\frac{dX}{dt} = k_3 [I(t) - I_b] - k_2 X(t)$$

Burada,

- G, zamanın bir fonksiyonu olarak glikozun kandaki konsantrasyonu ve dG/dt glikozun değişim oranıdır.
- X, zamanın bir fonksiyonu olarak insülinin doku sıvısındaki konsantrasyonu ve dX/dt insülinin değişim oranıdır.
- I, zamanın bir fonksiyonu olarak insülinin kandaki konsantrasyonudur ve ölçümlere dayalı olarak modele girdi olarak alınır.
- G_b, kandaki glikozun bazal konsantrasyonu, I_b kandaki insülinin bazal derişimi, yani dengedeki konsantrasyonlardır. Her iki konsantrasyon da testin başında veya sonunda kestirilen sabitlerdir.
- k_1, k_2 ve k_3 glikoz ve insülinin ortaya çıkışı ve yok oluşunun oranlarını kontrol eden pozitif değerli parametrelerdir.

Denklemlerdeki terimleri birer birer yorumlayabiliriz:

- $-k_1\,[G(t) - G_b]$ glikozun kendi etkisinden ötürü gerçekleşen yok oluşunun oranıdır. $G(t)$, G_b bazal düzeyinin üzerinde olduğunda, bu terim negatif, $G(t)$ bazal düzeyinin altında olduğunda ise bu terim pozitiftir. Dolayısıyla insülinin yokluğunda, bu terim kandaki glikozu bazal düzeye çekme eğiliminde olur.
- $-X(t)G(t)$ glikoz ve insülinin doku sıvısındaki etkileşimini modeller. Dolayısıyla X veya G arttığında oran artar. Bu terim bir oran parametresi gerektirmez çünkü X'in birimi belirtilmemiştir. X'in birimini bu terimin parametresini 1 yapan herhangi bir birim olarak düşünebiliriz.
- $k_3\,[I(t) - I_b]$ insülinin kan ile doku sıvısı arasındaki yayılma oranıdır. $I(t)$ bazal düzeyin üzerinde olduğunda, insülin kandan doku sıvısına yayılır. $I(t)$ bazal düzeyin altında olduğunda ise insülin dokudan kana yayılır.
- $-k_2X(t)$ insülin tüketildikçe ve parçalandıkça doku sıvısındaki yok oluş oranıdır.

Modelin başlangıç durumu $X(0) = I_b$ ve $G(0) = G_0$'dır. Burada G_0 kan şekerinin enjeksiyondan hemen sonraki konsantrasyonunu temsil eden bir sabittir. Teoride G_0'ı ölçümlere dayalı olarak hesaplayabiliriz fakat pratikte ise enjekte edilen glikozun kan hacminde yayılması zaman alır. G_0 ölçülebilir olmadığından, modelin serbest parametresi olarak muamele görür. Bu ise verilere uydurmak için G_0'ı seçmekte özgür olduğumuz anlamına gelir.

17.3 Verileri Elde Etmek

Modeli geliştirip, test etmek için Pacini ve Bergman'ın 1986 yılında *Computer Methods and Programs in Biomedicine* dergisinde yayınlanan "MINMOD: A Computer Program to Calculate Insulin Sensitivity and Pancreatic Responsivity from the Frequently Sampled Intravenous Glucose Tolerance Test" isimli makalesindeki verileri kullanacağız.

Veri dosyasını okumak için pandas'ı kullanabiliriz:

```
from pandas import read_csv

data = read_csv('glucose_insulin.csv', index_col='time')
```

İşte ilk birkaç satır:

```
data.head()
```

time	glucose	insulin
0	92	11
2	350	26
4	287	130
6	251	85
8	240	51

`data`'nın iki sütunu vardır: `glucose`, mg/dL cinsinden kandaki glikoz konsantrasyonudur. `insülin`, μU/mL (U ile gösterilen tıbbi "ünite", bağlam içerisindeki kurallara göre tanımlanmış bir miktardır) cinsinden kandaki insülin konsantrasyonudur. İndeks ise dakika cinsinden zamandır.

Bu veri kümesi normal insülin üretimi ve duyarlılığına sahip bir kişinin 182 dakika süresinceki glikoz ve insülin konsantrasyonunu temsil etmektedir.

17.4 İnterpolasyon

Modeli gerçeklemeden önce çözmemiz gereken bir problem mevcuttur. Diferansiyel denklemlerde I herhangi bir t anında hesaplanabilen bir fonksiyondur. Ancak `DataFrame`'de sadece ayrık zamanlarda ölçümlere sahibiz. Çözüm interpolasyondur. *İnterpolasyon*, ölçümler arasındaki t değerleri için I'nın değerlerini kestirir.

`I`'daki değerleri interpole etmek için `interpolate` fonksiyonunu kullanabiliriz. `interpolate` parametre olarak bir `Series` alır ve bir fonksiyon döndürür.

Evet bu doğru, bir fonksiyon döndürdüğünü söyledim. `interpolate` fonksiyonunu şu şekilde çağırabiliriz:

```
I = interpolate(data.insulin)
```

Sonuç, şu şekilde çağırabileceğimiz bir fonksiyondur:

```
I(18)
```

```
array(31.66666667)
```

Bu örnekte interpolasyonlu değer yaklaşık 31.7'dir. Bu değer `t = 16` ve `t = 19`'daki gerçek ölçümler arasındaki doğrusal bir interpolasyondur.

Ayrıca, `I`'ya bir argüman olarak bir dizi de gönderebiliriz. Aşağıda `t_0`'dan `t_end`'e kadar eşit aralıklı değerlerin olduğu bir dizi bulunmaktadır:

```
t_0 = data.index[0]
t_end = data.index[-1]
t_array = linrange(t_0, t_end)
```

Karşılık gelen `I` değerleri ise şu şekildedir:

```
I_array = I(t_array)
```

Sonuçları bir pandas `Series`'e koymak için `make_series` fonksiyonu kullanabiliriz:

```
I_series = make_series(t_array, I_array)
```

Verilerle birlikte interpolasyonlu değerler aşağıdaki gibi olur:

```
data.insulin.plot(style='o', color='C2', label='insülin verileri')
I_series.plot(color='C2', label='interpolasyon')

decorate(xlabel='Zaman (dakika)',
         ylabel='Konsantrasyon (μU/mL)')
```

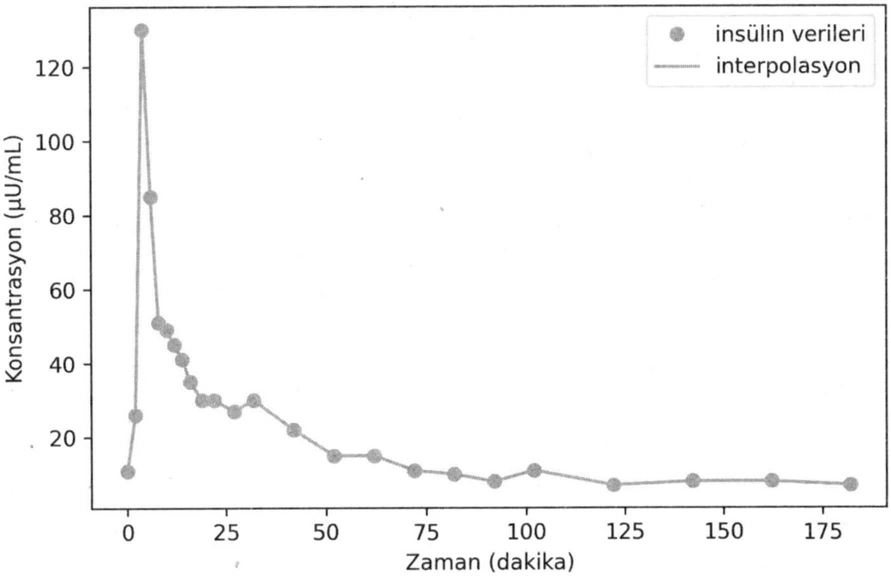

Doğrusal interpolasyon noktaları düz çizgilerle birleştirir ve veri kümesi için bu, muhtemelen yeterince iyidir. Bu bölümün sonundaki alıştırmalarda diğer interpolasyon türlerini deneyebilirsiniz.

17.5 Özet

Bu bölüm kandaki glikoz ve insülin arasındaki etkileşimin bir modelini tanıttı. Ayrıca bu bölüm modeli gerçeklemek için gerekli ve yeni bir araç olan interpolasyonu da tanıttı.

Bir sonraki bölümde glikoz-insülin sistemini simüle etmek için insülinin ölçülmüş konsantrasyonlarını kullanacağız ve sonuçları glikozun ölçülmüş konsantrasyonlarıyla karşılaştıracağız.

Ardından, modelin ikinci kısmını gerçekleme şansınız olacak. Bu ikinci kısım, insülin cevabını simüle etmek için ölçülmüş glikoz konsantrasyonlarını kullanacak ve sonuçları verilerle karşılaştıracaktır.

17.6 Alıştırmalar

17.1 `interpolate`, SciPy fonksiyonu olan `interp1d` fonksiyonu için bir sarmalayıcıdır. `interp1d` fonksiyonunun dokümantasyonunu *https://docs.scipy.org/doc/scipy/reference/generated/scipy.interpolate.interp1d.html* adresinde okuyabilirsiniz.

Özellikle de `kind` argümanına dikkat ediniz. Bu argüman bir interpolasyon çeşidini belirtmektedir. Varsayılan ise doğrusal interpolasyondur. Doğrusal interpolasyon veri noktalarını düz çizgilerle birleştirir.

Diğer interpolasyon çeşitlerinden bir tanesini belirtmek için `interpolate` fonksiyonuna bir argüman gönderiniz ve sonuçları çizdiriniz. Aşağıda bir kere daha çizdirme kodu verilmiştir:

```
data.insulin.plot(style='o', color='C2',
                  label='insülin verileri')
I_series.plot(color='C2', label='interpolasyon')

decorate(xlabel='Zaman (dakika)',
         ylabel='Konsantrasyon (μU/mL)')
```

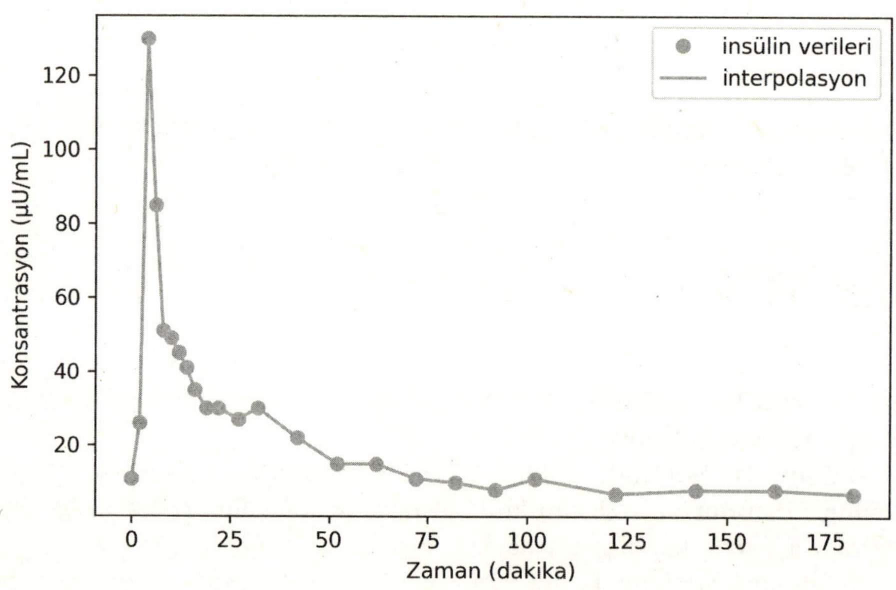

17.2 Glikoz verilerini interpole ediniz ve bir öncekine benzer şekilde veri noktalarını ve `t_array`'deki zaman değerlerinde hesaplanan interpole edilmiş eğriyi gösteren bir grafik oluşturunuz.

Bölüm 18

MİNİMAL MODELİ GERÇEKLEMEK

Bir önceki bölüm glikoz ve insülinin minimal modelini sundu ve bu modeli gerçeklemek için gereken bir aracı tanıttı: İnterpolasyon.

Bu bölümde modeli iki şekilde gerçekleyeceğiz:

- Diferansiyel denklemleri fark denklemleri şeklinde yazarak başlayacağız. Ardından, `run_simulation` fonksiyonunun bir önceki bölümlerde kullandığımıza benzer bir versiyonunu kullanarak bu fark denklemlerini çözeceğiz.

- Ardından, diferansiyel denklemi daha iyi bir algoritma kullanarak çözmek için, `solve_ivp` olarak adlandırılan yeni bir `SciPy` fonksiyonunu kullanacağız.

`solve_ivp` fonksiyonunun `run_simulation` fonksiyonundan daha hızlı ve daha doğru olduğunu göreceğiz. Sonuç olarak `solve_ivp` fonksiyonunu kitabın geri kalanındaki modellerde kullanacağız.

Bu bölüm, metni okuyabileceğiniz, kodu çalıştırabileceğiniz ve alıştırma üzerinde çalışabileceğiniz bir Jupyter not defteri olarak da mevcuttur. Not defterlerine *https://allendowney.github.io/ModSimPy* adresinden erişebilirsiniz.

18.1 Modeli Gerçeklemek

Başlamak için, modelin parametrelerinin bilindiğini varsayalım. Modeli gerçekleyip, `G` ve `X` için zaman serilerini üretmek için kullanacağız. Ardından, simülasyonu verilere uyduran parametreleri nasıl seçebileceğimizi göreceğiz.

İşte parametreler:

```
G0 = 270
k1 = 0.02
k2 = 0.02
k3 = 1.5e-05
```

Bu değerleri `make_system` fonksiyonuna göndereceğimiz bir sekans içerisine koyacağız:

```
params = G0, k1, k2, k3
```

Aşağıda `make_system` fonksiyonunun `params`'ı ve `data`'yı parametre olarak alan bir versiyonu bulunmaktadır:

```
def make_system(params, data):
    G0, k1, k2, k3 = params

    t_0 = data.index[0]
    t_end = data.index[-1]

    Gb = data.glucose[t_0]
    Ib = data.insulin[t_0]
    I = interpolate(data.insulin)

    init = State(G=G0, X=0)

    return System(init=init, params=params,
                  Gb=Gb, Ib=Ib, I=I,
                  t_0=t_0, t_end=t_end, dt=2)
```

`make_system`, `t_0` ve `t_end`'i verilerden elde eder. `t = 0`'daki ölçümleri `Gb` ve `Ib` bazal düzeyleri olarak kullanır. `G0` parametresini `G`'nin başlangıç değeri olarak kullanır. Ardından, her şeyi bir `System` nesnesi hâlinde paketler.

```
system = make_system(params, data)
```

Şimdi güncelleme fonksiyonunu yazalım.

18.2 Güncelleme Fonksiyonu

Minimal model diferansiyel denklemler cinsinden ifade edilir:

$$\frac{dG}{dt} = -k_1 [G(t) - G_b] - X(t)G(t)$$

$$\frac{dX}{dt} = k_3 [I(t) - I_b] - k_2 X(t)$$

Bu sistemi simüle etmek için bu denklemleri fark denklemleri olarak yazacağız. Her iki tarafı dt ile çarparsak şunu elde ederiz:

$$dG = [-k_1 [G(t) - G_b] - X(t)G(t)] \, dt$$

$$dX = [k_3 [I(t) - I_b] - k_2 X(t)] \, dt$$

dt'yi küçük bir zaman adımı olarak düşünürsek, bu denklemler G ve X'deki ilgili değişimlerin nasıl hesaplanacağını bize söyler. Aşağıda bu değişimleri hesaplayan bir güncelleme fonksiyonu bulunmaktadır:

```
def update_func(t, state, system):
    G, X = state
    G0, k1, k2, k3 = system.params
    I, Ib, Gb = system.I, system.Ib, system.Gb
    dt = system.dt

    dGdt = -k1 * (G - Gb) - X*G
    dXdt = k3 * (I(t) - Ib) - k2 * X

    G += dGdt * dt
    X += dXdt * dt

    return State(G=G, X=X)
```

Her zamanki gibi güncelleme fonksiyonu parametre olarak bir zaman damgası, bir State nesnesi ve bir `System` nesnesi alır. İlk satır G ve X'in mevcut değerlerini çıkarmak için çoklu atamayı kullanır. Takip eden satırlar ise ihtiyacımız olan parametreleri System nesnesinden alır.

`dGdt` ve `dXdt` türevlerini hesaplamak için denklemleri matematiksel gösterimden Python gösterimine çeviriyoruz. Daha sonra güncellemeyi gerçekleştirmek için her bir türevi `dt` zaman adımıyla çarpıyoruz. Bu örnekte `dt` iki dakikadır.

Döndürülen değer `G` ve `X`'in yeni değerleriyle birlikte bir State nesnesidir.

Simülasyonu çalıştırmadan önce güncelleme fonksiyonunu başlangıç şartlarıyla birlikte çalıştırmak iyi bir fikirdir:

```
update_func(system.t_0, system.init, system)
```

	state
G	262.88
X	0.00

Simülasyon hatasız çalışırsa ve sonuçlarda bariz bir yanlışlık olmazsa simülasyonu çalıştırmaya hazırız demektir.

18.3 Simülasyonu Çalıştırmak

run_simulation fonksiyonunun aşağıdaki versiyonunu kullanacağız:

```
def run_simulation(system, update_func):
    t_array = linrange(system.t_0, system.t_end, system.dt)
    n = len(t_array)

    frame = TimeFrame(index=t_array,
                      columns=system.init.index)
    frame.iloc[0] = system.init

    for i in range(n-1):
        t = t_array[i]
        state = frame.iloc[i]
        frame.iloc[i+1] = update_func(t, state, system)

    return frame
```

Bu versiyon, kahve problemi için kullandığımız versiyona benzerdir. En büyük fark ise bu versiyonun bir `TimeSeries`'ten ziyade bir `TimeFrame` döndürmesidir. `TimeSeries` sadece bir durum değişkeni depolayabilirken, `TimeFrame` her bir durum değişkeni için bir sütun içerir.

`TimeFrame`'i oluştururken indeksin zaman damgaları dizisinin `t_array` olduğunu belirtmek için `index`'i, sütun isimlerinin `init`'ten elde ettiğimiz durum değişkenleri olduğunu belirtmek için ise `columns`'u kullanırız.

Simülasyonu şu şekilde çalıştırabiliriz:

```
results = run_simulation(system, update_func)
```

Sonuç, her bir zaman adımı için bir satır ve G ve X durum değişkenlerinin her biri için bir sütun olacak şekilde bir TimeFrame'dir.

İşte ilk birkaç zaman adımı:

```
results.head()
```

	G	X
0.0	270.000000	0.000000
2.0	262.880000	0.000000
4.0	256.044800	0.000450
6.0	249.252568	0.004002
8.0	240.967447	0.006062

Aşağıdaki grafik ölçülmüş verilerle birlikte modelden elde edilen simüle edilmiş glikoz düzeylerini göstermektedir:

```
data.glucose.plot(style='o', alpha=0.5, label='glikoz verileri')
results.G.plot(style='-', color='C0', label='simülasyon')

decorate(xlabel='Zaman (dakika)',
         ylabel='Konsantrasyon (mg/dL)')
```

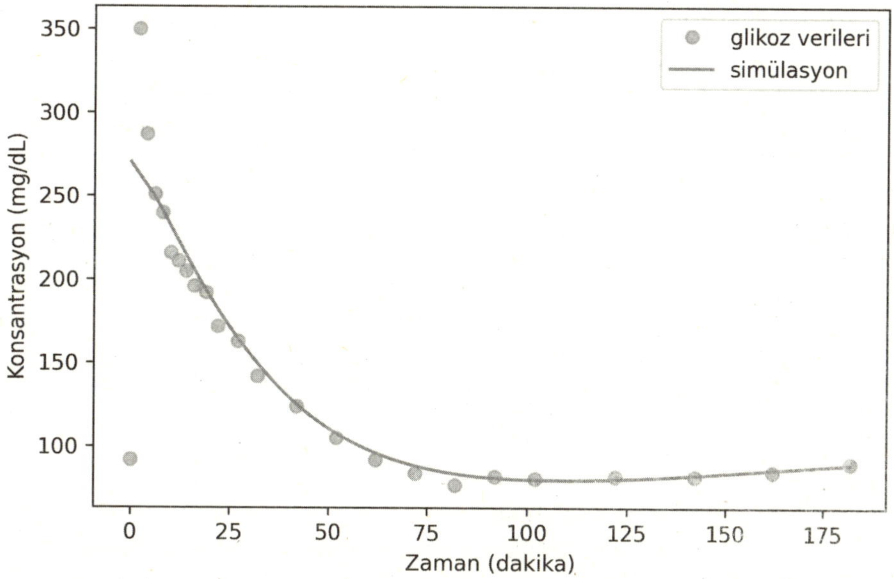

Seçtiğimiz parametrelerle birlikte, model enjeksiyondan sonraki ilk birkaç dakika süresince verilere iyi uyar. Ancak zaman serilerinin bu kısmında modelin iyi iş görmesini beklemeyiz.

Problem ise modelin *uzamsal* olmamasıdır. Yani model, vücudun farklı kısımlarındaki farklı konsantrasyonları hesaba katmaz. Bunun yerine, kandaki glikoz ve insülin ile doku sıvısındaki insülün konsantrasyonlarının vücutta aynı olduğunu varsayar. Vücudu bu şekilde temsil etmek uzmanlar arasında "kan torbası" modeli olarak bilinir.

Enjeksiyondan hemen sonra enjekte edilen glikozun dolaşması zaman alır. Bu süre boyunca uzamsal olmayan bir modelin doğru olmasını beklemeyiz. Bu nedenle `G0`'ın kestirilen değerini çok ciddiye almamalıyız. Bu değer, modeli verilere uydurmak için kullanışlıdır fakat fiziksel ve ölçülebilir bir niceliğe karşılık gelmesi amaçlanmamıştır.

Aşağıdaki grafik varsayımsal kompartımandaki simüle edilmiş insülin düzeylerini göstermektedir. Bu düzeylerin birimi belirtilmemiştir:

```
results.X.plot(color='C1', label='uzak insülin')
decorate(xlabel='Zaman (dakika)',
         ylabel='Konsantrasyon (keyfi birim)')
```

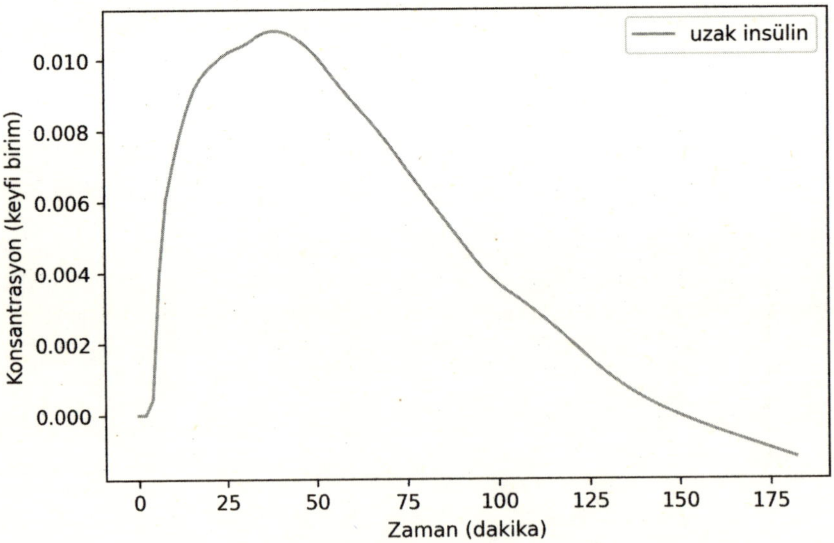

`X`'in uzak kompartımandaki insülin konsantrasyonunu temsil ettiğini, uzak kompartımanın doku sıvısı olduğuna inanıldığını ve dolayısıyla `X`'i kandaki insülinin ölçülmüş konsantrasyonuyla karşılaştıramayacağımızı unutmayınız.

Başlangıçtaki enjeksiyondan sonra X hızlı bir biçimde yükselir ve kandaki glikoz konsantrasyonu azaldıkça `X` de düşer. Nicel olarak bu davranış beklenen bir davranıştır fakat `X` gözlemlenebilir bir nicelik olmadığından, modelin bu kısmını nicel olarak doğrulayamayız.

18.4 Diferansiyel Denklemleri Çözmek

Minimal modeli gerçeklemek için diferansiyel denklemleri sonlu bir zaman adımı olan dt ile birlikte fark denklemleri olarak yeniden yazdık. dt çok küçük olduğunda veya daha kesin olarak ifade etmek gerekirse, sonsuz küçüklükte olursa, fark denklemleri diferansiyel denklemlerle aynı olur. Ancak simülasyonlarımızda dt iki dakikadır, çok küçük değildir ve kesinlikle sonsuz küçüklükte değildir.

Aslında simülasyonlar dG/dt ve dX/dt türevlerinin iki dakikalık zaman adımlarının her birinde sabit olduğunu varsaymaktadır. Türevleri, ayrık zaman adımlarında hesaplayan ve ayrık zaman adımları arasında türevlerin sabit olduklarını varsayan bu yönteme *Euler yöntemi* denir.

Euler yöntemi birçok problemde yeterince iyi olmakla birlikte çok doğru sonuçlar vermez. Bu durumlarda dt'nin büyüklüğünü azaltarak genellikle daha doğru sonuçlar elde edebiliriz. Ancak bu durumda yöntem çok verimli olmaz.

Euler yönteminden daha doğru sonuçlar veren ve daha verimli olan yöntemler mevcuttur. SciPy bu yöntemleri `solve_ivp` isimli bir fonksiyonda sarmalanmış olarak sunmaktadır. `ivp`'nin açılımı başlangıç değer problemidir (initial value problem) ve şu ana dek çözmekte olduğumuz ve başlangıç şartlarının verildiği ve ne olacağını tahmin etmeye çalıştığımız problemler için kullanılan bir terimdir.

ModSim kütüphanesi `solve_ivp` fonksiyonunun kullanımını biraz basitleştiren `run_solve_ivp` isimli bir fonksiyon sunmaktadır. Bu fonksiyonu kullanmak için güncelleme fonksiyonuna benzer olan bir eğim fonksiyonu sağlamamız gerekir. Aslında bu fonksiyon aynı parametreleri alır: Bir zaman damgası, bir `State` nesnesi ve bir `System` nesnesi. Aşağıda minimal modelin diferansiyel denklemlerini hesaplayan bir eğim fonksiyonu bulunmaktadır:

```
def slope_func(t, state, system):
    G, X = state
    G0, k1, k2, k3 = system.params
    I, Ib, Gb = system.I, system.Ib, system.Gb
    dGdt = -k1 * (G - Gb) - X*G
    dXdt = k3 * (I(t) - Ib) - k2 * X

    return dGdt, dXdt
```

slope_func, update_func fonksiyonundan biraz daha basittir çünkü sadece türevleri, yani eğimleri hesaplar. Güncellemeleri slope_func yapmaz, çözücü yapar.

Şimdi run_solve_ivp fonksiyonunu şu şekilde çağırabiliriz:

```
results2, details = run_solve_ivp(system, slope_func,
                                  t_eval=results.index)
```

run_solve_ivp, run_simulation fonksiyonuna benzerdir: Bir System nesnesi ve bir eğim fonksiyonunu parametre olarak alır. Üçüncü argüman olan t_eval isteğe bağlıdır ve çözümün nerede hesaplanacağını belirtir.

run_solve_ivp iki değer döndürür: results2'ye atadığımız bir TimeFrame ve details'e atadığımız bir OdeResult nesnesi.

OdeResult nesnesi, başarı kodu da dâhil olmak üzere çözücünün nasıl çalıştığıyla ilgili bilgiler içerir:

```
details.success
```

```
True
```

ve bir tanılayıcı mesaj içerir:

```
details.message
```

```
'The solver successfully reached the end of integration interval.'
# Çözücü başarılı bir şekilde integral aralığının sonuna ulaştı
```

Çözücüyü çalıştırdıktan sonra bir şeylerin ters gitmesi ihtimaline karşı bu mesajları kontrol etmek önemlidir.

TimeFrame'in her bir zaman adımı için bir satırı ve her bir durum değişkeni için bir sütunu vardır. Bu örnekte satırlar 0'dan 182 dakikaya kadar olan zaman adımlarıdır. Sütunlar ise G ve X durum değişkenleridir. İşte ilk birkaç zaman adımı:

```
results2.head()
```

	G	X
0.0	270.000000	0.000000
2.0	262.980942	0.000240
4.0	255.683455	0.002525
6.0	247.315442	0.005174
8.0	238.271851	0.006602

t_eval=results.index kullandığımızdan, results2'deki zaman adımları results'taki zaman adımlarıyla aynıdır. Bu ise karşılaştırılmalarını kolaylaştırır. Aşağıdaki şekil run_simulation fonksiyonunun sonuçlarıyla birlikte run_solve_ivp fonksiyonunun sonuçlarını göstermektedir:

```
results.G.plot(style='--', label='simülasyon')
results2.G.plot(style='-', label='solve ivp')

decorate(xlabel='Zaman (dakika)',
         ylabel='Konsantrasyon (mg/dL)')
```

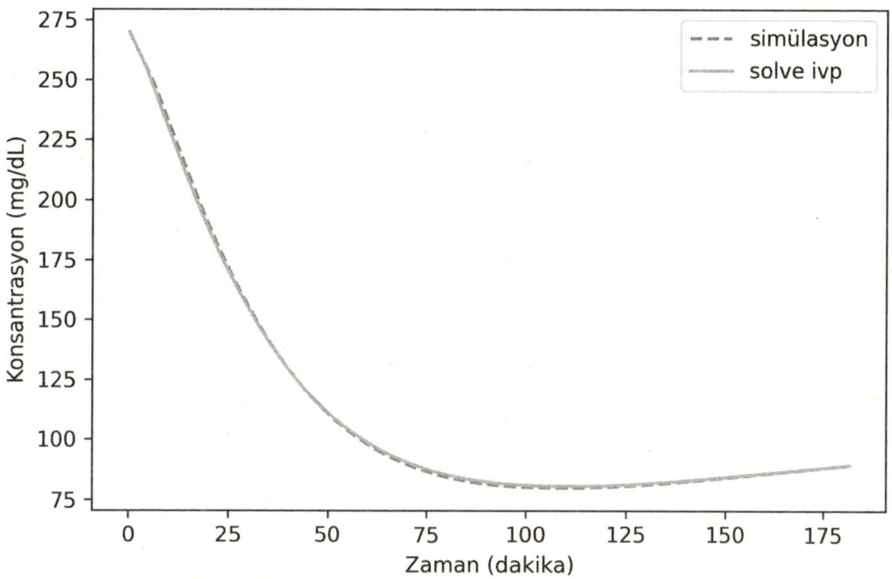

Farklar zar zor görülebilir. Bağıl farkları şu şekilde hesaplayabiliriz:

```
diff = results.G - results2.G
percent_diff = diff / results2.G * 100
```

Ve özet istatistikleri hesaplamak için describe() fonksiyonunu kullanabiliriz:

```
percent_diff.abs().describe()
```

	G
count	92.000000
mean	0.649121
std	0.392903
min	0.000000
25%	0.274854
50%	0.684262
75%	1.009868
max	1.278168

Ortalama bağıl fark yaklaşık yüzde 0.65'tir ve maksimum ise yüzde 1'den biraz fazladır.

İşte `X` için olan sonuçlar:

```
results.X.plot(style='--', label='simülasyon')
results2.X.plot(style='-', label='solve ivp')

decorate(xlabel='Zaman (dakika)',
         ylabel='Konsantrasyon (keyfi birim)')
```

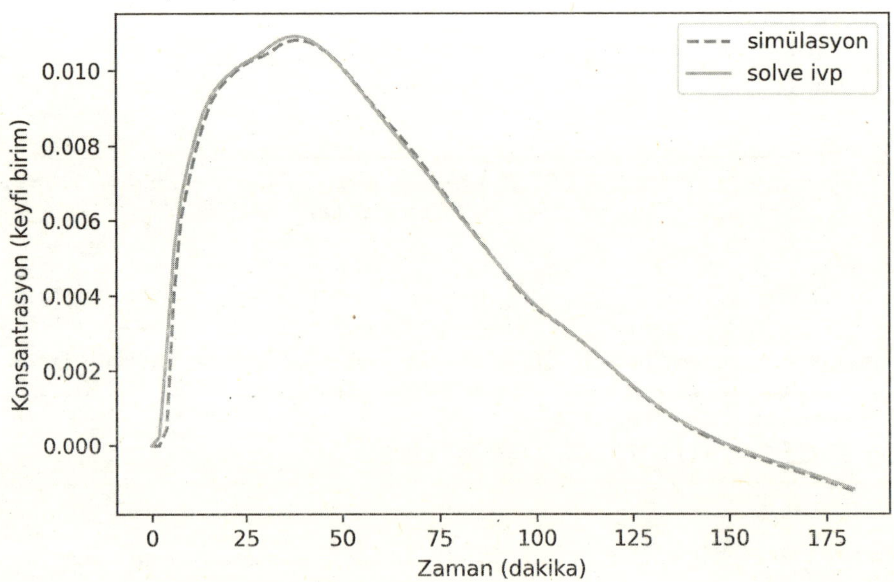

Bu farklar özellikle de başlangıçta biraz büyüktür.

`run_simulation` fonksiyonunu daha küçük zaman adımlarıyla kullanırsak sonuçlar daha doğru olur fakat hesaplanması daha fazla zaman alır. Bazı problemlerde makul bir süre içerisinde doğru sonuçlar veren bir `dt` değeri bulabiliriz. Ancak `dt` çok küçük olursa sonuçlar yine yanlış olabilir. Bu yüzden uygun `dt`'yi bulmak zor olabilir.

`run_solve_ivp` fonksiyonunun avantajı, doğruluk ve verimliliği dengelemek için zaman aralığını otomatik olarak seçmesidir. Bu dengeyi ayarlamak için argümanları kullanabilirsiniz fakat çoğu zaman herhangi bir müdahale olmadan sonuçlar yeterince doğrudur ve hesaplama yeterince hızlıdır.

18.5 Özet

Bu bölümde glikozun minimal modelini `run_simulation` ve `run_solve_ivp` kullanarak iki şekilde gerçekledik ve sonuçları karşılaştırdık. Bu örnekte Euler yöntemini kullanan `run_simulation` fonksiyonunun yeterince iyi olduğunu bulduk. Ancak yakında Euler yönteminin yeterince iyi olmadığı örnekleri göreceğiz.

Şimdiye dek sistemin parametrelerinin bilindiğini varsaydık fakat uygulamada bu böyle değildir. Bir sonraki bölümdeki örnek durum incelemelerinin birinde bu parametrelerin nereden geldiğini görme şansınız olacak.

18.6 Alıştırma

18.1 Diferansiyel denklemlerde bizim bulduğumuz çözüm yaklaşık bir çözümdü çünkü `dt=2` dakika şeklinde sonlu bir adım büyüklüğü kullandık. Adım büyüklüklerini daha küçük yaparsak çözümün daha doğru olmasını bekleriz. `dt=1` olacak şekilde simülasyonu çalıştırınız ve sonuçları karşılaştırınız. İki çözüm arasındaki en büyük göreceli hata nedir?

Bölüm 19

ÖRNEK DURUM İNCELEMELERİ KISIM II

Bu bölüm şu ana dek öğrendiğimiz araçları glikoz-insülinin minimal modeline, bir elektronik devreye, bir duvarın ısıl modeline ve HIV ve T hücrelerinin etkileşimine uygulayabileceğiniz örnek durum incelemelerini sunmaktadır.

Bu bölüm, metni okuyabileceğiniz, kodu çalıştırabileceğiniz ve örnek durum incelemeleri üzerinde çalışabileceğiniz bir Jupyter not defteri olarak da mevcuttur. Not defterlerine *https://allendowney.github.io/ModSimPy* adresinden erişebilirsiniz.

19.1 Minimal Modele Yeniden Bakış

Bir önceki bölümde verilen parametrelerle glikozun minimal modelini gerçekledik fakat bu parametrelerin nereden geldiğini söylemedim.

Bu kitabın GitHub deposunda verilere en iyi şekilde uyan parametreleri nasıl bulabileceğinizi gösteren glucose.ipynb isimli bir not defteri bulacaksınız. Bu not defterini *https://github.com/AllenDowney/ModSimPy/raw/master/examples/glucose.ipynb* adresinden indirebilir veya *https://colab.research.google.com/github/AllenDowney/ModSimPy/blob/master/examples/glucose.ipynb* adresinde Colab üzerinde çalıştırabilirsiniz.

Bu not defteri `leastsq` isimli bir SciPy fonksiyonu kullanmaktadır. `leastsq`'nun açılımı "least squares" (en küçük kareler) şeklindedir. Bu şekilde isimlendirilmiştir çünkü bu fonksiyon, modelin sonuçları ve veriler arasındaki karesi alınmış farkların toplamını minimize eden parametreleri bulur. *leastsq* fonksiyonunu bu kitap için olan isteğe bağlı bir araç olarak düşünebilirsiniz. Metnin kendisinde kullanmayacağız fakat örnek durum incelemelerinin birkaç tanesinde görülmektedir.

19.2 İnsülinin Minimal Modeli

Glikozun minimal modelinin yanı sıra Bergman ve Pacini insülinin minimal modelini de geliştirmiştir. Bu modelde insülinin konsantrasyonu olan I aşağıdaki diferansiyel denkleme uyar:

$$\frac{dI}{dt} = -kI(t) + \gamma [G(t) - G_T] t$$

Burada,

- k, kandaki glikozdan bağımsız olarak insülinin yok oluşunun oranını kontrol eden bir parametredir.
- $G(t)$, t anında kandaki glikoz konsantrasyonunun ölçülmüş değeridir.
- G_T glikoz eşiğidir. Kandaki glikoz bu düzeyin üstünde olduğunda, kandaki glikozun artışını tetikler.
- γ, glikoz G_T'nin üzerinde (veya altında) olduğunda kandaki insülinin artış (veya azalış) oranını kontrol eder.

Başlangıç şartı $I(0) = I_0$ şeklindedir. Glikozun minimal modelinde olduğu gibi bu başlangıç konsantrasyonuna serbest bir parametre olarak muamele ederiz. Yani bu başlangıç konsantrasyonunu verilere uymak için kullanacağız.

Bu modelin parametreleri ϕ_1 ve ϕ_2'yi kestirmek için kullanılabilir. ϕ_1 ve ϕ_2, Bergman ve Pacini'ye göre "birinci ve ikinci faz pankreatik tepkiselliğinin glikoza karşı duyarlılığını açıklayan" niceliklerdir. Bu nicelikler parametrelerle şu şekilde ilişkilidir:

$$\phi_1 = \frac{I_{max} - I_b}{k(G_0 - G_b)}$$

$$\phi_2 = \gamma \times 10^4$$

Burada I_{max} ölçülmüş maksimum insülin düzeyi, I_b ve G_b ise insülin ve glikozun bazal düzeyleridir.

Bu kitabın GitHub deposunda bu örnek durum incelemesine yönelik başlangıç kodunu içeren *insulin.ipynb* isimli bir not defteri bulacaksınız. Bu not defterini insülin modelini gerçeklemek, verilere en iyi uyan parametreleri bulmak ve ϕ_1 ve ϕ_2'yi kestirmek için kullanınız. Bu not defterini *https://github.com /AllenDowney/ModSimPy/raw/master/examples/insulin.ipynb* adresinden indirebilir veya *https://colab.research.google.com/github/AllenDowney/M odSimPy/blob/master/examples/insulin.ipynb* adresinde Colab üzerinde çalıştırabilirsiniz.

19.3 Alçak Geçiren Filtre

Şekil 19.1'deki devre şeması bir direnç ve bir kondansatörle oluşturulan alçak geçiren filtreyi göstermektedir.

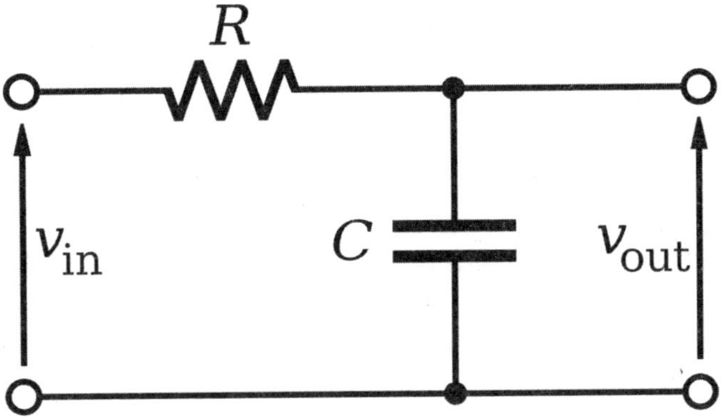

Şekil 19.1: Bir RC filtresinin devre şeması

Filtre denilen şey, V_{in} gibi bir sinyali giriş olarak alan ve V_{out} gibi bir sinyali çıkış olarak veren bir devredir. Bu bağlamda sinyal denilen şey, zamanla değişen bir gerilimdir (voltajdır).

Bir filtre, düşük frekanslı bir sinyalin V_{in}'den V_{out}'a değişmeden geçmesine izin veriyorsa fakat yüksek frekanslı sinyallerin genliğini azaltıyorsa alçak geçiren filtredir.

Devre analizi yasalarını uygulayarak, sistemin davranışını açıklayan bir diferansiyel denklem türetebiliriz. Diferansiyel denklemi çözmek suretiyle bu devrenin herhangi bir giriş sinyali üzerindeki etkisini tahmin edebiliriz.

Belirli bir andaki V_{in} ve V_{out}'un verilmiş olduğunu farz ediniz. Dirençlerin davranışının basit bir modeli olan Ohm yasasına göre dirençten geçen anlık akım:

$$I_R = (V_{in} - V_{out})/R$$

Burada R ohm (Ω) cinsinden dirençtir.

Devrenin çıkışından hiçbir akımın akmadığı varsayılarak, Kirchhoff'un akım yasasına göre kondansatörden geçen akım şu şekilde ifade edilir:

$$I_C = I_R$$

Kondansatörlerin davranışının basit modeline göre kondansatörden geçen akım, kondansatörün uçları arasındaki gerilimde bir değişikliğe neden olur:

$$I_C = C\frac{dV_{out}}{dt}$$

Burada C, farad (F) cinsinden kapasitanstır. Bu denklemleri birleştirmek, V_{out} için aşağıdaki diferansiyel denklemi verir:

$$\frac{dV_{out}}{dt} = \frac{V_{in} - V_{out}}{RC}$$

Bu kitabın GitHub deposunda bu örnek durum incelemesi için başlangıç kodunu içeren filter.ipynb isimli bir not defteri bulacaksınız. Bu not defterini *https://github.com/AllenDowney/ModSimPy/raw/master/examples/filter.ipynb* adresinden indirebilir veya *https://colab.research.google.com/github/AllenDowney/ModSimPy/blob/master/examples/filter.ipynb* adresinde Colab üzerinde çalıştırabilirsiniz. Aşağıdakine benzer giriş sinyalleri için alçak geçiren filtreyi simüle etmek için talimatları takip ediniz:

$$V_{in}(t) = A\cos(2\pi ft)$$

Burada A, girdi sinyalinin genliğidir. Örneğin 5 V ve f, sinyalin hertz (Hz) cinsinden frekansıdır.

19.4 Bir Duvarın Termal Davranışı

Bu örnek durum incelemesi, Gori vd.'nin, "binaların beklenen enerji kullanımları ile ölçülen enerji kullanımları arasındaki performans farkını" anlama amacıyla bir tuğla duvarın termal davranışını modelleyen makalesine dayanmaktadır.

Şekil 19.2 senaryoyu ve Gori vd.'nin duvar modelini göstermektedir.

Duvarın iç ve dış yüzeylerindeki sıcaklığı ve ısı akısını (ısı akışı oranı) üç gün boyunca ölçerler. Yüzeylere ve birbirine termal dirençlerle bağlanan iki termal kütleyi kullanarak duvarı modellerler.

Makalenin birincil metodolojisi sistemin parametrelerini çıkarsamaya yönelik istatistiksel bir yöntemdir (iki termal kütle ve üç ısıl direnç).

Birincil sonuç iki modelin karşılaştırılmasıdır: Burada gösterilen iki termal kütleye sahip model ve sadece bir termal kütleye sahip daha basit olan model. İki kütleli modelin ölçülmüş akıları önemli ölçüde daha iyi üretebildiğini buldular.

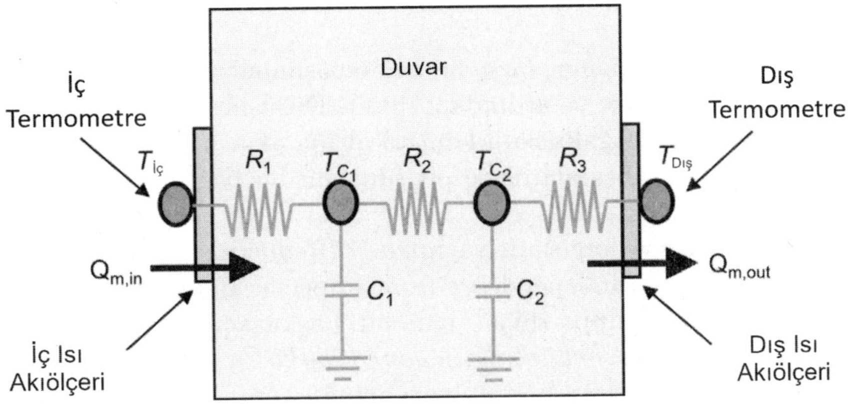

Şekil 19.2: Bir duvarın termal davranışının modeli (Gori vd., 2017)

Bu örnek durum incelemesi için onların modelini gerçekleyecek ve makaledeki kestirilen parametrelerle modeli çalıştıracağız ve ardından, daha az hata veren parametreler bulup bulamayacağımızı görmek için `leastsq` fonksiyonunu kullanacağız.

Bu kitabın GitHub deposunda bu örnek durum incelemesine yönelik kod ve sonuçların olduğu *wall.ipynb* isimli bir not defteri bulacaksınız. Bu not defterini *https://github.com/AllenDowney/ModSimPy/raw/master/examples/wall.ipynb* adresinden indirebilir veya *https://colab.research.google.com/github/AllenDowney/ModSimPy/blob/master/examples/wall.ipynb* adresinde Colab üzerinde çalıştırabilirsiniz.

Bu örnek durum incelemesi Gori, Marincioni, Biddulph ve Elwell tarafından 2017 yılında Energy and Buildings dergisinde yayınlanan “Inferring the Thermal Resistance and Effective Thermal Mass Distribution of a Wall from In Situ Measurements to Characterise Heat Transfer at Both the Interior and Exterior Surfaces” isimli makaleye dayanmaktadır (makale, *https://www.sciencedirect.com/science/article/pii/S0378778816313056* adresinde mevcuttur). Yazarlar makalelerini Creative Commons lisansıyla çıkarmış ve verilerini *https://discovery.ucl.ac.uk/id/* eprint/1526521 adresinde kullanıma sunmuştur. Onlara bu örnek durum incelemesini mümkün kılan açık, tekrarlanabilir bilime olan bağlılıkları için teşekkür ediyorum.

19.5 HIV

HIV enfeksiyonunun başlangıç fazında, kan dolaşımındaki virüs konsantrasyonu tipik olarak hızla yükselir ve ardından, düşer. Düşüşün en bariz açıklaması ise virüsü yok eden veya çoğalmasını kontrol altına alan bir bağışıklık cevabıdır. Ancak en azından bazı hastalarda tespit edilebilir bir bağışıklık cevabı olmadan bile düşüş gerçekleşmektedir.

1996 yılında Science dergisinde yayınlanan "Reduction of HIV Concentration During Acute Infection: Independence from a Specific Immune Response" isimli makalede, Andrew Phillips düşüş için bir başka açıklama ileri sürmüştür (bakınız *https://pubmed.ncbi.nlm.nih.gov/8560262*).

Phillips, HIV virüsünün konsantrasyonunu ve etkilediği CD4 hücrelerini modelleyen bir diferansiyel denklem sistemi sunmaktadır. Model bir bağışıklık cevabı içermemektedir. Buna karşın, enfeksiyondan sonraki ilk birkaç hafta boyunca hastalarda görülen davranışa nitel olarak benzer bir davranışı göstermektedir.

Onun çıkardığı sonuç HIV'in konsantrasyonunda gözlenen düşüşün bağışıklık cevabından kaynaklanmayabileceği şeklindedir. Bu düşüş, HIV ve etkilediği hücreler arasındaki dinamik etkileşimden ötürü olabilir.

Bu kitabın GitHub deposunda Phillips'in modelini gerçekleyebileceğiniz ve bu modelin amaçladığı işi yapıp yapmadığını değerlendirebileceğiniz, *hiv_model.ipynb* isimli bir not defteri bulacaksınız. Bu not defterini *https://github.com/AllenDowney/ModSimPy/raw/master/examples/glucose.ipynb* adresinden indirebilir veya *https://colab.research.google.com/github/AllenDowney/ModSimPy/blob/master/examples/hiv_model.ipynb* adresinde Colab üzerinde çalıştırabilirsiniz.

Kısım III

İKİNCİ DERECEDEN SİSTEMLER

Bölüm 20

DÜŞEN PENİYE YENİDEN BAKIŞ

Şimdiye dek üzerinde çalıştığımız diferansiyel denklemler birinci dereceden idi. Yani bu denklemler sadece birinci türevleri içeriyordu. Bu bölümde dikkatimizi hem birinci hem ikinci türevleri içerebilen ikinci dereceden diferansiyel denklemlere veriyoruz.

Bölüm 1'deki düşen peni örneğine yeniden bakacağız ve peni düşerken hava direnci olmadan ve hava direnci olduğunda peninin konum ve hızını bulmak için `run_solve_ivp` fonksiyonunu kullanacağız.

Bu bölüm, metni okuyabileceğiniz, kodu çalıştırabileceğiniz ve alıştırma üzerinde çalışabileceğiniz bir Jupyter not defteri olarak da mevcuttur. Not defterlerine *https://allendowney.github.io/ModSimPy* adresinden erişebilirsiniz.

20.1 Newton'un İkinci Hareket Yasası

Birinci dereceden diferansiyel denklemler şu şekilde yazılabilir:

$$\frac{dy}{dx} = G(x, y)$$

Burada G, x ve y'nin bir fonksiyonudur.

İkinci dereceden diferansiyel denklemler şu şekilde yazılabilir:

$$\frac{d^2y}{dx^2} = H(x, y, \frac{dy}{dx})$$

Burada H, x, y ve dy/dx'in bir fonksiyonudur.

Bu bölümde en meşhur ve kullanışlı ikinci dereceden denklemlerden biri olan Newton'un ikinci hareket yasasını ele alacağız:

$$F = ma$$

Burada F kuvvet veya bir kuvvetler kümesinin toplamı, m hareket eden bir nesnenin kütlesi, a ise bu kütlenin ivmesidir.

a ivmelenmesinin, y konumunun zamana yani t'ye göre ikinci türevi olduğunu fark edene kadar Newton'un yasası diferansiyel denklem gibi görünmeyebilir:

$$a = \frac{d^2y}{dt^2}$$

ifadesi yerine yazılırsa, Newton'un yasası şu şekilde yazılabilir:

$$\frac{d^2y}{dt^2} = F/m$$

ve bu, tam olarak ikinci dereceden bir diferansiyel denklemdir. Genel olarak F zamanın, konumun ve hızın bir fonksiyonu olabilir.

Elbette ki bu "yasa", gerçek dünyanın basitleştirilmesi yönüyle gerçekten bir modeldir. Çoğu zaman yaklaşık olarak doğru olsa bile aşağıdakiler aklınızda bulunsun:

- Bu yasa sadece m sabitse geçerlidir. Kütle zamana, konuma ve hıza bağlıysa, Newton'un yasasının daha genel bir formunu kullanmamız gerekir (*https://en.wikipedia.org/wiki/Newton's_laws_of_motion*).

- Bu yasa çok küçük şeyler için iyi bir model değildir. Çok küçük şeyler başka bir model olan kuantum mekanik ile daha iyi açıklanır.

- Bu yasa çok hızlı hareket eden şeyler için iyi bir model değildir. Çok hızlı hareket eden şeyler başka bir model olan göreceli mekanik ile daha iyi açıklanır.

Bununla birlikte, orta büyüklükte hızlarla hareket eden sabit kütleli orta büyüklükteki şeyler için Newton'un modeli oldukça kullanışlıdır. Böyle bir nesneye etki eden kuvvetleri niceleyebilirsek, bu nesnenin nasıl hareket edeceğini tahmin edebiliriz.

20.2 Penileri Düşürmek

İlk örnek olarak Bölüm 1'de ele aldığımız Empire State Binası'ndan düşen peniye geri gidelim. Bu sistemin iki modelini gerçekleyeceğiz: İlk olarak hava direnci yokken, daha sonra hava direnci varken.

Empire State Binası'nın 381m yükseklikte olduğu göz önünde bulundurulur ve peninin durgunken düşürüldüğü varsayılırsa, başlangıç şartları:

```
init = State(y=381, v=0)
```

olur. Burada y kaldırımdan itibaren ki yükseklik, v ise hızdır.

Yer çekiminden kaynaklı g ivmelenmesinin büyüklüğü ve simülasyonların süresi t_end ile birlikte başlangıç şartlarını bir System nesnesine yerleştirelim:

```
system = System(init=init,
                g=9.8,
                t_end=10)
```

Şimdi bir eğim fonksiyonuna ihtiyacımız var ve işlerin karıştığı yer burasıdır. Daha önce gördüğümüz üzere run_solve_ivp birinci dereceden diferansiyel denklem sistemlerini çözebilmektedir fakat Newton'un yasası ise ikinci dereceden bir diferansiyel denklemdir. Ancak,

1. hızın, yani v'nin konumun türevi, yani dy/dt olduğunu ve

2. ivmenin, yani a'nın hızın türevi, yani dv/dt olduğunu

kabul edersek, Newton'un yasasını birinci dereceden bir diferansiyel denklem sistemi olarak yazabiliriz:

$$\frac{dy}{dt} = v$$

$$\frac{dv}{dt} = a$$

```
def slope_func(t, state, system):
    y, v = state

    dydt = v
    dvdt = -system.g

    return dydt, dvdt
```

Her zamanki gibi parametreler bir zaman damgası, bir `State` nesnesi ve bir `System` nesnesidir.

İlk satır y ve v durum değişkenlerini açar. Sonraki iki satır ise durum değişkenlerinin türevleri olan *dydt* ve *dvdt*'yi hesaplar. Konumun türevi hızı, hızın türevi ise ivmelenmeyi verir. Bu durumda $a = -g$ olur. Bu ise yer çekiminden kaynaklı ivmelenmenin azalan y yönünde olduğu anlamına gelir. `slope_func` fonksiyonu iki türevi içeren bir sekans döndürür.

`run_solve_ivp` fonksiyonunu çağırmadan önce eğim fonksiyonunu başlangıç şartlarıyla test etmek iyi bir fikirdir:

```
dydt, dvdt = slope_func(0, system.init, system)
dydt, dvdt
```

```
(0, -9.8)
```

Sonuç, 0 m/s'lik bir hız ve -9.8 m/s^2'lik bir ivmedir.

Artık `run_solve_ivp` fonksiyonunu şu şekilde çağırabiliriz:

```
results, details = run_solve_ivp(system, slope_func)
details.message
```

```
'The solver successfully reached the end of integration interval.'
# Çözücü başarılı bir şekilde integral aralığının sonuna ulaştı.
```

`results` iki sütunlu bir `TimeFrame`'dir: `y` peninin yüksekliğini, `v` ise peninin hızını içerir. İşte ilk birkaç satır:

```
results.head()
```

	y	v
0.0	381.000	0.00
0.1	380.951	-0.98
0.2	380.804	-1.96
0.3	380.559	-2.94
0.4	380.216	-3.92

Sonuçları şu şekilde çizdirebiliriz:

```
results.y.plot()

decorate(xlabel='Zaman (s)',
         ylabel='Konum (m)')
```

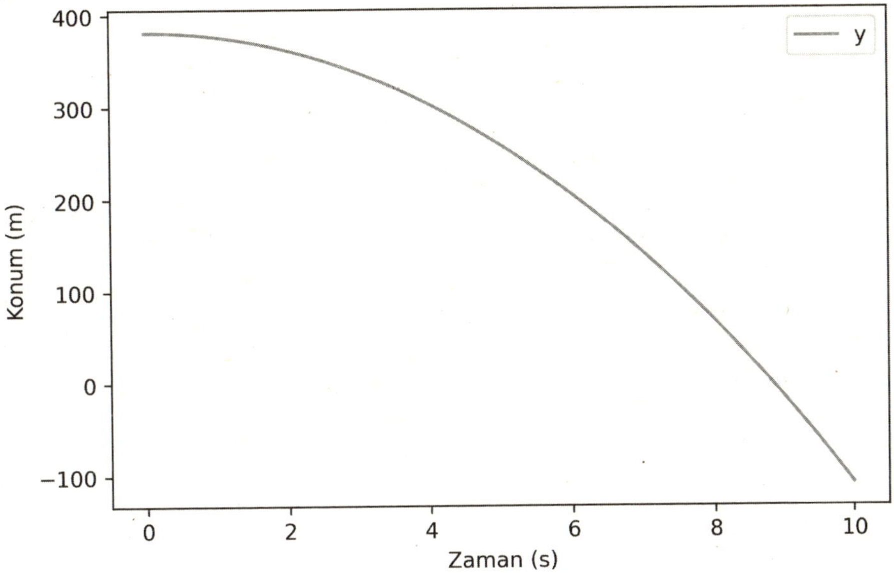

İvmelenme sabit olduğundan, hız doğrusal bir biçimde artar, konum ise kuadratik olarak azalır. Sonuç olarak yükseklik eğrisi bir parabol olur.

`results.y`'nin son değeri negatiftir:

```
results.iloc[-1].y
```

```
-108.99999999999983
```

Bu, simülasyonu çok uzun süre çalıştırdığımız anlamına gelir. Bu problemi çözmenin yollarından biri peninin kaldırıma çarptığı zamanı kestirmek için sonuçları kullanmaktır.

ModSim kütüphanesi `crossings` fonksiyonunu sağlar. Bu fonksiyon bir `TimeSeries` ve bir değer alır ve serinin bu değerden geçtiği bir zaman sekansı döndürür. Peninin konumsal yüksekliğinin 0 olduğu zamanı şu şekilde bulabiliriz:

```
t_crossings = crossings(results.y, 0)
t_crossings
```

```
array([8.81788535])
```

Sonuç, 8.818 saniyelik tek bir değeri olan bir dizidir. Artık simülasyonu `t_end = 8.818` değeriyle bir kez daha çalıştırabiliriz fakat daha iyi bir yol mevcuttur.

20.3 Olay Fonksiyonları

Bir seçenek olarak `run_solve_ivp`, peninin kaldırıma çarpması gibi bir "olayı" tespit eden ve simülasyonu sonlandıran bir olay fonksiyonu alabilir.

Olay fonksiyonları eğim fonksiyonlarıyla aynı parametreleri alır: `t`, `state` ve `system`. Olay fonksiyonları olay gerçekleştiğinde 0'dan geçen bir değer döndürür. Aşağıda peninin kaldırıma çarpmasını tespit eden bir olay fonksiyonu bulunmaktadır:

```
def event_func(t, state, system):
    y, v = state
    return y
```

Döndürülen değer peninin yüksekliği olan `y`'dir. Bu değer peni kaldırıma çarptığında 0'dan geçen değerdir.

Olay fonksiyonunu `run_solve_ivp` fonksiyonuna şu şekilde göndeririz:

```
results, details = run_solve_ivp(system, slope_func,
                                 events=event_func)
details.message
```

```
'A termination event occurred.'
# Bir sonlandırma olayı gerçekleşti.
```

Ardından, uçuş süresini şu şekilde elde edebiliriz:

```
t_end = results.index[-1]
t_end
```

```
8.817885349720553
```

Son hızı ise şu şekilde elde edebiliriz:

```
y, v = results.iloc[-1]
y, v
```

```
(0.0, -86.41527642726145)
```

Hava direnci olmasaydı peni kaldırıma (birinin kafasına) 86 m/s hız ile vururdu. Dolayısıyla hava direncinin olması iyi bir şeydir.

20.4 Özet

Bu bölümde ikinci dereceden bir diferansiyel denklem olan Newton'un ikinci yasasını birinci dereceden bir diferansiyel denklem sistemi olarak yazdık. Ardından, hava direncinin yokluğunda Empire State Binası'ndan düşen bir peniyi simüle etmek için `run_solve_ivp` fonksiyonunu kullandık. Ve peni kaldırıma ulaştığında simülasyonu durdurması için bir olay fonksiyonu kullandık.

Bir sonraki bölümde modele hava direnci ekleyeceğiz.

20.5 Alıştırmalar

20.1 Ask an Astronomer (ÇN: Bir Astronoma Sor) web sitesinden (*http://curious.astro.cornell.edu/about-us/39-our-solar-system/the-earth/other-catastrophes/57-how-long-would-it-take-the-earth-to-fall-into-the-sun-intermediate*) bir soru: "Eğer Dünya Güneş'in etrafındaki hareketini durdursaydı, biliyorum ki nihayetinde Güneş'in kütle çekimi tarafından çekilir ve Güneş'e çarpardı. Dünya'nın Güneş'e çarpması ne kadar zaman alırdı? Dünya'nın ilk başlarda yavaş hareket edeceğini ve sonraları hız kazanacağını hayal ediyorum." Bu soruyu yanıtlamak için `run_solve_ivp` fonksiyonunu kullanınız.

İşte nasıl ilerleyeceğinize dair bazı öneriler:

1. Evrensel kütle çekim yasasına ve ihtiyaç duyabileceğiniz sabitlere bakınız. Tamamen SI birimleriyle çalışmanızı öneririm: Metre, kilogram ve newton.
2. Dünya ve Güneş arasındaki mesafe küçüldüğünde bu sistem kötü bir davranış sergiler. Dolayısıyla Dünya'nın yüzeyi Güneş'in yüzeyine ulaştığında durmak için bir olay fonksiyonu kullanmanız gerekiyor.
3. Yanıtlarınızı gün cinsinden ifade ediniz ve sonuçları, günlere karşı milyon kilometre olacak şekilde çizdiriniz.

Dave Rothstein'ın yanıtını okursanız, problemi çözmenin başka yollarını ve bu yolların arkasındaki modelleme kararlarıyla ilgili iyi bir tartışmayı göreceksiniz.

Güneş'e varmanın kolay olmadığını bilmek de ilginizi çekebilir. Bakınız *https://www.theatlantic.com/science/archive/2018/08/parker-solar-probe-launch-nasa/567197*

Bölüm 21

SÜRÜKLEME

Bir önceki bölümde vakum içerisinde, yani hava direnci yokken düşen bir peniyi simüle ettik. Fakat kullandığımız hesaplamalı çerçeve çok geneldir. Sürükleme de dâhil olmak üzere ilave kuvvetler eklemek kolaydır. Bu bölümde sürükleme kuvvetinin bir modelini sunacak ve bu modeli simülasyona ekleyeceğim.

Bu bölüm, metni okuyabileceğiniz, kodu çalıştırabileceğiniz ve alıştırmalar üzerinde çalışabileceğiniz bir Jupyter not defteri olarak da mevcuttur. Not defterlerine *https://allendowney.github.io/ModSimPy* adresinden erişebilirsiniz.

21.1 Sürükleme Kuvvetini Hesaplamak

Bir nesne, hava gibi bir akışkandan geçerken nesne havaya kuvvet uygular ve Newton'un üçüncü hareket yasasına göre hava da nesneye eşit ve zıt yönde bir kuvvet uygular. Bu sürükleme kuvvetinin yönü hareket yönüne zıttır ve büyüklüğü sürükleme denklemiyle verilir (*https://en.wikipedia.org/wiki/Drag_equation*):

$$F_d = \frac{1}{2}\rho\, v^2\, C_d\, A$$

Burada,

- F_d sürüklemeden kaynaklanan kuvvet olup, birimi newtondur. Bu birim, kuvvetin SI birimidir (1 N= 1 kg m/s^2)

- ρ akışkanın yoğunluğu olup, birimi kg/m^3'tür.
- v hızın büyüklüğü olup, birimi m/s'dir.
- A nesnenin *referans alanı* olup, birimi m^2'dir. Bu bağlamda referans alan, ön yüzün alanının iz düşümü, yani hareket hattı üzerinde (ve ötesinde) görüldüğü hâliyle nesnenin görünür alanıdır.
- C_d ise *sürükleme katsayısıdır*. Bu katsayı, nesnenin şekli (uzunluğu dâhil, ön yüzünün alanı dâhil olmamak üzere), yüzey özellikleri ve akışkanla nasıl etkileştiğine bağlı olan boyutsuz bir niceliktir.

Hava içerisinde aşırı olmayan hızlarda hareket eden nesneler için tipik sürükleme katsayıları 0.1 ila 1.0 arasındadır. Körelmiş nesneler bu aralığın yüksek olan tarafında, hava akımına en az direnç gösteren nesneler ise bu aralığın düşük olan tarafındadır. Basit geometrik nesneler için sürükleme katsayısını bazen makul bir doğrulukla tahmin edebiliriz. Daha karmaşık nesneler için genellikle ölçümler yapmalı ve C_d'yi verilerden kestirmeliyiz.

Elbette ki C_d'nin denklemdeki öteki terimlere, yani yoğunluk, hız ve alana bağlı olmadığı varsayımına dayalı olarak sürükleme denkleminin kendisi de bir modeldir. Aşırı olmayan hızlarda (saatte 45 milin, yani 20 m/s'nin altındaki hızlarda) hareket eden nesneler için bu model yeterince iyi olabilir fakat bir sonraki bölümde bu varsayıma yeniden bakacağız.

Düşen peni için C_d'yi kestirmek amacıyla ölçümleri kullanabiliriz. Özellikle *terminal hız* v_{term}'i ölçebiliriz. Terminal hız, sürükleme kuvvetinin yer çekiminden kaynaklanan kuvvete eşit olduğu hızdır.

$$\frac{1}{2}\rho\, v_{term}^2\, C_d\, A = mg$$

Burada m nesnenin kütlesi, g ise yer çekiminden kaynaklı ivmelenmedir. Bu denklemi C_d için çözmek aşağıdakini verir:

$$C_d = \frac{2\,mg}{\rho\, v_{term}^2\, A}$$

MythBusters'a (ÇN: Bir televizyon programı) göre bir peninin terminal hızı saatte 35 ila 65 mil arasındadır. Aralıklarının düşük olan kısmı, yani saatte 40 mil veya 18 m/s kullanılarak, C_d'nin kestirilmiş değeri 0.44 olarak bulunur. Bu değer düzgün bir kürenin sürükleme katsayısına yakındır.

Şimdi modele hava direncini eklemeye hazırız. Ancak öncelikle bir başka hesaplamalı aracı daha tanıtmak istiyorum. Bu araç `Params` nesnesidir.

21.2 Params Nesnesi

Sistem parametrelerinin sayısı arttıkça ve bu parametreleri hesaplamak için daha fazla iş yapmamız gerektikçe, bir `System` nesnesi oluşturmak için gerekli olan nicelikleri içermesi amacıyla bir `Params` nesnesi tanımlamanın kullanışlı olduğunu göreceğiz. `Params` nesneleri `System` nesnelerine benzerdir ve `Params` nesnelerine aynı şekilde ilk değer atarız.

Aşağıda, düşen peninin `Params` nesnesi görülmektedir:

```
params = Params(
    mass=0.0025,         # kütle (kg)
    diameter=0.019,      # çap (m)
    rho=1.2,             # kg/m**3
    g=9.8,               # m/s**2
    v_init=0,            # başlangıç (m / s)
    v_term=18,           # terminal (m / s)
    height=381,          # yükseklik (m)
    t_end=30,            # son (s)
)
```

Kütle ve çap *https://en.wikipedia.org/wiki/Penny_(United_States_coin)* adresinden alınmıştır. Havanın yoğunluğu; sıcaklık, barometrik basınç (yüksekliğe), nem ve bileşime bağlıdır. 20°C'de New York City'de tipik olabilecek bir değer seçtim:

Aşağıda bir `Params` nesnesi alan ve bir `System` nesnesi oluşturan `make_system` fonksiyonunun bir versiyonu görülmektedir:

```
from numpy import pi

def make_system(params):
    init = State(y=params.height, v=params.v_init)
    area = pi * (params.diameter / 2)**2
    C_d = (2 * params.mass * params.g /
            (params.rho * area * params.v_term**2))
    return System(init=init,
                  area=area,
                  C_d=C_d,
                  mass=params.mass,
                  rho=params.rho,
                  g=params.g,
                  t_end=params.t_end)
```

`System` nesnesi başlangıç durumu, peninin alanı ve sürükleme katsayısı da dâhil olmak üzere simülasyon için gerekli olan parametreleri içerir. Bu fonksiyonu şu şekilde çağırırız:

```
system = make_system(params)
```

Peninin kütlesi ve çapına, havanın yoğunluğuna, yer çekiminden kaynaklı ivmelenmeye ve gözlemlenen terminal hıza dayalı olarak sürükleme katsayısını yaklaşık 0.44 olarak kestiririz:

```
system.C_d
```

```
0.4445009981135434
```

Sadece bir `System` nesnesi oluşturmak için bir `Params` nesnesi oluşturmanın neden kullanışlı olduğu aşikâr olmayabilir. Aslında sadece bir simülasyon gerçekleştirdiğimizde bu nesne kullanışlı olmayabilir. Ancak bu nesne, parametreleri değiştirmek veya taramak istediğimizde kullanışlıdır.

Örneğin, bir peninin terminal hızının gerçekte 20 m/s'ye yakın olduğunu öğrendiğimizi farz ediniz. Yeni değerle bir `Params` nesnesini ve bu nesneye karşılık gelen bir `System` nesnesini şu şekilde oluşturabiliriz:

```
params2 = params.set(v_term=20)
```

`set`'in sonucu `v_term`'in verilen değeri hariç orijinale özdeş olan yeni bir Params nesnesidir. `params2`'yi `make_system` fonksiyonuna gönderirsek, bu fonksiyonun farklı bir `C_d` değeri hesapladığını görürüz:

```
system2 = make_system(params2)
system2.C_d
```

```
0.3600458084719701
```

Peninin terminal hızı 18 m/s'den ziyade 20 m/s ise bu, sürükleme katsayısının 0.44'ten ziyade 0.36 olduğu anlamına gelir. Bu ise anlamlıdır çünkü düşük sürükleme yüksek hız anlamına gelir.

`System` nesneleri oluşturmak için `Params` nesneleri kullanmak, bu gibi ilişkilerin tutarlı olduğuna emin olmamıza yardımcı olur.

21.3 Peninin Düşüşünü Simüle Etmek

Şimdi simülasyona gelelim. Aşağıda sürüklemeyi içeren eğim fonksiyonunun bir versiyonu bulunmaktadır:

```
def slope_func(t, state, system):
    y, v = state
    rho, C_d, area = system.rho, system.C_d, system.area
    mass, g = system.mass, system.g

    f_drag = rho * v**2 * C_d * area / 2
    a_drag = f_drag / mass

    dydt = v
    dvdt = -g + a_drag

    return dydt, dvdt
```

Her zamanki gibi eğim fonksiyonunun parametreleri bir zaman damgası, bir `State` nesnesi ve bir `System` nesnesidir. Bu örnekte `t`'yi kullanmıyoruz fakat dışarıda da bırakamayız çünkü `run_solve_ivp` eğim fonksiyonunu çağırdığında, gerekli olsun veya olmasın, her zaman aynı argümanları sağlar.

`f_drag`, sürükleme denklemine dayalı olarak sürüklemeden kaynaklanan kuvvettir. `a_drag` ise Newton'un ikinci yasasına dayalı olarak, sürüklemeden kaynaklanan ivmelenmedir.

Toplam ivmelenmeyi hesaplamak için yer çekimi ve sürüklemeden kaynaklanan ivmelenmeleri toplarız. `g`'nin işareti negatiftir çünkü azalan `y` yönündedir. `a_drag` pozitiftir çünkü artan `y` yönündedir. Bir sonraki bölümde kuvvetlerin yönlerini takip etmek için `Vector` nesnelerini kullanacak ve bu kuvvetleri hataya daha az meyilli olacak şekilde toplayacağız.

Her zamanki gibi başlangıç şartlarıyla birlikte eğim fonksiyonunu test edelim:

```
slope_func(0, system.init, system)
```

```
(0, -9.8)
```

Başlangıç hızı 0 olduğundan, sürükleme kuvveti de 0'dır. Dolayısıyla başlangıç ivmelenmesi yine `g`'dir.

Peni kaldırıma çarptığında simülasyonu durdurmak için bir önceki bölümdeki olay fonksiyonunu kullanacağız:

```
def event_func(t, state, system):
    y, v = state
    return y
```

Şimdi simülasyonu şu şekilde çalıştırabiliriz:

```
results, details = run_solve_ivp(system, slope_func,
                                 events=event_func)
details.message
```

```
'A termination event occurred.'
# Bir sonlandırma olayı gerçekleşti.
```

İşte son birkaç zaman adımı:

```
results.tail()
```

	y	v
21.541886	1.614743e+01	-18.001510
21.766281	1.211265e+01	-18.006240
21.990676	8.076745e+00	-18.009752
22.215070	4.039275e+00	-18.011553
22.439465	2.131628e-14	-18.011383

Beklenildiği üzere son yükseklik 0'a yakındır. İlginç bir şekilde son hız tam olarak terminal hıza eşit değildir. Bu ise simülasyon sonuçlarının sadece yaklaşık olduğunu hatırlatmaktadır.

Uçuş süresini `results`'tan elde edebiliriz:

```
t_sidewalk = results.index[-1]
t_sidewalk
```

```
22.439465058044306
```

Hava direnciyle birlikte peninin kaldırıma ulaşması yaklaşık 22 saniye alır.

Aşağıda konumun zamanın bir fonksiyonu olarak grafiği bulunmaktadır:

```
def plot_position(results):
    results.y.plot()

    decorate(xlabel='Zaman (s)',
             ylabel='Konum (m)')

plot_position(results)
```

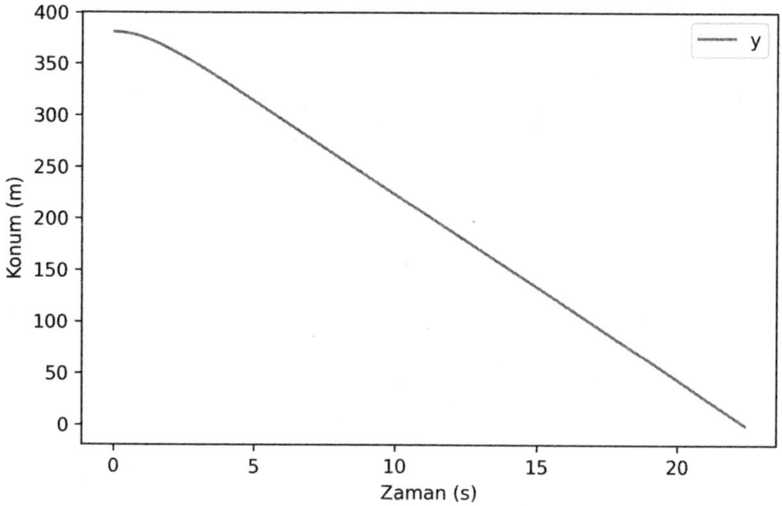

Ve aşağıda hızın zamanın bir fonksiyonu olarak grafiği bulunmaktadır:

```
def plot_velocity(results):
    results.v.plot(color='C1', label='v')
    decorate(xlabel='Zaman (s)',
                ylabel='Hız (m/s)')
plot_velocity(results)
```

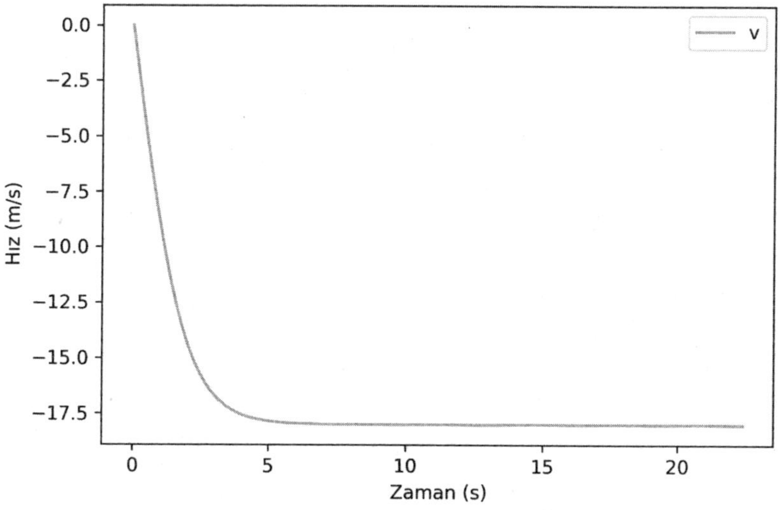

Başlangıç hızı olan 0'dan başlayarak peni terminal hıza ulaşana dek aşağı doğru ivmelenir. Bundan sonra hız sabit kalır.

21.4 Özet

Bu bölüm sürükleme kuvvetinin bir modelini sunmaktadır. Bu modeli peninin sürükleme katsayısını kestirmek için kullanıyor ve ardından, bir kere daha Empire State Binası'ndan bir peniyi düşürmeyi simüle ediyoruz.

Bir sonraki bölümde bir boyuttan iki boyuta geçiş yapacak ve bir beyzbol topunun uçuşunu simüle edeceğiz.

21.5 Alıştırmalar

21.1 Peninin terminal hızını aşan aşağı yönlü bir başlangıç hızıyla simülasyonu çalıştırınız.

Ne olmasını beklersiniz? Hızı ve konumu zamanın bir fonksiyonu olarak çizdiriniz ve hızın ve konumun tahminlerinizle uyumlu olup olmadığına bakınız.

İpucu: Farklı bir başlangıç hızıyla yeni bir `Params` nesnesi oluşturmak için `params.set` kullanınız.

21.2 Yirmi beş senti Empire State Binası'ndan düşürdüğümüzü ve uçuş süremizi 19.1 saniye olarak ölçtüğümüzü farz ediniz. Terminal hızını ve sürükleme katsayısını kestirmek için bu ölçümü kullanınız.

Yirmi beş sentin ilgili boyutlarını *https://en.wikipedia.org/wiki/Quarter_(United_States_coin)* adresinden elde edebilirsiniz.

1. `mass` ve `diameter`'in yeni değerleriyle birlikte yeni bir `Params` nesnesi oluşturunuz. `v_term`'i bilmiyoruz ve dolayısıyla 18 m/s'lik bir tahminle başlayacağız.
2. Bir `System` nesnesi oluşturmak için `make_system` fonksiyonunu kullanınız.
3. Sistemi simüle etmek için `run_solve_ivp` fonksiyonunu çağırınız. Simülasyonun uçuş süresi ölçüme göre nasıldır?
4. `v_term`'in birkaç farklı değerini deneyiniz ve simüle edilmiş uçuş süresini 19.1 saniyeye yakın olarak elde edip edemeyeceğinize bakınız.
5. İsteğe bağlı olarak bir hata fonksiyonu yazınız ve kestiriminizi iyileştirmek için `root_scalar` fonksiyonunu kullanınız.
6. `C_d`'yi hesaplamak için en iyi `v_term` kestiriminizi kullanınız.

Not: "Gözlemlenen" uçuş süresini uydurdum. Bu yüzden bu alıştırmanın sonuçlarını çok ciddiye almayınız.

Bölüm 22

İKİ BOYUTLU HAREKET

Bir önceki bölümde sürüklemeyle birlikte ve sürükleme olmadan bir boyutta hareket eden bir nesneyi modelledik. Şimdi iki boyuta ve beyzbola geçelim!

Bu bölümde hava direnci etkisi de dâhil olmak üzere beyzbol topunun uçuşunu modelleyeceğiz. Bir sonraki bölümde bu modeli bir optimizasyon problemini çözmek için kullanacağız.

Bu bölüm, metni okuyabileceğiniz, kodu çalıştırabileceğiniz ve alıştırmalar üzerinde çalışabileceğiniz bir Jupyter not defteri olarak da mevcuttur. Not defterlerine *https://allendowney.github.io/ModSimPy* adresinden erişebilirsiniz.

22.1 Varsayımlar ve Kararlar

Bir beyzbol topunun uçuşunu modellemek için bazı kararlar almamız gerekir. Başlamak için topun ekseni etrafındaki dönüşünü ve bu dönüşten kaynaklı Magnus kuvvetini hesaba katmayacağız. Bu varsayım altında top dikey bir düzlemde hareket eder. Dolayısıyla simülasyonları üç boyuttan ziyade iki boyut içerisinde çalıştıracağız.

Hava direncini modellemek için topun kütlesine, ön yüz alanına ve sürükleme katsayısına ihtiyacımız olacak. Kütle ve çapı bulmak kolaydır (*https://en.wikipedia.org/wiki/Baseball_(ball)*). Sürükleme katsayısını bulmak sadece biraz zordur. R.K. Adair'in *The Physics of Baseball* (Harper & Row, 1990) isimli kitabına göre bir beyzbol topunun sürükleme katsayısı yaklaşık 0.33'tür (birimsiz).

Ancak bu değer hıza bağlıdır. Düşük hızlarda 0.5 kadar yüksek, yüksek hızlarda ise 0.28 kadar düşük olabilir. Dahası, bu değerler arasındaki geçiş, tipik bir biçimde tam olarak ilgilendiğimiz hız aralığı olan 20 m/s ila 40 m/s arasında gerçekleşir.

Buna karşın sürükleme katsayısının hıza bağlı olmadığı basit bir modelle başlayacağız. Bir alıştırma olarak bölümün sonunda daha ayrıntılı bir model gerçekleyebilir ve hızın sonuçlar üzerinde ne gibi bir etkiye sahip olduğunu görebilirsiniz.

Ancak öncelikle yeni bir hesaplamalı araca ihtiyacımız vardır. Bu araç Vector nesnesidir.

22.2 Vektörler

İki boyutta çalıştığımıza göre *vektör niceliklerle*, yani hem bir büyüklük hem bir yön belirten niceliklerle çalışmak kullanışlı olacaktır. Konumları, hızları, ivmelenmeleri ve kuvvetleri iki ve üç boyutta temsil etmek için vektörleri kullanacağız.

ModSim, vektörün bileşenlerini içeren bir pandas `Series` oluşturan `Vector` isimli bir fonksiyon sağlar. Uzaydaki bir konumu temsil eden bir `Vector`'de bileşenler iki boyuttaki x ve y-koordinatları ve buna ilave olarak `Vector` üç boyutta ise bir z-koordinatıdır.

Bileşenlerini belirtmek suretiyle bir `Vector` oluşturabilirsiniz. Aşağıdaki `Vector`, örtülü bir orijinden üç birim sağdaki (veya doğudaki) ve dört birim yukarıdaki (veya kuzeydeki) bir noktayı temsil eder:

```
A = Vector(3, 4)
show(A)
```

	component
x	3
y	4

Bir `Vector`'ün bileşenlerine nokta operatörünü kullanarak isimleriyle birlikte aşağıdaki gibi erişebilirsiniz:

```
A.x
```

3

veya şu şekilde erişebilirsiniz:

```
A.y
```

```
4
```

Bu bileşenlere köşeli parantez içerisinde indeks kullanarak da aşağıdaki gibi erişebilirsiniz:

```
A[0]
```

```
3
```

veya şu şekilde erişebilirsiniz:

```
A[1]
```

```
4
```

`Vector` nesneleri toplama da dâhil olmak üzere çoğu matematiksel işlemi destekler:

```
B = Vector(1, 2)
show(A + B)
```

	component
x	4
y	6

Ve çıkarma işlemini de şu şekilde destekler:

```
show(A - B)
```

	component
x	2
y	2

Bu işlemlerin tanımı ve grafik yorumlaması için bakınız *https://en.wikipedia.org/wiki/Euclidean_vector#Addition_and_subtraction*

Daha önceki örneklerde de olduğu gibi bir `Vector`'ü x ve y-koordinatlarıyla belirtebiliriz. Buna eş değer olarak bir `Vector`'ü büyüklük ve açıyla da belirtebiliriz.

Büyüklük vektörün uzunluğudur: Vektör bir konumu temsil ediyorsa, büyüklük bu vektörün orijinden olan uzaklığıdır. Bu vektör bir hızı (velocity) temsil ediyorsa, büyüklük bu vektörün hızıdır (speed).

Bir `Vector`'ün *açısı*, o `Vector`'ün pozitif *x ekseniyle* yaptığı radyan cinsinden açı olarak ifade edilen yönüdür. Kartezyen düzlemde 0 rad'lık (radyan kısaltması) açı tam Doğu, π rad'lık açı ise tam Batıdır.

ModSim, bir `Vector`'ün büyüklük ve açısını hesaplayan fonksiyonlar sağlamaktadır. Örneğin aşağıda `A`'nın büyüklük ve açısı görülmektedir:

```
mag = vector_mag(A)
theta = vector_angle(A)
mag, theta
```

```
(5.0, 0.9272952180016122)
```

Büyüklük 5'tir çünkü `A`'nın uzunluğu 3-4-5 üçgeninin hipotenüsüdür.

`vector_angle` fonksiyonunun sonucu radyan cinsindendir. `sin` ve `cos` gibi çoğu Python fonksiyonu radyan ile iş görür fakat çoğu kişi derece ile iş görmeyi daha doğal bulur. Neyse ki NumPy radyanı dereceye çeviren bir fonksiyon sunmaktadır:

```
from numpy import rad2deg
angle = rad2deg(theta)
angle
```

```
53.13010235415598
```

NumPy aynı zamanda dereceyi radyana çeviren bir fonksiyon da sunmaktadır:

```
from numpy import deg2rad

theta = deg2rad(angle)
theta
```

```
0.9272952180016122
```

Kafa karışıklığını önlemek amacıyla derece cinsinden bir değer için `angle`, radyan cinsinden bir değer için `theta` değişken isimlerini kullanacağız.

Açı ve büyüklük verilmişse `pol2cart` fonksiyonunu kullanarak bir `Vector` oluşturabilirsiniz. `pol2cart` fonksiyonu kutupsal (polar) koordinatlardan Kartezyen koordinatlara dönüştürür. Örneğin aşağıda `A`'nın aynı açı ve büyüklüğüyle birlikte yeni bir `Vector` görülmektedir:

```
x, y = pol2cart(theta, mag)
C = Vector(x, y)
show(C)
```

	component
x	3.0
y	4.0

A'nın yönünü temsil etmenin bir başka yolu *birim vektördür*. Birim vektör, A ile aynı yönde ve büyüklüğü 1 olan vektördür. Bir birim vektörü, bir vektörü büyüklüğüne bölerek hesaplayabilirsiniz:

```
show(A / vector_mag(A))
```

	component
x	0.6
y	0.8

ModSim, aynı şeyi yapan `vector_hat` isimli bir fonksiyon sağlamaktadır. Fonksiyonun bu şekilde adlandırılmasının nedeni birim vektörlerin kurallar gereği şu şekilde bir şapkayla (hat) süslenmesidir: $\widehat{A}$. Aşağıda bu fonksiyonun nasıl kullanılacağı gösterilmiştir:

```
A_hat = vector_hat(A)
show(A_hat)
```

	component
x	0.6
y	0.8

Şimdi oyuna geri dönelim.

22.3 Beyzbol Topunun Uçuşunu Simüle Etmek

Kale işaretinden 45°'lik bir açı ve 40 m/s'lik bir başlangıç hızıyla vurulan bir beyzbol topunun uçuşunu simüle edelim. Kale işaretinin merkezini orijin olarak kullanacak ve bir yatay x-ekseni (yere paralel) ve bir dikey y-ekseni (yere dik) kullanacağız. Başlangıç yüksekliği 1 m'dir.

İhtiyacımız olan parametrelerle birlikte bir `Params` nesnesi aşağıda bulunmaktadır:

```
params = Params(
    x=0,                # m
    y=1,                # m
    angle=45,           #  açı
    speed=40,           # hız (m / s)
    mass=145e-3,        # kütle (kg)
    diameter=73e-3,     # çap (m)
    C_d=0.33,           # dimensionless
    rho=1.2,            # kg/m**3
    g=9.8,              # m/s**2
    t_end=10,           # s
)
```

Beyzbol topunun kütle ve çapını Wikipedia'dan (*https://en.wikipedia.org/wiki/Baseball_(ball)*), sürükleme katsayısını The Physics of Baseball kitabından aldım. Hava yoğunluğu olan `rho`, deniz seviyesinde 20°C'lik sıcaklığa (*https://en.wikipedia.org/wiki/Density_of_air#Temperature_and_pressure*) dayanmaktadır. Her zamanki gibi `g`, yer çekiminden kaynaklı ivmelenmedir. `t_end`, 10 saniyedir ve bu süre topun yere inmesi için yeterince uzundur.

Aşağıdaki fonksiyon bir `System` nesnesi oluşturmak için bu nicelikleri kullanmaktadır:

```
from numpy import pi, deg2rad

def make_system(params):

    # açıyı radyana çevir
    theta = deg2rad(params.angle)
    # hızın x ve y bileşenlerini hesapla
    vx, vy = pol2cart(theta, params.speed)

    # başlangıç durumunu oluştur
    init = State(x=params.x, y=params.y, vx=vx, vy=vy)

    # ön yüz alanını hesapla
    area = pi * (params.diameter/2)**2

    return System(params, init=init,area=area)
```

make_system fonksiyonu angle açısını radyana çevirmek için deg2rad fonksiyonunu, başlangıç hızının x ve y bileşenlerini hesaplamak için ise pol2cart fonksiyonunu kullanır.

init, dört durum değişkenli bir State nesnesidir: x ve y konumun bileşenleri, vx ve vy ise hızın bileşenleridir.

System'i çağırdığımızda params'ı ilk argüman olarak göndeririz. Bu ise params'taki değişkenlerin yeni System nesnesine kopyalandığı anlamına gelir.

Aşağıda System nesnesini nasıl oluşturduğumuz görülmektedir:

```
system = make_system(params)
```

Başlangıç State'i ise şu şekilde olur:

```
show(system.init)
```

	state
x	0.000000
y	1.000000
vx	28.284271
vy	28.284271

Şimdi sürüklemeye gelelim.

22.4 Sürükleme Kuvveti

Sürükleme kuvvetini hesaplamak için bir fonksiyona ihtiyacımız vardır:

```
def drag_force(V, system):
    rho, C_d, area = system.rho, system.C_d, system.area

    mag = rho * vector_mag(V)**2 * C_d * area / 2
    direction = -vector_hat(V)
    f_drag = mag * direction
    return f_drag
```

Bu fonksiyon bir Vector olarak V'yi alır ve bir Vector olarak f_drag'ı döndürür. Bu fonksiyon,

- V'nin büyüklüğünü hesaplamak için vector_mag'ı, sürükleme kuvvetinin büyüklüğü olan mag'ı hesaplamak için ise sürükleme denklemini kullanır.
- Ardından, direction'ı hesaplamak için vector_hat'ı kullanır. direction, V'nin tersi yönde bir birim vektördür.

- Son olarak mag ve direction'ı çarpmak suretiyle sürükleme kuvveti vektörünü hesaplar.

Bu fonksiyonu şu şekilde test edebiliriz:

```
vx, vy = system.init.vx, system.init.vy
V_test = Vector(vx, vy)
f_drag = drag_force(V_test, system)
show(f_drag)
```

	component
x	-0.937574
y	-0.937574

Sonuç, beyzbol topu üzerindeki sürükleme kuvvetini temsil eden bir Vector'dür. Bu sürükleme kuvveti başlangıç şartları altındaki ve newton cinsinden olan bir kuvvettir.

Artık sürüklemeyi eğim fonksiyonuna ekleyebiliriz:

```
def slope_func(t, state, system):
    x, y, vx, vy = state
    mass, g = system.mass, system.g

    V = Vector(vx, vy)
    a_drag = drag_force(V, system) / mass
    a_grav = g * Vector(0, -1)

    A = a_grav + a_drag

    return V.x, V.y, A.x, A.y
```

Her zamanki gibi eğim fonksiyonunun parametreleri bir zaman damgası, bir State nesnesi ve bir System nesnesidir. Bu örnekte t'yi kullanmıyoruz fakat t'yi dışarıda da bırakamayız çünkü run_solve_ivp eğim fonksiyonunu çağırdığında, gerekli olsun veya olmasın, her zaman aynı argümanları sağlar.

slope_func fonksiyonu State nesnesini x, y, vx ve vy değişkenlerine açar. Ardından, vx ve vy'yi bir Vector hâlinde paketler. slope_func, bu Vector'ü sürüklemeden kaynaklanan a_drag ivmelenmesini hesaplamak için kullanır.

Yer çekiminden kaynaklı ivmelenmeyi temsil etmek için, slope_func negatif y yönünde ve g büyüklüğünde bir Vector oluşturur.

Beyzbol topunun toplam ivmelenmesi A, yer çekimi ve sürüklemeden kaynaklı ivmelenmelerin toplamıdır.

Döndürülen değer aşağıdakileri içeren bir sekanstır:

- Hızın bileşenleri olan `V.x` ve `V.y`
- İvmelenmenin bileşenleri olan `A.x` ve `A.y`

Bu bileşenler durum değişkenlerinin eğimini temsil eder çünkü `V` konumun türevi, `A` ise hızın türevidir.

Her zamanki gibi eğim fonksiyonunu başlangıç şartlarıyla birlikte çalıştırmak suretiyle test edebiliriz:

```
slope_func(0, system.init, system)
```

```
(28.284271247461902, 28.2842712474619, -6.466030881564545,
 -16.266030881564546)
```

Kuvvetler ve ivmelenmeleri temsil etmek için vektörleri kullanmak, kodu kısa ve öz, okunabilir ve hataya daha az meyilli yapar. Özellikle de `a_grav` ve `a_drag`'ı topladığımızda yönlerin doğru olması muhtemeldir çünkü bu ivmelenmeler `Vector` nesnelerinde kodlanmıştır.

22.5 Bir Olay Fonksiyonu Eklemek

Simülasyonu çalıştırmaya hemen hemen hazırız. İhtiyacımız olan son şey top yere çarptığında duran bir olay fonksiyonudur:

```
def event_func(t, state, system):
    x, y, vx, vy = state
    return y
```

Olay fonksiyonu eğim fonksiyonuyla aynı parametreleri alır ve konumun y-koordinatını döndürür. y-koordinatı 0'dan geçerken simülasyon durur.

`slope_func` fonksiyonunda yaptığımız gibi `event_func` fonksiyonunu da başlangıç şartlarıyla test edebiliriz:

```
event_func(0, system.init, system)
```

```
1.0
```

Bu olay fonksiyonuyla simülasyonu nasıl çalıştıracağımız aşağıda gösterilmiştir:

```
results, details = run_solve_ivp(system, slope_func,
                                 events=event_func)
details.message
```

```
'A termination event occurred.'
# Bir sonlandırma olayı gerçekleşti.
```

Mesaj bir "sonlandırma olayının" gerçekleştiğini belirtmektedir. Yani simüle edilen top yere ulaşmıştır.

`results` her bir zaman adımı için bir satır ve her bir durum değişkeni için bir sütun olacak şekilde bir `TimeFrame`'dir. İşte son birkaç satır:

```
results.tail()
```

	x	y	vx	vy
4.804692	96.438515	4.284486	14.590855	–20.726780
4.854740	97.166460	3.238415	14.484772	–21.065476
4.904789	97.889087	2.175515	14.378566	–21.400392
4.954838	98.606374	1.095978	14.272264	–21.731499
5.004887	99.318296	0.000000	14.165894	–22.058763

Uçuş süresini şu şekilde elde edebiliriz:

```
flight_time = results.index[-1]
flight_time
```

```
5.004887034868346
```

ve son durumu şu şekilde elde edebiliriz:

```
final_state = results.iloc[-1]
show(final_state)
```

	5.004887
x	99.318296
y	0.000000
vx	14.165894
vy	–22.058763

y'nin son değeri olması gerektiği gibi 0 veya 0'a yakındır. x'in son değeri topun metre cinsinden ne kadar uçtuğunu verir:

```
x_dist = final_state.x
x_dist
```

```
99.31829628352207
```

Son hızı da şu şekilde elde edebiliriz:

```
final_V = Vector(final_state.vx, final_state.vy)
show(final_V)
```

	component
x	14.165894
y	-22.058763

Son hızın (velocity) büyüklüğü topun yere temas ettiğindeki hızdır (speed):

```
vector_mag(final_V)
```

```
26.215674453237572
```

Son hız, 40 m/s'lik başlangıç hızından önemli ölçüde düşük olan yaklaşık 26 m/s'lik bir hızdır.

22.6 Takip Edilen Yolları Görselleştirmek

Sonuçları görselleştirmek için konumun x ve y bileşenlerini aşağıdaki gibi çizdirebiliriz:

```
results.x.plot(color='C4')
results.y.plot(color='C2', style='--')

decorate(xlabel='Zaman (s)',
         ylabel='Konum (m)')
```

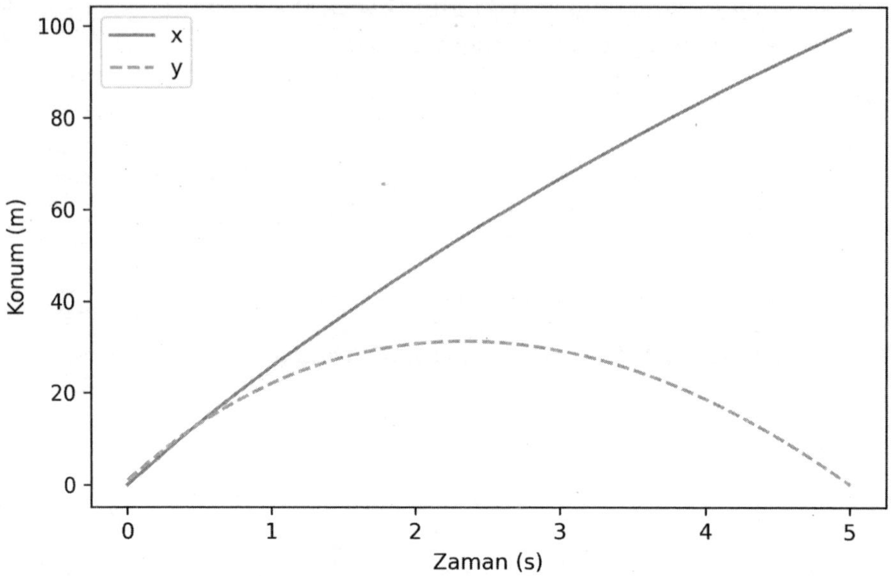

Beklenildiği üzere top kale işaretinden uzaklaştıkça x bileşeni artar. y bileşeni ise başlangıçta artar ve ardından, 5.0 saniye sonra 0 metreye düşecek şekilde azalır.

Sonuçları görmenin bir başka yolu ise x bileşenini x-ekseni üzerinde, y bileşenini ise *y-ekseni* üzerinde çizdirmektir. Böylece çizdirilen çizgi topun düzlem boyunca takip ettiği yolu takip eder:

```
def plot_trajectory(results):
    x = results.x
    y = results.y
    make_series(x, y).plot(label='takip edilen yol')

    decorate(xlabel='x konumu (m)',
             ylabel='y konumu (m)')

plot_trajectory(results)
```

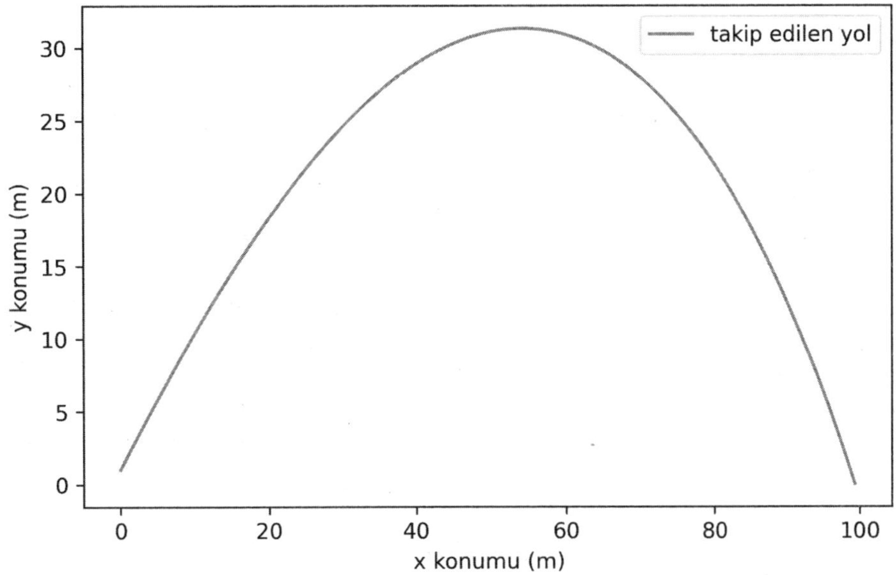

Sonuçları bu şekilde görselleştirmeye *takip edilen yolun grafiği denir.* Takip edilen yolun grafiğini yorumlamak bir zaman serisi grafiğini yorumlamaktan daha kolay olabilir çünkü fırlatılan bir cismin hareketinin neye benzeyeceğini gösterir (en azından bir bakış açısından). Her iki grafik de kullanışlıdır fakat bu grafikleri birbiriyle karıştırmayınız! Bir zaman serisi grafiğine bakar ve bu grafiği takip edilen yol olarak yorumlarsanız kafanız çok karışır.

Takip edilen yolun simetrik olmadığına dikkat ediniz. 45°'lik bir fırlatma açısıyla birlikte yere dokunuş açısı yaklaşık 57°'dir ve dikeye yakındır.

```
rad2deg(vector_angle(final_V))
```

```
-57.29187097821225
```

22.7 Beyzbol Topunun Animasyonunu Yapmak

Fiziksel bir modelin sonuçlarını görselleştirmenin en iyi yollarından biri animasyondur. Modelle ilgili sorunlar varsa, animasyon bu sorunları görünür hâle getirebilir.

ModSim kütüphanesi parametre olarak bir `TimeSeries` ve bir çizim fonksiyonu alan animate fonksiyonunu sağlar. Çizim fonksiyonu parametre olarak bir zaman damgası ve bir `State` almalıdır. Çizim fonksiyonu animasyonun tek bir karesini çizmelidir:

```
from matplotlib.pyplot import plot

xlim = results.x.min(), results.x.max()
ylim = results.y.min(), results.y.max()
def draw_func(t, state):
    plot(state.x, state.y, 'bo')
    decorate(xlabel='x konumu (m)',ylabel='y konumu (m)',
                          xlim=xlim,ylim=ylim)
```

Çizim fonksiyonunun içerisinde x ve y-eksenlerinin sınırlarını belirlemek için decorate'i kullanmalısınız. Aksi takdirde matplotlib eksenleri otomatik olarak ölçekler ve bu da genellikle istemediğiniz bir şeydir.

Artık simülasyonu aşağıdaki gibi çalıştırabilirsiniz:

```
animate(results, draw_func)
```

Animasyonu çalıştırmak için aşağıdaki kod satırını yorum olmaktan çıkarınız (ÇN: # işaretini kaldırınız) ve hücreyi çalıştırınız:

```
# animate(results, draw_func)
```

22.8 Özet

Bu bölüm iki boyut içerisinde konumu, hızı ve ivmelenmeyi temsil etmek için kullandığımız Vector nesnelerini tanıttı. Ayrıca kuvvetleri vektörler ile temsil ettik. Kuvvetleri vektörler ile temsil etmek farklı yönlerde etki eden kuvvetleri toplamayı kolaylaştırır.

ODE çözücümüz `Vector` nesneleriyle iş görmez. Dolayısıyla `Vector` nesnelerinin bileşenlerini paketlemek ve açmak biraz çalışma gerektirir. Buna karşın vektörlerle simülasyonlar çalıştırabildik ve sonuçları görüntüleyebildik.

Bir sonraki bölümde bu simülasyonları bir optimizasyon problemini çözmek için kullanacağız.

22.9 Alıştırmalar

22.1 Simülasyonu hava direnci varken ve hava direnci yokken çalıştırınız. Sürüklemeyi hesaba katmazsak ne kadar yanılırız?

```
# İpucu
system2 = make_system(params.set(C_d=0))
```

22.2 Denver, Colorado'da beyzbol stadyumu deniz seviyesinden 1580 m yukarıdadır ve havanın yoğunluğu yaklaşık 1.0 kg/m^3'tür. Deniz seviyesine yakın örnekle karşılaştırıldığında, aynı başlangıç hızı ve fırlatma açısıyla vurulan bir top ne kadar uzağa gider?

```
# İpucu
system3 = make_system(params.set(rho=1.0))
```

22.3 Şu ana kadarki model, sürükleme katsayısının hıza bağlı olmadığı varsayımına dayanıyordu fakat gerçekte ise sürükleme katsayısı hıza bağlıdır. The Physics of Baseball kitabında şekillerden biri "deniz seviyesinde ve 68°F (ÇN: Fahrenheit) sıcaklıktaki (20 santigrat derece) çeşitli top büyüklükleri için top hızına karşı sürükleme katsayısını" göstermektedir.

Şekilden veri çıkarmak için bir çevrim içi grafik sayısallaştırıcı kullandım ve verileri bir CSV (Comma Separated Values, virgülle ayrılmış değerler) dosyasına kaydettim (*https://github.com/AllenDowney/ModSim/raw/main/data/baseball_drag.csv*). Şekil 22.1 sonuçları göstermektedir.

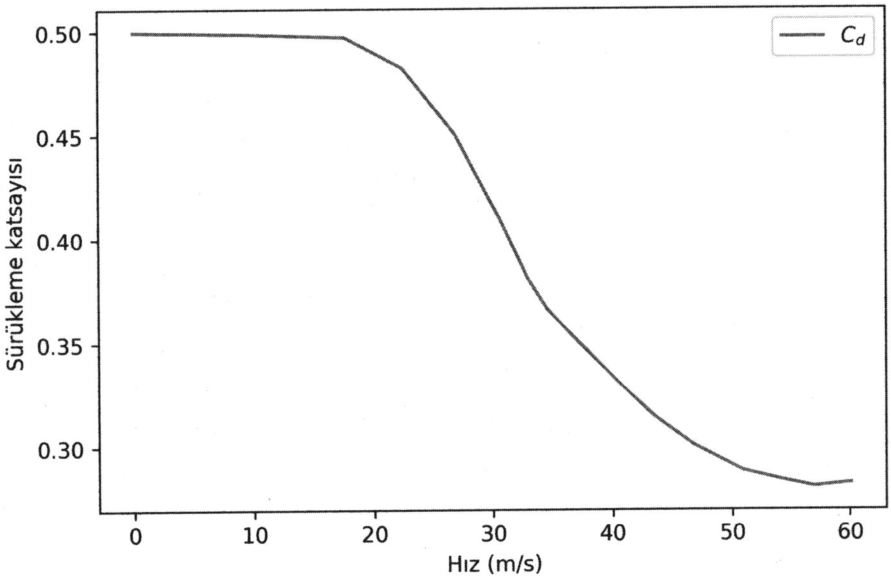

Şekil 22.1: Hızın bir fonksiyonu olarak sürükleme katsayısı

Bu verileri kullanarak, `C_d`'nin hıza olan bağlılığını içerecek şekilde modeli değiştiriniz ve bu bağlılığın sonuçları ne kadar etkilediğine bakınız.

Bölüm 23

OPTİMİZASYON

Bir önceki bölümde bir beyzbol topunun uçuşunun modelini geliştirdik. Bu modele yer çekimi ve sürüklemenin basit bir versiyonunu dâhil ederken, topun kendi ekseni etrafındaki dönüşünü, Magnus kuvvetini ve sürükleme katsayısının hıza olan bağlılığını hesaba katmadık.

Bu bölümde bu modeli bir optimizasyon problemine uygulayacağız. Genel olarak, *optimizasyon*, bir faydayı maksimize eden veya bir maliyeti minimize eden parametreleri aramak suretiyle bir tasarımı iyileştirmeye yönelik bir süreçtir. Örneğin bu bölümde bir beyzbol topunun katettiği yolu maksimize etmek için bu beyzbol topuna hangi açıyla vurmanız gerektiğini bulacağız. Ve bu açıyı verimli bir şekilde arayan `maximize_scalar` isimli yeni bir fonksiyon kullanacağız.

Bu bölüm, metni okuyabileceğiniz, kodu çalıştırabileceğiniz ve alıştırma üzerinde çalışabileceğiniz bir Jupyter not defteri olarak da mevcuttur. Bu not defterlerine *https://allendowney.github.io/ModSimPy* adresinden erişebilirsiniz.

23.1 Manny Ramirez Problemi

Manny Ramirez, rahat tavırlarıyla ve eşek şakalarından aldığı zevkle ünlü olan eski bir Boston Red Sox'un (bir Amerikan beyzbol takımı) üyesidir. Bu bölümdeki amacımız Manny'den esinlenilen aşağıdaki problemi çözmektir:

Fenway Park'ta sayı kazandıran bir vuruş yapmak için gerekli olan minimum çaba nedir?

Fenway Park, Boston, Massachusetts'te bir stadyumdur. En meşhur özelliklerinden biri ise "Green Monster'dır (Yeşil Canavar)." Bu, kale işaretine alışılmadık bir şekilde 310 feet (94.4 metre) uzaklıkta olan ve sol alan içerisinde bulunan bir duvardır. Kısa mesafeyi telafi etmek için duvar alışılmadık bir şekilde 37 feet (11.2 metre) yüksekliğindedir (*https://en.wikipedia.org/wiki/Green_Monster*).

Bir önceki bölümdeki `params` ile başlayarak, `wall_distance` ve `wall_height` isimli iki ilave parametreyle birlikte yeni bir `Params` nesnesi oluşturacağız. Bu ilave parametreler metre cinsinden olacaktır:

```
feet_to_meter = (1 * units.feet).to(units.meter).magnitude

params = params.set(
    wall_distance=310 * feet_to_meter,
    wall_height=37 * feet_to_meter
)

show(params)
```

	value
x	0.0000
y	1.0000
angle	45.0000
speed	40.0000
mass	0.1450
diameter	0.0730
C_d	0.3300
rho	1.2000
g	9.8000
t_end	10.0000
wall_distance	94.4880
wall_height	11.2776

Aradığımız yanıt, topun kale işaretini terk edip, Green Monster'ın üzerinden ·ebileceği minimum hızdır. Aşağıdaki adımları takip edeceğiz:

1. Belirli bir hız için optimal fırlatma açısını bulacağız. Yani topun duvara ulaştığı zamanki yüksekliğini maksimize etmesi için kale işaretini hangi açıyla terk etmesi gerektiğini bulacağız.

2. Ardından, optimal fırlatma açısına sahip olduğunda, topun duvarı geçecek olan minimum hızını bulacağız.

23.2 Menzili Bulmak

Menzili, yani topun yere inmeden önce havada katettiği mesafeyi maksimize eden fırlatma açısını bulmak istediğimizi farz ediniz. ModSim kütüphanesinde, bir fonksiyonu alıp, o fonksiyonun maksimum değerini bulan `maximize_scalar` isimli bir fonksiyonu kullanacağız.

`maximize_scalar` fonksiyonuna gönderdiğimiz fonksiyon, derece cinsinden fırlatma açısını almalı, bu açıda fırlatılan bir topun uçuşunu simüle etmeli ve topun x-ekseni boyunca katettiği mesafeyi döndürmelidir:

```
def range_func(angle, params):
    params = params.set(angle=angle)
    system = make_system(params)
    results, details = run_solve_ivp(system, slope_func,
                                     events=event_func)
    x_dist = results.iloc[-1].x
    print(angle, x_dist)
    return x_dist
```

`range_func` fonksiyonu `angle`'ın verilen değeriyle yeni bir `System` nesnesi oluşturur. Ardından, `run_solve_ivp` fonksiyonunu çağırır ve sonuçlardan `x`'in son değerini döndürür.

`range_func` fonksiyonunu doğrudan doğruya şu şekilde çağırırız:

```
range_func(45, params)
```

```
45 99.31829628352207
99.31829628352207
```

45°'lik bir fırlatma açısıyla birlikte top, kale işaretinden yaklaşık 99 m uzağa iner.

Şimdi bir açı sekansını şu şekilde tarayabiliriz:

```
angles = linspace(20, 80, 21)
sweep = SweepSeries()

for angle in angles:
    x_dist = range_func(angle, params)
    sweep[angle] = x_dist
```

```
20.0 78.09741067882733
23.0 84.11542610650983
26.0 89.13192412363966
29.0 93.17466724082834
-kesinti-
74.0 51.402871099404315
77.0 42.72047925533483
80.0 33.48437980813934
```

Sonuçlar aşağıdakine benzer olur:

```
sweep.plot(label="metrik")
decorate(xlabel='Fırlatma açısı (derece)', ylabel='Menzil (m)')
```

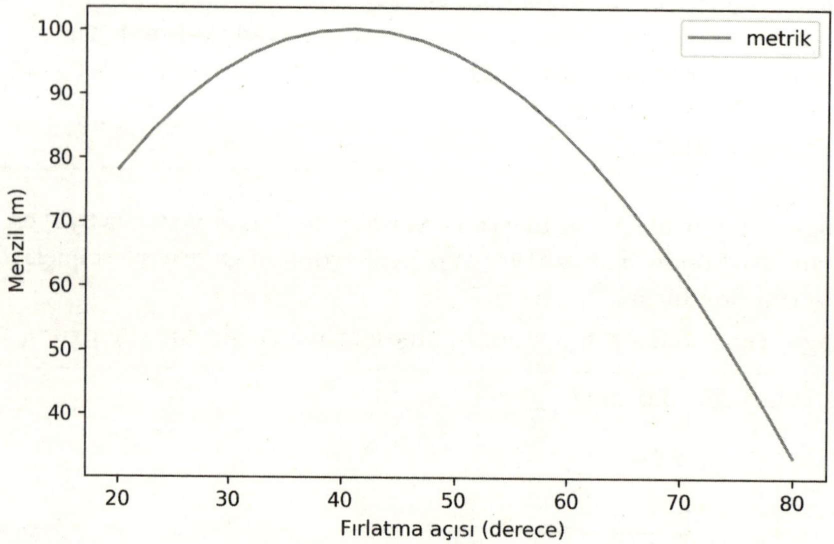

Görünen o ki başlangıç açısı yaklaşık 40° olduğunda menzil maksimize aktadır.

Optimal açıyı `maximize_scalar` fonksiyonunu kullanarak aşağıdaki gibi daha kesin ve verimli olarak bulabiliriz:

```
res = maximize_scalar(range_func, params, bounds=[0, 90])
```

```
0 17.468795355645696
34.3769410125O946 98.06996498016366
55.62305898749054 90.03182421721928
21.246117974981075 80.72039493627986
41.173855871044005 100.1200188931698
40.980120907838035 100.12368377099199
40.882137319070246 100.1241700443184
40.87925420124324 100.12417043309694
40.87928713865314 100.12417043314977
40.879291078324286 100.12417043314917
40.879283198981994 100.12417043314895
```

İlk parametre maksimize etmek istediğimiz fonksiyondur. İkinci parametre ise aramak istediğimiz değer aralığıdır. Bu durumda bu aralık 0°'den 90°'ye kadar olan açı aralığıdır.

`maximize_scalar` fonksiyonundan döndürülen değer, sonuçları içeren bir nesnedir:

```
res
```

```
     fun: 100.12417043314977
 message: 'Solution found.'
    nfev: 10
  status: 0
 success: True
       x: 40.87928713865314
```

Bu sonuçlar maksimum menzili veren açı olan `x`'i ve top optimal açıyla fırlatıldığındaki menzil olan `fun`'ı içerir:

```
res.x, res.fun
```

```
(40.87928713865314, 100.12417043314977)
```

Bu parametreler için optimal açı yaklaşık 41°'dir. Bu ise 100 m'lik bir menzil verir. Artık problemi bitirmek için gerekli olan şeylere sahibiz. Son adım, topu duvarın üzerinden geçirmek için gereken minimum hızdır. Bölümün sonundaki alıştırmada bazı önerilerim olacak. Ondan sonrası ise size kalmış!

23.3 Özet

Bu bölüm bir fonksiyonun maksimumunu aramaya yönelik verimli bir yol sunan `maximize_scalar` isimli yeni bir aracı tanıttı. Bu fonksiyonu, başlangıç hızı verildiğinde bir beyzbol topunun havada katettiği mesafeyi maksimize eden bir fırlatma açısını bulmak için kullandık.

Bu örneği sevdiyseniz Sawicki, Hubbard ve Stronge'un şu makalesine ilgi duyabilirsiniz: "How to Hit Home Runs: Optimum Baseball Bat Swing Parameters for Maximum Range Trajectories" (bakınız *https://aapt.scitation.org/doi/abs/10.1119/1.1604384*).

Bir sonraki bölümde yeni bir konuya başlıyoruz: Dönme hareketi!

23.4 Alıştırmalar

23.1 Manny Ramirez problemini bitirelim:

Fenway Park'ta sayı kazandıran bir vuruş yapmak için gerekli olan minimum çaba nedir?

Problem bir minimum istese de bir optimizasyon problemi değildir. Daha ziyade, topun optimal açıyla fırlatıldığı göz önünde bulundurulduğunda, topu duvarın üzerinden kıl payı geçirecek olan başlangıç hızını bulmak istiyoruz. Ve "optimal" ile neyi kastettiğimize dikkat etmeliyiz. Bu problemde en uzun menzili istemiyoruz. Topun duvara ulaştığı noktadaki maksimum yüksekliği istiyoruz.

Problemi kendi başınıza çözmeye hazırsanız, çözünüz. Aksi takdirde sizi ana hatlar ve birtakım başlangıç kodlarıyla birlikte süreçten geçireceğim.

İlk adım olarak, top, `params`'ta bir parametre olan `wall_distance`'da duvara ulaştığında simülasyonu durduran bir `event_func` fonksiyonu yazınız. Fonksiyonunuzu başlangıç şartlarıyla test ediniz.

Daha sonra bir fırlatma açısını alan, bir beyzbol topunun uçuşunu simüle eden ve top duvara ulaştığında topun yüksekliğini döndüren `height_func` isimli bir fonksiyon yazınız. Fonksiyonunuzu başlangıç şartlarıyla test ediniz.

Şimdi optimal açıyı bulmak için `maximize_scalar` fonksiyonunu kullanınız. Bu açı, menzili maksimize eden açıdan büyük müdür, küçük müdür?

Duvardaki yüksekliği maksimize eden açı, menzili maksimize eden açıdan biraz daha büyüktür.

Şimdi topun optimal açıyla fırlatıldığını göz önünde bulundurarak, duvardaki yüksekliği tam olarak 37 feet (11.2 metre) yapan başlangıç hızını bulalım. Bu bir kök bulma problemidir ve dolayısıyla `root_scalar` fonksiyonunu kullanacağız.

Bir hızı ve bir `System` nesnesini parametre olarak alan bir hata fonksiyonu yazınız. Bu fonksiyon, verilen hız için topun duvardaki mümkün olan en büyük yüksekliğini bulmak amacıyla `maximize_scalar` fonksiyonunu kullanmalıdır. Ardından, bu fonksiyon optimal yükseklikle `wall_height` arasındaki farkı döndürmelidir. `wall_height`, `params`'ta bir parametredir.

`root_scalar` fonksiyonunu çağırmadan önce hata fonksiyonunuzu test ediniz. Ardından, problemin yanıtını bulmak için `root_scalar` fonksiyonunu kullanınız: Topu parkın dışına çıkaran minimum hız. Ve sadece kontrol etmek için `error_func` fonksiyonunu bulduğunuz değer ile çalıştırınız.

23.5 Kaputun Altındakiler

`maximize_scalar`, çeşitli optimizasyon yöntemleri sunan, `minimize_scalar` isimli bir SciPy fonksiyonu kullanır. Varsayılan olarak bounded kullanır. bounded, her zaman sunduğunuz sınırlar (her iki uç dâhil olmak üzere) içerisindeki değerleri kullanması anlamında güvenli olan Brent's algoritmasının bir versiyonudur. Daha fazla bilgi için *https://en.wikipedia.org/wiki/Golden-section_search* adresine bakınız.

Bölüm 24

DÖNME HAREKETİ

Bu ve bir sonraki bölümde dönen nesneleri içeren sistemleri modelleyeceğiz. Genel olarak, dönme hareketi karmaşık bir şeydir. Üç boyut içerisinde nesneler üç eksen etrafında dönebilir ve birçok nesnenin bazı eksenler etrafında dönmesi diğerlerine göre daha kolaydır. Bir nesnenin konfigürasyonu zamanla değişirse, bu nesnenin dönmesi kolaylaşabilir veya zorlaşabilir. Bu ise jimnastikçilerin, dalgıçların, buz patencilerinin ve benzerlerinin şaşırtıcı dinamiklerini açıklamaktadır. Dönen bir nesneye döndürücü bir kuvvet uyguladığınızda, ortaya çıkan etki çoğu zaman sezgilere aykırıdır. Örnek olarak jiroskopik presesyonla ilgili şu videoya bakınız: *https://www.youtube.com/watch?v=ty9QSiVC2g0*

Dönme hareketinin fiziğini bütün yönleriyle ele almayacağız. Daha ziyade bütün dönme hareketlerinin ve döndürücü kuvvetlerin tek bir eksen etrafında olduğu basit senaryolara odaklanacağız. Bu gibi durumlarda bazı vektör niceliklere sanki skaler niceliklermiş, yani basit sayılarmış gibi muamele edebiliriz.

Bu örneklerdeki temel fikirler açısal hız, açısal ivmelenme, tork ve eylemsizlik momentidir. Hâlihazırda bu kavramlara aşina değilseniz endişe etmeyiniz. İlerledikçe bu kavramları tanımlayacak ve ilave bilgi kaynaklarını işaret edeceğim.

Bu bölüm, metni okuyabileceğiniz, kodu çalıştırabileceğiniz ve alıştırma üzerinde çalışabileceğiniz bir Jupyter not defteri olarak da mevcuttur. Not defterlerine *https://allendowney.github.io/ModSimPy* adresinden erişebilirsiniz.

24.1 Tuvalet Kâğıdının Fiziği

Dönme hareketine sahip bir sistemin bir örneği olarak, şu videoda gösterildiği gibi bir tuvalet kâğıdı rulosunun imalatını simüle edeceğiz: *https://youtu.be/Z74OfpUbeac?t=231*. Merkezdeki karton borudan başlamak üzere 47 m'lik kâğıt saracağız. Bu uzunluk Amerika'da bir tuvalet kâğıdının tipik uzunluğudur (*https://en.wikipedia.org/wiki/Toilet_paper*).

Şekil 24-1 sistemin diyagramını göstermektedir: r rulonun zamana göre yarıçapını temsil etmektedir. Başlangıçta r karton borunun yarıçapı olan R_{min}'e eşittir. Rulo tamamlandığında r, R_{max}'a eşittir.

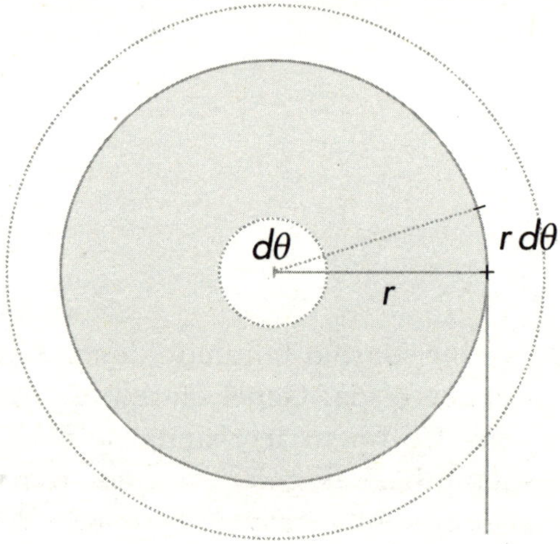

Şekil 24.1: $d\theta$ kadar küçük bir dönme hareketinin sonucu olarak kâğıt uzunluğunda meydana gelen değişikliği gösteren bir tuvalet kâğıdı rulosu diyagramı.

Rulonun toplam dönme miktarını radyan cinsinden temsil etmek için θ'yı kullanacağım. Diyagramda $d\theta$, θ'daki küçük bir artışı temsil etmektedir ve çevre üzerinde $r\ d\theta$ kadar bir mesafeye karşılık gelmektedir.

Kâğıdın toplam sarılan uzunluğunu temsil etmek için y'yi kullanacağım. Başlangıçta $\theta = 0$ ve $y = 0$'dır. θ'daki her bir küçük artış için y'de bu artışa karşılık gelen bir artış meydana gelir.

$$dy = r\ d\theta$$

Her iki tarafı zamanda küçük bir artışa, dt'ye bölersek, zamanın bir fonksiyonu olarak y'nin bir diferansiyel denklemini elde ederiz:

$$\frac{dy}{dt} = r\frac{d\theta}{dt}$$

Kâğıdı sardıkça r artar. r'nin her bir devirde sabit miktarda arttığını varsayarak aşağıdakini yazabiliriz:

$$dr = k\ d\theta$$

Burada k neye eşit olduğunu bulmamız gereken bilinmeyen bir sabittir. Bir kez daha, zamana göre bir diferansiyel denklem elde etmek için her iki tarafı dt'ye bölebiliriz:

$$\frac{dr}{dt} = k\frac{d\theta}{dt}$$

Son olarak θ'nın ω = 300 rad/s sabit oranında (dakikada yaklaşık 2900 devir) arttığını varsayalım:

$$\frac{d\theta}{dt} = \omega$$

Bu değişim oranı *açısal hız* olarak adlandırılır. Artık sistemi simüle etmek için kullanabileceğimiz bir diferansiyel denklem sistemine sahibiz.

24.2 Parametreleri Belirlemek

Aşağıda sistemin parametreleri görülmektedir:

```
Rmin = 0.02        # m
Rmax = 0.055       # m
L = 47             # m
omega = 300        # rad/s
```

`Rmin` ve `Rmax`, r yarıçapının başlangıç ve son değerleridir. `L`, kâğ toplam uzunluğudur. `omega` ise radyan bölü saniye cinsinden açısal hızd alamasına

k'yı bulmak kolay değildir fakat `r` sabitmiş ve `Rmin` ve `Rm` eşitmiş gibi davranarak k'yı kestirebiliriz:

```
Ravg = (Rmax + Rmin) / 2
```

Bu durumda rulonun çevresi de sabittir:

```
Cavg = 2 * np.pi * Ravg
```

L uzunluğunu sarmak için gerekli ı şu şekilde hesaplayabiliriz:

```
revs = L / Cavg
```

Dönme miktarını radyana çevirerek theta'nın son değerini kestirebiliriz:

```
theta = 2 * np.pi * revs
theta
```

```
1253.3333333333335
```

Son olarak, k, r'deki toplam değişimin theta'daki toplam değişime bölümüdür:

```
k_est = (Rmax - Rmin) / theta
k_est
```

```
2.7925531914893616e-05
```

Bölümün sonunda k'yı analitik olarak türeteceğiz fakat bu kestirim işe başlamak için yeterlidir.

24.3 Sistemi Simüle Etmek

Kullanacağımız durum değişkenleri theta, y ve r'dir. Başlangıç şartları şunlardır:

```
init = State(theta=0, y=0, r=Rmin)
```

Ve init ve t_end ile birlikte bir System nesnesi şu şekildedir:

```
system = System(init=init, t_end=10)
```

Şi... kısmında... bir eğim fonksiyonu yazmak için "Tuvalet Kâğıdının Fiziği Makalesi" ...feransiyel denklemleri kullanabiliriz:

```
def slop...
    theta...(t, state, system):
        ... = state
    dydt = ...
    drdt = k_...

    return omega... ...dt
```

Her zamanki gibi... System nesnesi al... ...nu bir zaman damgası, bir State nesnesi ve

Eğim fonksiyonunun görevi durum değişkenlerinin zamana göre türevlerini hesaplamaktır. `theta`'nın türevi `omega` açısal hızıdır. `y` ve `r`'nin türevleri türettiğimiz diferansiyel denklemler tarafından verilir.

Ve her zamanki gibi eğim fonksiyonunu başlangıç şartlarıyla test edeceğiz:

```
slope_func(0, system.init, system)
```

```
(300, 6.0, 0.008377659574468085)
```

Rulo üzerindeki uzunluk `L` olduğunda simülasyonu durdurmak istiyoruz. Bunu `y`, `L`'ye eşit olduğunda 0'dan geçen bir olay fonksiyonuyla yapabiliriz:

```
def event_func(t, state, system):
    theta, y, r = state
    return L - y
```

Bu olay fonksiyonunu başlangıç şartlarıyla test edebiliriz:

```
event_func(0, system.init, system)
```

```
47.0
```

Şimdi simülasyonu çalıştıralım:

```
results, details = run_solve_ivp(system, slope_func,
                                 events=event_func)
details.message
```

```
'A termination event occurred.'
# Bir sonlandırma olayı gerçekleşti.
```

Son birkaç adım şu şekildedir:

```
results.tail()
```

	theta	y	r
4.010667	1203.200000	44.277760	0.05360
4.052444	1215.733333	44.951740	0.05395
4.094222	1228.266667	45.630107	0.05430
4.136000	1240.800000	46.312860	0.05465
4.177778	1253.333333	47.000000	0.05500

Bir rulonun tamamlanması 4.2 saniye almaktadır. Bu süre ise videoda gördüğümüzle uyumludur:

```
results.index[-1]
```

```
4.1777777777777779
```

Beklenildiği üzere y'nin son değeri 47 m'dir:

```
final_state = results.iloc[-1]
final_state.y
```

```
47.00000000000001
```

r'nin son değeri 0.55'tir ve `Rmax`'a eşittir:

```
final_state.r
```

```
0.05500000000000001
```

Toplam devir sayısı 200'e yakındır ve bu rakam makuldür:

```
radians = final_state.theta
rotations = radians / 2 / np.pi
rotations
```

```
199.47419534184218
```

Bir alıştırma olarak kâğıdın ne kadar hızlı hareket ettiğini göreceğiz. Ancak öncelikle sonuçlara yakından bakalım.

24.4 Sonuçları Çizdirmek

`theta`'nın zamanla nasıl değiştiği aşağıda görülmektedir:

```
def plot_theta(results):
    results.theta.plot(color='C0', label='theta')
    decorate(xlabel='Zaman (s)',
             ylabel='Açı (rad)')

plot_theta(results)
```

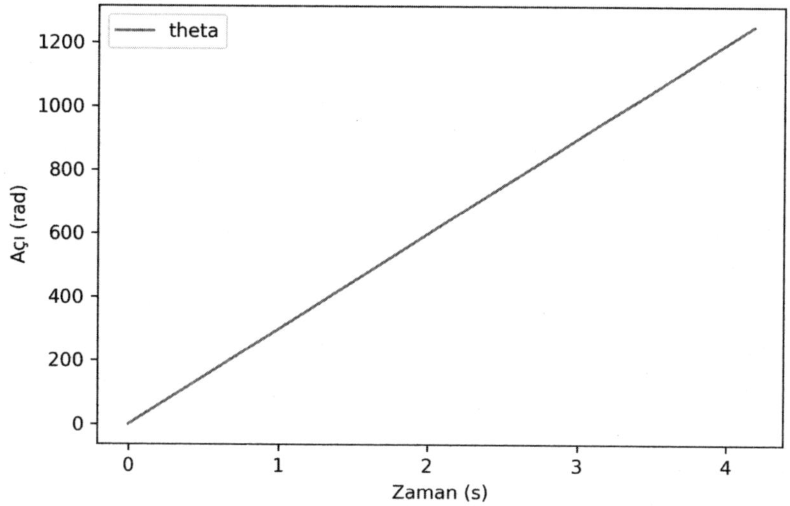

Sabit açı söz konusu olduğunda bekleyeceğimiz üzere `theta` doğrusal bir şekilde artar.

`r`'nin zamanla nasıl değiştiği aşağıda görülmektedir:

```
def plot_r(results):
    results.r.plot(color='C2', label='r')
    decorate(xlabel='Zaman (s)', ylabel='Yarıçap (m)')
plot_r(results)
```

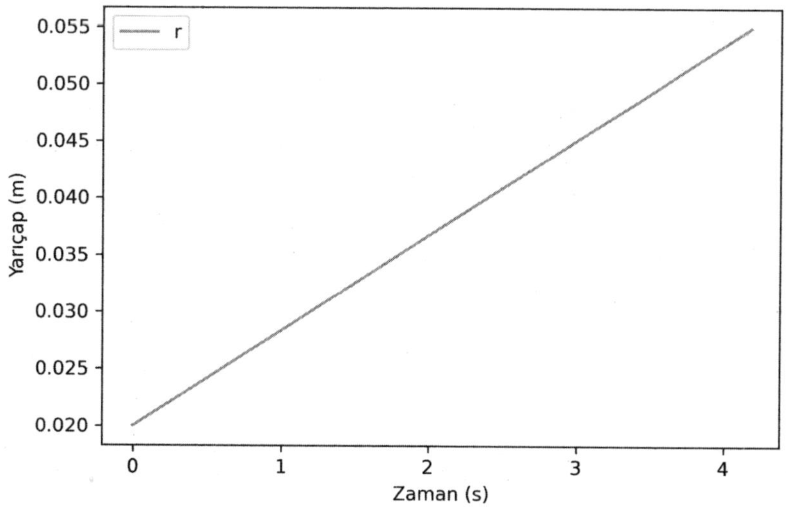

`r` de doğrusal bir şekilde artar.

y'nin zamanla nasıl değiştiği aşağıda görülmektedir:

```
def plot_y(results):
    results.y.plot(color='C1', label='y')
    decorate(xlabel='Zaman (s)', ylabel='Uzunluk (m)')

plot_y(results)
```

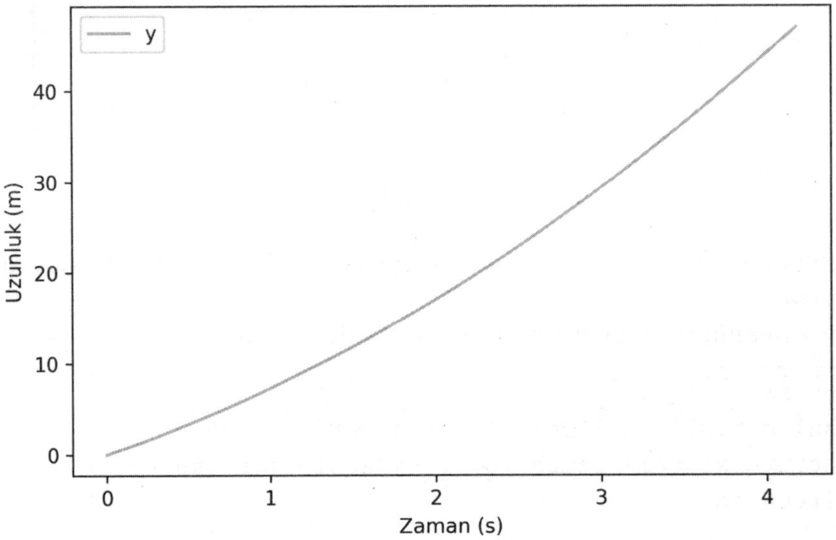

y'nin türevi `r`'ye bağlı olduğundan ve `r` de arttığından, `y` artan bir eğimle artar.

Bir sonraki kısımda bu diferansiyel denklemleri analitik olarak çözebileceğimizi göreceğiz. Ancak varsayımları inceleme ve kontrol etmenin bir yolu olarak simülasyonla başlamak çoğu zaman kullanışlıdır.

24.5 Analitik Çözüm

Açısal hız sabit olduğundan:

$$\frac{d\theta}{dt} = \omega \qquad (1)$$

her iki tarafın integralini alarak θ'yı zamanın bir fonksiyonu olarak bulabiliriz:

$$\theta(t) = \omega t$$

Benzer bir şekilde aşağıdakini çözebilir:

$$\frac{dr}{dt} = k\omega$$

ve şunu bulabiliriz:

$$r(t) = k\omega t + R_{min}$$

ve ardından, r için olan çözümü, y için olan denklemde yerine yazabiliriz:

$$\begin{aligned} \frac{dy}{dt} &= r\omega \qquad (2) \\ &= [k\omega t + R_{min}]\,\omega \end{aligned}$$

Her iki tarafın integrali alınarak aşağıdaki elde edilir:

$$y(t) = \left[k\omega t^2/2 + R_{min}t\right]\omega$$

Tahmin etmiş olabileceğiniz gibi y bir paraboldür.

Bu denklemleri zamandan bağımsız olarak y ve r arasındaki ilişkiyi bulmak için de kullanabiliriz. Bu ilişkiyi k'yı hesaplamak için kullanabiliriz. Denklem 1'i ve Denklem 2'yi bölerek aşağıdakini elde ederiz:

$$\frac{dr}{dy} = \frac{k}{r}$$

Değişkenler ayrıştırılırsa aşağıdaki elde edilir:

$$r\ dr = k\ dy$$

Her iki tarafın integrali alınırsa aşağıdaki elde edilir:

$$r^2/2 = ky + C$$

y için çözüm yapılırsa aşağıdaki elde edilir:

$$y = \frac{1}{2k}(r^2 - C)$$

$y = 0$ olduğunda, $r = R_{min}$'dir ve dolayısıyla:

$$R_{min}^2/2 = C$$

$y = L$ olduğunda ise $r = R_{max}$'dır ve dolayısıyla:

$$L = \frac{1}{2k}(R_{max}^2 - R_{min}^2)$$

k için çözüm yapılırsa aşağıdaki elde edilir:

$$k = \frac{1}{2L}(R_{max}^2 - R_{min}^2)$$

Parametrelerin değerlerini yerine yazmak 2.8e-5 m/rad verir ki bu değer "Tuvalet Kâğıdının Fiziği" kısmında hesapladığımız kestirimin aynısıdır:

```
k = (Rmax**2 - Rmin**2) / (2 * L)
k
```

```
2.7925531914893616e-05
```

Bu durumda kestirimin tam olduğu ortaya çıkar.

24.6 Özet

Bu bölüm açısal hızın sabit olduğu bir örnekle başlayarak dönme hareketini tanıttı. Bir tuvalet kâğıdının imalatını simüle ettik ve ardından, aynı problemi analitik olarak çözdük. Bir sonraki bölümde açısal hızın sabit olmadığı daha ilginç bir örneği göreceğiz. Ve üç yeni kavramı tanıtacağız: Tork, açısal ivmelenme ve eylemsizlik momenti.

24.7 Alıştırmalar

24.1 `omega`'yı sabit tuttuğumuz için kâğıdın doğrusal hızı yarıçapla birlikte artar. `results.y`'nin türevini kestirmek için `gradient`'i kullanabiliriz:

```
dydt = gradient(results.y)
```

Sonuç aşağıdaki gibi olur:

```
dydt.plot(label='dydt')
decorate(xlabel='Zaman (s)',
         ylabel='Doğrusal hız (m/s)')
```

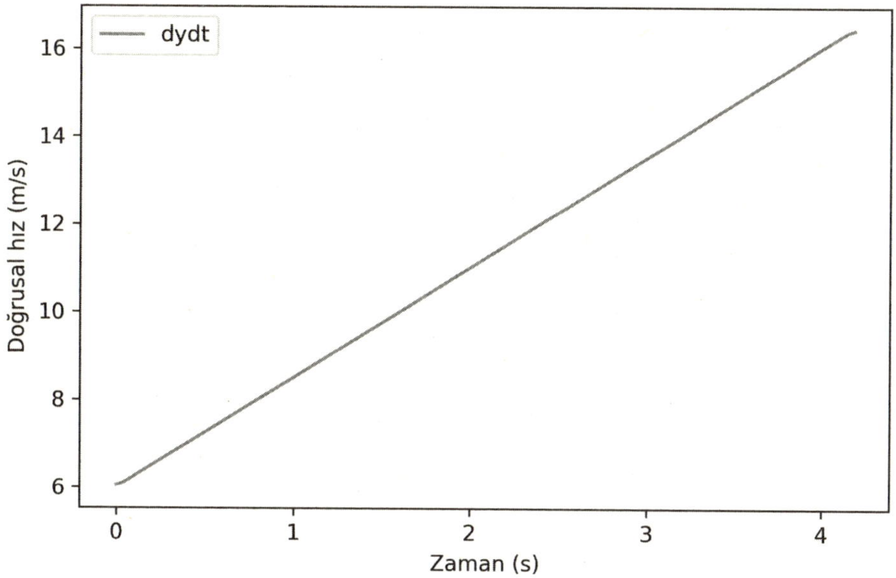

Sabit açısal hızla birlikte doğrusal hız artmakta ve en sonunda maksimum değerine ulaşmaktadır:

```
max_linear_velocity = dydt.iloc[-1]
max_linear_velocity
```

```
16.447499999999934
```

Şimdi bu tepe hızının sınırlayıcı faktör olduğunu farz ediniz. Yani kâğıdı bu hızdan daha hızlı hareket ettiremiyoruz. Bu durumda doğrusal hızı sürekli maksimumda tutarak süreci hızlandırabiliriz.

Doğrusal hız olan `dydt`'yi sabit tutan ve buna göre açısal hız olan omega'yı hesaplayan bir eğim fonksiyonu yazınız. Ardından, simülasyonu çalıştırınız ve kâğıdı sarma işini ne kadar hızlı bitirebileceğimize bakınız.

Bölüm 25

TORK

Bir önceki bölümde sabit açısal hızlı bir sistemi modelledik. Bu bölümde bir sonraki adıma geçip, açısal ivmelenmeye ve açısal yavaşlamaya sahip bir sistemi modelleyeceğiz.

Bu bölüm, metni okuyabileceğiniz, kodu çalıştırabileceğiniz ve alıştırma üzerinde çalışabileceğiniz bir Jupyter not defteri olarak da mevcuttur. Not defterlerine *https://allendowney.github.io/ModSimPy* adresinden erişebilirsiniz.

25.1 Açısal İvmelenme

Nasıl ki doğrusal ivmelenme hızın türevi ise açısal ivmelenme de açısal hızın türevidir. Nasıl ki doğrusal ivmelenme bir kuvvet sonucu ortaya çıkar, açısal ivmelenme de kuvvetin dönen versiyonu olan tork sonucu ortaya çıkar. Genel olarak, tork, $\vec{r}$ ve $\vec{F}$'in vektörel çarpımı olarak tanımlanan bir vektörel niceliktir. Burada $\vec{r}$, dönme merkezinden kuvvetin uygulandığı noktaya kadar olan kaldıraç kolu (kuvvet kolu), $\vec{F}$ ise kuvvetin büyüklüğü ve yönünü temsil eden vektördür.

Ancak bu bölümdeki problemlerde sadece torkun *büyüklüğüne* ihtiyacımız vardır. Yön bizi ilgilendirmiyor. Bu durumda skaler niceliklerin şu çarpımını hesaplayabiliriz:

$$\tau = rF\sin\theta$$

Burada τ tork, r kaldıraç kolunun uzunluğu, F kuvvetin büyüklüğü, θ ise $\vec{r}$ ve $\vec{F}$ arasındaki açıdır. Tork bir uzunluk ve bir kuvvetin çarpımı olduğundan, newton metre (N m) cinsinden ifade edilir.

25.2 Eylemsizlik Momenti

Nasıl ki doğrusal ivmelenme kuvvet ile Newton'un ikinci hareket yasası olan $F = ma$ ile ilişkilidir, açısal ivmelenme de tork ile Newton yasasının bir başka formu ile ilişkilidir. Yani,

$$\tau = I\alpha$$

Burada α açısal ivmelenme, I ise eylemsizlik momentidir. Nasıl ki kütle bir nesneyi ivmelendirmeyi zorlaştırıyorsa, eylemsizlik momenti de bir nesneyi döndürmeyi zorlaştırır.

En genel durumda, yani üç boyutlu bir nesnenin keyfi bir eksen etrafında dönmesi durumunda, eylemsizlik momenti bir tensördür. Tensör denilen şey bir vektörü parametre olarak alan ve sonuç olarak bir vektör döndüren bir fonksiyondur.

Neyse ki dönme hareketi ve torkun tek bir eksen etrafında gerçekleştiği bir sistemde en genel durumla uğraşmak zorunda değiliz. Eylemsizlik momentine skaler bir nicelikmiş gibi muamele edebiliriz.

m kütlesine sahip ve r mesafesindeki bir nokta etrafında dönen küçük bir nesnenin eylemsizlik momenti $I = mr^2$ şeklindedir. Daha karmaşık bir nesne için I'yı, nesneyi küçük kütlelere ayırmak, her bir kütlenin eylemsizlik momentini hesaplamak ve bu eylemsizlik momentlerini birbirine eklemek suretiyle hesaplayabiliriz. Çoğu basit şekil için birileri hesaplamaları zaten yapmıştır ve sadece yanıtlara bakabilirsiniz. Örneğin bakınız *https://en.wikipedia.org/wiki/List_of_moments_of_inertia*.

25.3 Demlikler ve Döner Tablalar

Çin restoranlarında masalarda çoğu zaman müşterilerin tabakları paylaşmasını kolaylaştıran bir döner tepsi veya tabla bulunur. Bu döner tablalar, bu tablaların kolayca dönmesini ve kaymasını sağlayan düşük sürtünmeye sahip rulmanlarla desteklenmiştir. Ancak, bu döner tablalar özellikle de yemekle yüklü olduklarında ağır olabilirler. Dolayısıyla yüksek bir eylemsizlik momentine sahiptirler.

Tam önümde üzerinde bir demlik çay olan bir döner tabla olacak şekilde bir masada oturduğumu ve benim tam karşımda oturan kişinin benden çayı göndermemi istediğini farz ediniz. Döner tablanın kenarını, tabla 0.5 rad dönene kadar 2 N'luk bir kuvvetle itiyorum ve sonra bırakıyorum. Döner tabla başlangıç konumundan itibaren 1.5 rad uzaklıkta durana dek kayar. Demliğin tam olarak karşı tarafta durması için ikinci bir itişte ne kadarlık bir kuvvet uygulamalıyım?

Bu soruya aşağıdaki adımlarda yanıt vereceğiz:

1. Döner tablanın sürtünme katsayısını kestirmek için ilk itmenin sonuçlarını kullanacağız.
2. Bir alıştırma olarak bu sürtünme katsayısını döner tablayı kalan açı kadar döndürmek için gerekli kuvveti kestirmek için kullanacağız.

Simülasyonumuz aşağıdaki parametreleri kullanacaktır:

1. Döner tablanın yarıçapı 0.5 m, ağırlığı ise 7 kg'dır.
2. Demliğin ağırlığı 0.3 kg'dır ve döner tablanın merkezinden 0.4 m uzakta durmaktadır.

Şekil 25.1 bu senaryoyu göstermektedir. Burada F döner tablaya çeperinden uyguladığım ve kaldıraç kolu r'ye dik olan kuvvet, τ ise oluşan torktur. Alt tarafa yakın olan daire ise demliktir.

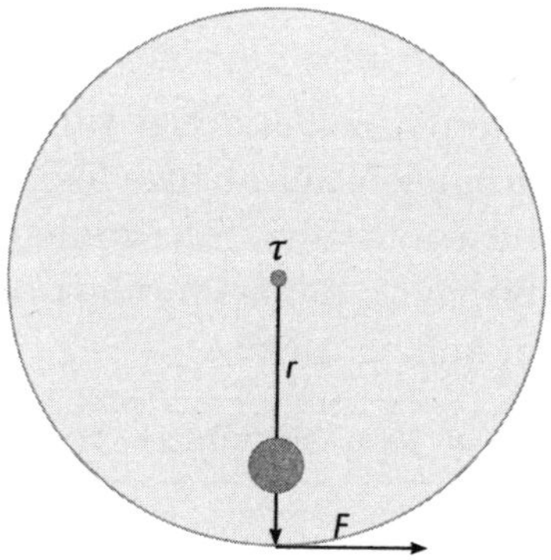

Şekil 25.1: Döner tabla üzerindeki demliğin bir diyagramı. Bu diyagram, kuvveti, kaldıraç kolunu ve oluşan torku göstermektedir.

Problemin ifadesindeki parametreler aşağıdadır:

```
from numpy import pi

radius_disk = 0.5       # diskin yarıçapı (m)
mass_disk = 7           # diskin kütlesi (kg)
radius_pot = 0.4        # demliğin yarıçapı (m)
mass_pot = 0.3          # demliğin kütlesi (kg)
force = 2               # kuvvet (N)
theta_push = 0.5          # itme (radian)
theta_test = 1.5          # test (radian)
theta_target = pi         # hedef (radian)
```

theta_push döner tablayı itmeyi durdurduğum zamanki açıdır. theta_test test itişi esnasında tablanın ne kadar döndüğünü belirtmektedir. theta_target tablanın ikinci itişten sonra durmasını istediğimiz yerdir.

Bu parametreleri, merkezinden geçen dikey bir eksen etrafında dönen yatay bir diske ait formülü kullanarak, döner tablanın eylemsizlik momentini hesaplamak için kullanabiliriz:

```
I_disk = mass_disk * radius_disk**2 / 2
```

Demliğe nokta kütle muamelesi yaparak, demliğin de eylemsizlik momentini hesaplayabiliriz:

```
I_pot = mass_pot * radius_pot**2
```

Toplam eylemsizlik momenti bu kısımların toplamıdır:

```
I_total = I_disk + I_pot
```

Rulmandaki sürtünme muhtemelen döner tablanın ve üzerindekilerin ağırlığına bağlıdır fakat muhtemelen açısal hıza bağlı değildir. Dolayısıyla sürtünmenin sabit olduğunu varsayacağız. Sürtünmenin ne olduğunu bilmiyoruz. Bu yüzden bir tahminle başlayıp, daha sonraları bu tahmini iyileştirmek için root_scalar fonksiyonunu kullanacağız:

```
torque_friction = 0.3   # N*m sürtünme torku
```

Bu problemde sürtünmeye tork muamelesi yapacağız.

Kullanacağımız durum değişkenleri, radyan cinsinden tablanın açısı olan theta ve radyan bölü saniye cinsinden açısal hız olan omegadır:

```
init = State(theta=0, omega=0)
```

Şimdi başlangıç durumu olan init, simülasyonun maksimum süresi olan t_end ve değiştireceğimiz parametreler olan force ve torque_friction ile birlikte bir System oluşturabiliriz:

```
system = System(init=init,
                force=force,
                torque_friction=torque_friction,
                t_end=20)
```

Aşağıda açı ve açısal hızı içeren mevcut durumu alan ve türevleri, açısal hızı ve açısal ivmelenmeyi döndüren bir eğim fonksiyonu görülmektedir:

```
def slope_func(t, state, system):
    theta, omega = state
    force = system.force
    torque_friction = system.torque_friction

    torque = radius_disk * force - torque_friction
    alpha = torque / I_total

    return omega, alpha
```

Bu senaryoda döner tablaya uyguladığım kuvvet kaldıraç koluna her zaman diktir. Dolayısıyla $\sin\theta = 1$'dir ve kuvvetten kaynaklanan tork $\tau = rF$ şeklindedir.

`torque_friction` sürtünmeden kaynaklı torku temsil etmektedir. Döner tabla pozitif theta yönünde döndüğü için sürtünme negatif `theta` yönündedir.

Eğim fonksiyonunu başlangıç şartlarıyla test edebiliriz:

```
slope_func(0, system.init, system)
```

```
(0, 0.7583965330444203)
```

Simülasyonu çalıştırmaya neredeyse hazırız fakat öncelikle ele almamız gereken bir problem söz konusudur.

25.4 İki Aşamalı Simülasyon

Döner tablayı itmeyi durdurduğumda açısal ivmelenme ani bir biçimde değişmektedir. Eğim fonksiyonunu `theta`'nın değerini kontrol eden ve buna göre `force` değişkenini belirleyen bir `if` deyimiyle gerçekleyebiliriz. Ve bunun gibi kaba bir model için bu iyi olabilir. Ancak daha sağlam bir yaklaşım ise sistemi iki aşamada simüle etmektir:

1. İlk aşamada kuvvet sabittir ve `theta` 0.5 rad olana dek simülasyonu çalıştırırız.

2. İkinci aşamada ise kuvvet 0'dır ve `omega` 0 olana dek simülasyonu çalıştırırız.

Ardından, iki aşamanın sonuçlarını tek bir `TimeFrame`'de birleştirebiliriz.

25.4.1 Aşama 1

Aşağıda Aşama 1 için kullanacağımız olay fonksiyonu bulunmaktadır. Bu fonksiyon, `theta`, `theta_push`'a ulaştığında, yani ben itmeyi durdurduğumda simülasyonu durdurur:

```
def event_func1(t, state, system):
    theta, omega = state
    return theta - theta_push
```

Bu fonksiyonu başlangıç şartlarıyla şu şekilde test edebiliriz:

```
event_func1(0, system.init, system)
```

```
-0.5
```

ve simülasyonun ilk aşamasını çalıştırabiliriz:

```
results1, details1 = run_solve_ivp(system, slope_func,
                                   events=event_func1)
details1.message
```

```
'A termination event occurred.'
 # Bir sonlandırma olayı gerçekleşti.
```

Aşağıda son birkaç zaman adımı görülmektedir:

```
results1.tail()
```

	theta	omega
1.102359	0.46080	0.836025
1.113842	0.47045	0.844734
1.125325	0.48020	0.853442
1.136808	0.49005	0.862151
1.148291	0.50000	0.870860

Tablayı 0.5 `rad` döndürmek bir saniyeden biraz fazla zamanımı alır. Tablayı serbest bıraktığımda açısal hız yaklaşık 0.87 rad/s'dir.

İkinci aşamayı çalıştırmadan önce son zamanı ve ilk aşamanın durumunu çıkarmamız gerekmektedir:

```
t_2 = results1.index[-1]
init2 = results1.iloc[-1]
```

25.4.2 Aşama 2

Şimdi Aşama 1'in başlangıç durumuyla ve `force=0` ile birlikte Aşama 2 için bir `System` nesnesi oluşturabiliriz:

```
system2 = system.set(t_0=t_2, init=init2, force=0)
```

İkinci aşama için döner tabla durduğunda, yani açısal hız 0 olduğunda duran bir olay fonksiyonuna ihtiyacımız vardır:

```
def event_func2(t, state, system):
    theta, omega = state
    return omega
```

Bu olay fonksiyonunu Aşama 2'nin başlangıç şartlarıyla test edeceğiz:

```
event_func2(system2.t_0, system2.init, system2)
```

```
0.8708596517490182
```

Sonuç, radyan bölü saniye cinsinden Aşama 2'nin başlangıcındaki açısal hızdır.

Şimdi ikinci aşamayı çalıştırabiliriz:

```
results2, details2 = run_solve_ivp(system2, slope_func,
                                   events=event_func2)
details2.message
```

```
'A termination event occurred.'
 # Bir sonlandırma olayı gerçekleşti.
```

Şimdi hepsini birleştirelim.

25.4.3 Sonuçları Birleştirmek

`DataFrame`, `results2`'yi `results1`'in sonuna ekleyen `append` fonksiyonunu sağlar:

```
results = results1.append(results2)
```

Aşağıda son birkaç zaman adımı görülmektedir:

```
results.tail()
```

	theta	omega
3.720462	1.664800	3.483439e–02
3.747255	1.665617	2.612579e–02
3.774049	1.666200	1.741719e–02
3.800842	1.666550	8.708597e–03
3.827636	1.666667	–2.220446e–16

Son zaman adımında açısal hız 0'a yakındır ve toplam dönme miktarı yaklaşık 1.7 rad'dır. Bu dönme miktarı hedeflediğimizden biraz fazladır.

Her iki aşama için `theta`'yı çizdirebiliriz:

```
results.theta.plot(label='theta')
decorate(xlabel='Zaman (s)',
         ylabel='Açı (rad)')
```

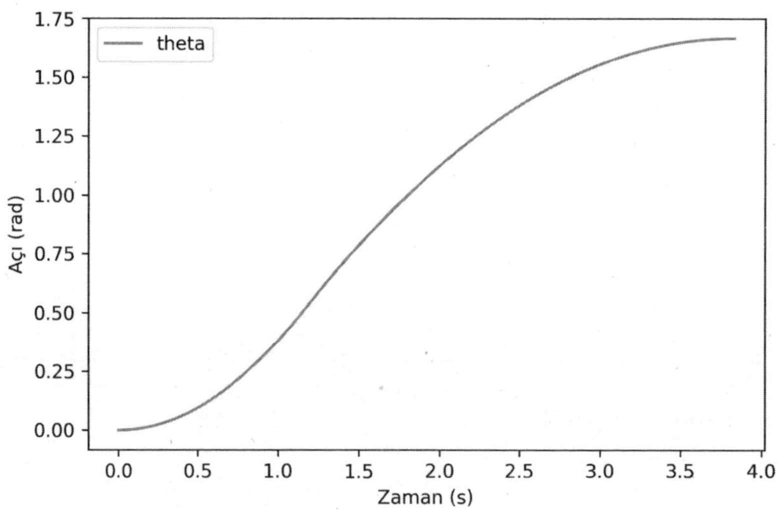

Ve de `omega`'yı çizdirebiliriz:

```
results.omega.plot(label='omega', color='C1')
decorate(xlabel='Zaman (s)',
         ylabel='Açısal hız (rad/s)')
```

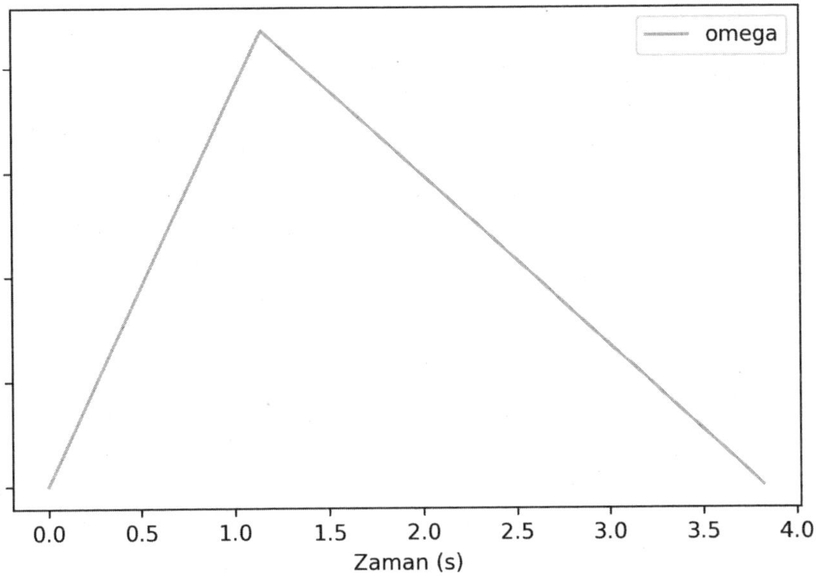

Açısal hız omega ben iterken doğrusal olarak artarken, itmeyi durdurduğumda doğrusal olarak azalır. theta açısı açısal hızın integralidir ve dolayısıyla her bir aşamada bir parabol oluşturur.

Bir sonraki kısımda sürtünmeden kaynaklanan torku kestirmek için bu simülasyonu kullanacağız.

25.5 Sürtünmeyi Kestirmek

Bir önceki kısımdaki kodu alalım ve bir fonksiyon içerisine sarmalayalım:

```
def run_two_phases(force, torque_friction, system):

    # belirtilen parametreleri System nesnesine koy
    system1 = system.set(force=force,
                         torque_friction=torque_friction)

    # Aşama 1'i çalıştır
    results1, details1 = run_solve_ivp(system1, slope_func,
                                       events=event_func1)

    # Aşama 1'den son durumu al
    t_2 = results1.index[-1]
    init2 = results1.iloc[-1]
```

```
    # Aşama 2'yi çalıştır
    system2 = system1.set(t_0=t_2, init=init2, force=0)
    results2, details2 = run_solve_ivp(system2, slope_func,
                                        events=event_func2)
    # Sonuçları birleştir ve döndür
    results = results1.append(results2)
    return results
```

Bu fonksiyonu aynı parametrelerle test edeceğiz:

```
force = 2
torque_friction = 0.3
results = run_two_phases(force, torque_friction, system)
results.tail()
```

	theta	omega
3.720462	1.664800	3.483439e–02
3.747255	1.665617	2.612579e–02
3.774049	1.666200	1.741719e–02
3.800842	1.666550	8.708597e–03
3.827636	1.666667	–2.220446e–16

Bu sonuçlar bir önceki kısmın sonuçlarıyla aynıdır.

`run_two_phases` fonksiyonunu, `root_scalar` fonksiyonuyla birlikte, toplam 1.5 rad'lık ilk itişten gözlemlenen sonuçları veren sürtünmeden kaynaklanan torku bulmak için kullanabileceğimiz bir hata fonksiyonu yazmak için kullanabiliriz.

```
def error_func1(torque_friction, system):
    force = system.force
    results = run_two_phases(force, torque_friction, system)
    theta_final = results.iloc[-1].theta
    print(torque_friction, theta_final)
    return theta_final - theta_test
```

Bu hata fonksiyonu sürtünmeden kaynaklanan torku bir girdi olarak alır. Bu fonksiyon, `System` nesnesinden `force`'u alır ve simülasyonu çalıştırır. Sonuçlardan `theta`'nın son değerini alır ve simülasyonun sonucu ile deneyin sonucu arasındaki farkı döndürür. Bu fark 0 olduğunda `torque_friction` değişkeninin değeri deneydeki sürtünmenin bir kestirimidir.

Kökleri köşeli parantez içerisine almak için çok düşük olan bir değere ve çok yüksek olan bir değere ihtiyacımız vardır. `torque_friction=0.3` ile birlikte tabla biraz fazla döner:

```
guess1 = 0.3
error_func1(guess1, system)
```

```
0.3 1.666666666666669
0.16666666666666896
```

`torque_friction=0.4` ile birlikte tabla yeterince ilerlemez:

```
guess2 = 0.4
error_func1(guess2, system)
```

```
0.4 1.2499999999999996
-0.25000000000000044
```

Dolayısıyla bu iki değeri `root_scalar` fonksiyonunda bir köşeli parantez olarak kullanabiliriz:

```
res = root_scalar(error_func1, system, bracket=[guess1, guess2])
# bracket: köşeli parantez
```

```
0.3 1.666666666666669
0.3 1.666666666666669
0.4 1.2499999999999996
0.3400000000000003 1.4705882352941169
0.3340000000000002 1.4970059880239517
0.3333320000000001 1.5000060000239976
0.3333486666010001 1.4999310034693254
```

Sonuç, başlangıçtaki tahminden biraz az olan 0.333 N m'dir:

```
actual_friction = res.root
actual_friction
```

```
0.3333320000000001
```

Sürtünmeden kaynaklanan torku bildiğimize göre, 1.5 rad'dan 3.14 rad'a kadar olan kalan açı boyunca döner tablayı döndürmek için gerekli kuvveti hesaplayabiliriz. Bunu bir alıştırma olarak yapma şansınız olacak fakat öncelikle sonuçların animasyonunu yapalım.

25.6 Döner Tablanın Animasyonunu Yapmak

Simülasyonun sonuçlarını görselleştirmek için animasyon kullanabiliriz. Aşağıda sistemin durumunu alan ve bu durumu çizdiren bir fonksiyon bulunmaktadır:

```
from matplotlib.patches import Circle
from matplotlib.pyplot import gca, axis

def draw_func(t, state):
    theta, omega = state

    # tablayı temsil eden bir daire çiz
    circle1 = Circle([0, 0], radius_disk)
    gca().add_patch(circle1)

    # demliği temsil eden bir daire çiz
    center = pol2cart(theta, radius_pot)
    circle2 = Circle(center, 0.05, color='C1')
    gca().add_patch(circle2)

    axis('equal')
```

Bu fonksiyon daha önce görmediğimiz yeni özellikler kullanmaktadır fakat Matplotlib'in dokümantasyonundan bu özelliklerle ilgili daha fazla bilgi edinebilirsiniz.

Başlangıç şartlarının neye benzediğini göstermek için bu fonksiyonu kullanabiliriz:

```
state = results.iloc[0]
draw_func(0, state)
```

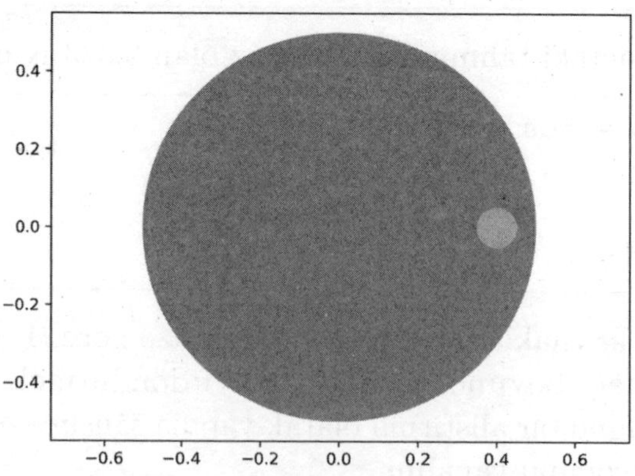

Artık sonuçların animasyonunu aşağıdaki gibi yapabiliriz:

```
animate(results, draw_func)
```

Bu kodu Jupyter not defterinde çalıştırdığınızda, animasyonu görebileceksiniz.

25.7 Özet

Bu bölümde verilen örnek tork, açısal ivmelenme ve eylemsizlik momenti kavramlarını göstermiştir. Bu kavramları, sürtünmeden kaynaklı torku kestirmek için varsayımsal bir gözlem kullanarak bir döner tablayı simüle etmek amacıyla kullandık. Bir alıştırma olarak tablayı belirli bir hedefe döndürmek için gerekli olan kuvveti kestirerek bu örneği tamamlayabilirsiniz.

Bir sonraki bölüm fırlatılan cisimler, dönen nesneler, `root_scalar` ve `maximize_scalar` da dâhil olmak üzere son birkaç bölümdeki araçlar üzerinde pratik yapmak için üzerinde çalışabileceğiniz birkaç örnek durum incelemesini açıklamaktadır.

25.8 Alıştırmalar

25.1 Bu bölümdeki örneğe devam etmek suretiyle demliği istenen konuma götüren kuvveti kestiriniz. Bu `System` nesnesini "Sürtünmeyi Kestirmek" kısmında hesapladığımız sürtünmeyle birlikte kullanınız:

```
system3 = system.set(torque_friction=actual_friction)
```

`force` ve `system`'i alan, sistemi simüle eden ve `theta_final` ile ilk itmeden sonraki kalan açı arasındaki farkı döndüren bir hata fonksiyonu yazınız:

```
remaining_angle = theta_target - theta_test
remaining_angle
```

```
1.6415926535897931
```

İkinci itme için gerekli olan kuvveti bulmak için hata fonksiyonunuzu ve `root_scalar` fonksiyonunu kullanınız. Hesapladığınız kuvvet ile birlikte simülasyonu çalıştırınız ve her iki itmeden sonra tablanın hedef açıda durduğunu doğrulayınız.

Bölüm 26

ÖRNEK DURUM İNCELEMELERİ KISIM III

Bu bölüm, okumak ve üzerinde çalışmak isteyebileceğiniz bir örnek durum incelemeleri koleksiyonudur. Bu örnek durum incelemeleri bir ve iki boyut içerisindeki Newton mekaniği ve tek bir eksen etrafındaki dönme hareketi de dâhil olmak üzere son birkaç bölümdeki yöntemlere dayanmaktadır.

Bu bölüm, metni okuyabileceğiniz, kodu çalıştırabileceğiniz ve örnek durum incelemeleri üzerinde çalışabileceğiniz bir Jupyter not defteri olarak da mevcuttur. Not defterlerine *https://allendowney.github.io/ModSimPy* adresinden erişebilirsiniz.

26.1 Bungee Atlaması

En yüksek "bungee dalışını" yapıp, dünya rekoru kırmak istediğinizi farz ediniz. Bu iş, bungee (ÇN: Esnek halat) atlayıcısının atlayışın en alt noktasında bir bardak çayın içerisine bir kurabiye batırdığı bir gösteridir. Böyle bir atlayışın örneği şu videoda mevcuttur: *https://www.youtube.com/watch?v=UBf7WC19lpw&ab_channel=OnDemandNews*.

Rekor 70 m olduğundan, 80 m'lik bir atlayış tasarlayalım. Aşağıdaki modelleme varsayımlarıyla başlayacağız:

- Bungee ipi başlangıçta bağlantı noktası bir bardak çayın 80 m üzerinde olacak şekilde bir vince asılmıştır.

- İp tam olarak açılana kadar atlayıcıya hiçbir kuvvet uygulamaz. Bunun iyi bir varsayım olmayabileceği ortaya çıkmaktadır. Bu duruma bir sonraki örnek durum incelemesinde bir daha bakacağız.
- İp tam olarak gerildiğinde Hooke'un yasasına uyar. Yani ip, atlayıcıya ipin serbest durumdaki uzunluğunun ötesinde, ipin açılımıyla orantılı bir kuvvet uygular.
- Atlayıcının ağırlığı 75 kg'dır.
- Atlayıcı sürükleme kuvvetine tabidir ve böylece atlayıcının terminal hızı 60 m/s'dir.

Amacımız ipin uzunluğu olan `L`'yi ve ipin yay sabiti olan `k`'yı atlayıcı tam olarak çay bardağına düşecek ve uzağa düşmeyecek şekilde seçmektir!

Bu kitabın GitHub deposunda *bungee1.ipynb* isimli bir not defteri bulacaksınız. Bu not defteri bu örnek durum incelemesine yönelik başlangıç kodunu ve alıştırmaları içermektedir. Bu not defterini *https://github.com/AllenDowney/ModSimPy/raw/master/examples/bungee1.ipynb* adresinden indirebilir veya *https://colab.research.google.com/github/AllenDowney/ModSimPy/blob/master/examples/bungee1.ipynb* adresinde Colab üzerinde çalıştırabilirsiniz.

26.2 Bungee Dalışına Yeniden Bakış

Bir önceki örnek durum incelemesinde ipin atlayıcıya ip gerilene kadar kuvvet uygulamadığını varsaydık. İp, atlayıcıyla birlikte düştüğünden, ipin etkisinin olmadığını söylemek cazip gelebilir fakat bu varsayım doğru değildir. İp düşerken atlayıcıya enerji aktarır.

https://iopscience.iop.org/article/10.1088/0031-9120/45/1/007 adresinde Heck, Uylings ve Kedzierska'nın "Understanding the Physics of Bungee Jumping" (ÇN: Bungee Atlayışının Fiziğini Anlamak) isimli bir makalesini bulacaksınız. Bu makale hadiseyi açıklamakta ve y konumunun ve v hızının bir fonksiyonu olarak atlayıcının a ivmelenmesini türetmektedir:

$$a = g + \frac{\mu v^2/2}{\mu(L + y) + 2L}$$

Burada g yer çekiminden kaynaklanan ivmelenme, L ipin uzunluğu ve μ ipin kütlesi, m ve atlayıcının kütlesi M'nin oranıdır.

Eğer yazarların modelinin doğru olduğuna inanmıyorsanız, şu video sizi ikna edebilir: *https://www.youtube.com/watch?v=X-QFAB0gEtE*.

Bu kitabın GitHub deposunda *bungee2.ipynb* isimli bir not defteri bulacaksınız. Bu not defteri bu örnek durum incelemesine yönelik başlangıç kodunu ve alıştırmaları içermektedir. Bu not defterini *https://github.com/AllenDowney/ModSimPy/raw/master/examples/bungee2.ipynb* adresinden indirebilir veya *https://colab.research.google.com/github/AllenDowney/ModSimPy/blob/master/examples/bungee2.ipynb* adresinde Colab üzerinde çalıştırabilirsiniz. İpin kütlesini değiştirdiğimizde sistemin davranışı nasıl değişir? İpin kütlesi atlayıcının kütlesine eşit olduğunda atlayışın en alt noktasındaki net etki ne olur?

26.3 Güneşin Etrafında Yörüngede İlerlemek

Bölüm 20'nin sonundaki alıştırmada Dünya ve Güneş arasındaki etkileşimi modelledik ve Dünya'nın Güneş etrafındaki yörüngesinde durduğu ve doğrudan doğruya Güneş'e düştüğü takdirde ne olacağını simüle ettik. Şimdi modeli iki boyuta taşıyalım ve Dünya'nın Güneş etrafındaki bir dönüşünü (yani bir yılı) simüle edelim.

Bu kitabın GitHub deposunda *orbit.ipynb* isimli bir not defteri bulacaksınız. Bu not defteri bu örnek durum incelemesine yönelik başlangıç kodunu ve alıştırmaları içermektedir. Bu not defterini *https://github.com/AllenDowney/ModSimPy/raw/master/examples/orbit.ipynb* adresinden indirebilir veya *https://colab.research.google.com/github/AllenDowney/ModSimPy/blob/master/examples/orbit.ipynb* adresinde Colab üzerinde çalıştırabilirsiniz.

Öteki şeylerin yanı sıra farklı algoritmalarla deneyler yapma ve bu algoritmaların sonuçların doğruluğu üzerinde ne gibi bir etkisi olduğunu görme şansınız olacak.

26.4 Örümcek Adam

Bu örnek durum incelemesinde Empire State Binası'nın tepesine iliştirilmiş bir örümcek ağının esnek kablosunda sallanan bir Örümcek Adamın (Spider-Man) modelini geliştireceğiz. Örümcek Adam başlangıçta Şekil 26.1'de gösterildiği gibi yandaki binanın tepesindedir.

Orijin, yani 0, Empire State Binası'nın tabanındadır. H vektörü örümcek ağının 0'a göre binaya bağlandığı konumu temsil etmektedir. P vektörü Örümcek Adamın 0'a göre konumudur. Ve L, bağlantı noktasından Örümcek Adama olan vektördür.

0'dan başlamak üzere okları `H` ve `L` vektörleri boyunca takip etmek suretiyle şunu görebiliriz:

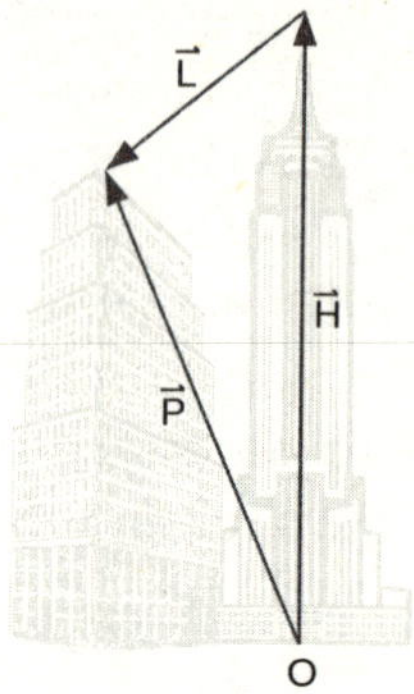

Şekil 26.1: Örümcek Adam senaryosunun bir diyagramı. Vektörler orijinin, Örümcek Adamın ve örümcek ağının bağlantı noktasının göreceli konumunu temsil etmektedir.

```
H + L = P
```

Dolayısıyla `L`'yi şu şekilde hesaplayabiliriz:

```
L = P - H
```

Bu örnek durum incelemesinin amaçları şunlardır:

1. Örümcek Adamın takip ettiği yolu tahmin etmek için bu senaryonun bir modelini gerçeklemek.

2. Örümcek Adamın yere inmeden önce katettiği mesafeyi maksimize etmek için Örümcek Adamın örümcek ağından harekete başlayacağı doğru zamanı seçmek.

3. Menzili maksimize etmek için Örümcek Adamın binadan atlayacağı ve örümcek ağında hareket edeceği en iyi açıyı seçmek.

Aşağıdaki parametreleri kullanacağız:

1. Örümcek Adam Wikisine göre (*https://spiderman.fandom.com/wiki/Peter_Parker_(Earth-616)*) Örümcek Adamın ağırlığı 76 kg'dır.

2. Örümcek Adamın terminal hızının 60 m/s olduğunu varsayalım.

3. Örümcek ağının uzunluğu 100 m'dir.

4. Örümcek ağının dümdüz aşağıya doğru olan yönün soluyla yaptığı başlangıç açısı 45°'dir.

5. Örümcek ağının gerildiğindeki yay sabiti 40 N/m, sıkıştırıldığındaki yay sabiti 0'dır.

Bu kitabın GitHub deposunda başlangıç kodunu içeren *spiderman.ipynb* isimli bir not defteri bulacaksınız. Bu not defterini *https://github.com/AllenDowney/ModSimPy/raw/master/examples/spiderman.ipynb* adresinden indirebilir veya *https://colab.research.google.com/github/AllenDowney/ModSimPy/blob/master/examples/spiderman.ipynb* adresinde Colab üzerinde çalıştırabilirsiniz.

Not defterini okuyunuz ve kodu çalıştırınız. Bu kod, (sadece tek bir eksen boyunca arama yapabilen `minimize_scalar` fonksiyonunun aksine) optimal parametre kümesini arayabilen bir SciPy fonksiyonu olan minimize fonksiyonunu kullanmaktadır.

26.5 Kedi Yavruları

İnternet kullandıysanız, kedi yavrularının tuvalet kâğıdını açtığı videoları muhtemelen görmüşsünüzdür. Ve standart bir kedi yavrusunun standart bir rulonun uzunluğu olan 47 m'lik bir kâğıdı açmasının ne kadar zaman alacağını merak etmiş olabilirsiniz.

Kedi yavrusuyla kâğıt rulonun etkileşimleri karmaşıktır. İşi basitleştirmek için kedi yavrusunun rulonun boş ucunu sabit bir kuvvetle çektiğini varsayalım. Rulo ve mil arasındaki sürtünmeyi hesaba katmayalım.

Şekil 26.2 kedi yavrusu tarafından uygulanan F kuvveti, dönme ekseni etrafındaki kuvvetin kaldıraç kolu r ve sonuçta ortaya çıkan tork τ ile birlikte kâğıt ruloyu göstermektedir.

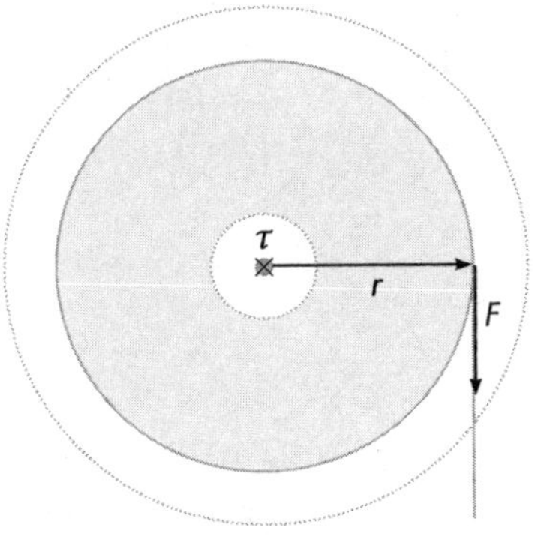

Şekil 26.2: Kuvveti, kaldıraç kolunu ve sonuçta ortaya çıkan torku gösteren tuvalet kâğıdı rulosunun diyagramı.

Kedi yavrusu tarafından uygulanan kuvvetin 0.002 N olduğunu varsayarsak, standart bir tuvalet kâğıdı rulosunun açılması ne kadar zaman alır?

Bu kitabın GitHub deposunda bu örnek durum incelemesine yönelik başlangıç kodunu içeren *kitten.ipynb* isimli bir not defteri bulacaksınız. Bu not defterini bu modeli gerçeklemek ve sonuçların makul görünüp görünmediğini kontrol etmek için kullanınız. Bu not defterini *https://github.com/AllenDowney/ModSimPy/raw/master/examples/kitten.ipynb* adresinden indirebilir veya *https://colab.research.google.com/github/AllenDowney/ModSimPy/blob/master/examples/kitten.ipynb* adresinde Colab üzerinde çalıştırabilirsiniz.

26.6 Bir Yo-Yo'yu Simüle Etmek

Mil etrafında belirli bir uzunluktaki ipin sarılı olduğu bir yo-yo'yu (ÇN: bir oyuncak) elinizde tuttuğunuzu ve bu yo-yo'yu ipin ucunu sabit tutarak düşürdüğünüzü farz ediniz. Yer çekimi bu yo-yo'yu aşağı doğru ivmelendirirken, ipteki gerilme yukarı doğru bir kuvvet uygular. Bu kuvvet, kütle merkezinden farklı bir noktaya etki ettiğinden, yo-yo'nun dönmesine neden olan bir tork uygular.

Şekil 26.3 Yo-yo üzerindeki kuvvetleri ve oluşan torku göstermektedir.

Dıştaki gölgeli alan yo-yo'nun gövdesini göstermektedir. İçteki gölgeli alan sarılmış ipi göstermektedir. Bu içteki gölgeli alanın yarıçapı yo-yo açıldıkça değişir.

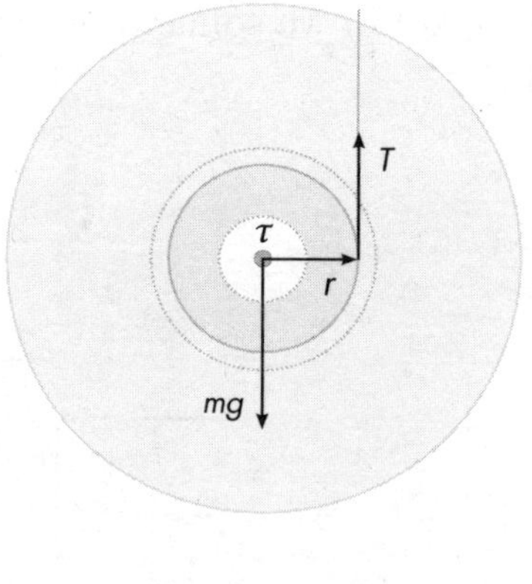

Şekil 26.3: Bir yo-yo'nun yer çekiminden kaynaklanan kuvvetleri, ipteki gerilmeyi, gerilmenin kaldıraç kolunu ve oluşan torku gösteren diyagramı.

Bu sistemde doğrusal ve açısal ivmelenmeyi bağımsız olarak bulamayız. Bir denklem sistemini çözmemiz gerekmektedir:

$$\sum F = ma$$
$$\sum \tau = I\alpha$$

Burada toplam işaretleri kuvvetleri ve torkları topladığımızı belirtir.

Daha önceki örneklerde de olduğu gibi doğrusal ve açısal hız, ipin açılma şeklinden ötürü birbiriyle ilişkilidir:

$$\frac{dy}{dt} = -r\frac{d\theta}{dt}$$

Bu örnekte doğrusal ve açısal ivmelenmelerin işaretleri birbirinin tersidir. Yo-yo saat yönünün aksi yönünde dönerken θ artar ve ipin sarılı kısmının uzunluğu olan y azalır.

Her iki tarafın türevi alınırsa, doğrusal ve açısal ivmelenme arasında benzer bir ilişki ortaya çıkar:

$$\frac{d^2y}{dt^2} = -r\frac{d^2\theta}{dt^2}$$

Üstteki denklemi daha kısa olarak şu şekilde yazabiliriz:

$$a = -r\alpha$$

Bu ilişki tabiatın genel bir yasası değildir. Bu ilişki, gerilme ve kayma olmadan bir nesnenin diğer nesne üzerine sarıldığı bu gibi senaryolara özgüdür.

Problemi kurma şeklimizden ötürü y'nin gerçekte iki anlamı vardır: Sarılı ipin uzunluğunu ve yo-yo'nun düştükçe azalan yüksekliğini temsil eder. Benzer şekilde a, sarılı ipin uzunluğundaki ve yo-yo'nun yüksekliğindeki ivmelenmeyi temsil eder.

Doğrusal kuvvetleri toplamak suretiyle ivmelenmeyi hesaplayabiliriz:

$$\sum F = T - mg = ma$$

Burada T pozitiftir çünkü gerilme kuvveti yukarı yönlüdür ve mg negatiftir çünkü yer çekimi aşağı yönlüdür.

Yer çekimi, kütle merkezine etki ettiğinden, tork oluşturmaz. Dolayısıyla sadece gerilmeden kaynaklanan bir tork mevcuttur:

$$\sum \tau = Tr = I\alpha$$

Pozitif (yukarı yönlü) gerilme pozitif (saat yönünün aksi) ivmelenme oluşturur.

Şimdi I, m, g ve r bilinen parametreler olmak üzere üç bilinmeyen, yani T, a ve α ile birlikte üç denklemimiz vardır. Bu denklemleri elle çözebiliriz fakat çözümü SymPy'a da yaptırabiliriz:

```
from sympy import symbols, Eq, solve

T, a, alpha, I, m, g, r = symbols('T a alpha I m g r')
eq1 = Eq(a, -r * alpha)
eq2 = Eq(T - m*g, m * a)
eq3 = Eq(T * r, I * alpha)
soln = solve([eq1, eq2, eq3], [T, a, alpha])
soln
```

```
{T: I*g*m/(I + m*r**2), a: -g*m*r**2/(I + m*r**2),
alpha: g*m*r/(I + m*r**2)}
```

Sonuçlar:

$$T = mgI/I^*$$
$$a = -mgr^2/I^*$$
$$\alpha = mgr/I^*$$

Burada I^* arttırılmış eylemsizlik momenti olan $I + mr^2$'dir. Bir eğim fonksiyonu yazmak ve sistemi simüle etmek amacıyla a ve α için olan bu denklemleri kullanabiliriz.

Bu kitabın GitHub deposunda *yoyo.ipynb* isimli bir not defteri bulacaksınız. Bu not defteri bu modeli gerçeklemek ve test etmek için kullanabileceğiniz başlangıç kodunu içermektedir. Bu not defterini *https://github.com/AllenDowney/ModSimPy/raw/master/examples/yoyo.ipynb* adresinden indirebilir veya *https://colab.research.google.com/github/AllenDowney/ModSimPy/blob/master/examples/yoyo.ipynb* adresinde Colab üzerinde çalıştırabilirsiniz.

26.7 Tebrikler

Böylece kitabın sonuna ulaştınız, tebrikler! Umarım keyif aldınız ve çok şey öğrendiniz. Sadece mühendislik ve bilimde değil, araştırmanın hemen hemen her alanında bu kitaptaki araçların kullanışlı, düşünme şekillerinin ise önemli olduğunu düşünüyorum.

Modeller dünyayı anlamak için kullandığımız araçlardır: İyi modeller geliştirirseniz işleri doğru yapmanız daha olası olur. Kolay gelsin!

Ek A

KAPUTUN ALTINDAKİLER

Bu ekte "kaputu açacak" ve kullandığımız araçlardan bazılarının nasıl çalıştığına daha yakından bakacağız: Özellikle de `run_solve_ivp`, `root_scalar` ve `maximize_scalar`. Çoğu zaman bu metotları nasıl çalıştıklarını çok fazla bilmeden de kullanabilirsiniz. Ancak birkaç nedenden ötürü nasıl çalıştıklarını bilmek isteyebilirsiniz.

Nedenlerden biri katıksız meraktır. Bu metotları kullanırsanız ve özellikle de bu metotlara bel bağlarsanız, bu metotlara kara kutu muamelesi yapmak sizi memnun etmeyebilir. Bu durumda kapağı açmak size keyifli gelebilir.

Bir diğer neden ise bu metotların hatasız olmamasıdır. Bazen işler ters gider. Bu metotların en azından genel olarak nasıl çalıştıklarını bilirseniz, bu metotlardan hata ayıklaması size kolay gelebilir.

Hiçbir şey olmasa bile nasıl çalıştıklarıyla ilgili bir şeyler bildiğimden, bu araçların nasıl kullanılacağını daha kolay hatırlayabildiğimi öğrendim.

A.1 `run_solve_ivp` Fonksiyonu Nasıl Çalışır?

`run_solve_ivp`, parametrelerdeki yaygın hataları kontrol eden ve ardından, `solve_ivp` fonksiyonunu çağıran ve ModSim kütüphanesinde bulunan bir fonksiyondur. `solve_ivp`, SciPy kütüphanesinde bulunan ve asıl işi yapan fonksiyondur.

Varsayılan olarak `solve_ivp`, Dormand-Prince yöntemini kullanır. Dormand-Prince yöntemi bir çeşit Runge-Kutta yöntemidir. Bütün Runge-Kutta yöntemlerinin arkasındaki anahtar fikir her bir zaman adımında eğim fonksiyonunu hesaplamak ve bir sonraki zaman adımındaki değeri kestirmek için hesaplanmış eğimlerin ağırlıklandırılmış bir ortalamasını kullanmaktır. Farklı yöntemler eğim fonksiyonunu farklı yerlerde hesaplar ve ortalamayı farklı ağırlıklarla hesaplar.

`solve_ivp` fonksiyonunun nasıl çalıştığını anlayıp anlamayacağımıza bir bakalım. Bir örnek olarak aşağıdaki diferansiyel denklemi çözeceğiz:

$$\frac{dy}{dt}(t) = y \sin t$$

Aşağıda kullanacağımız eğim fonksiyonu bulunmaktadır:

```
import numpy as np

def slope_func(t, state, system):
    y, = state
    dydt = y * np.sin(t)
    return dydt
```

Başlangıç durumuyla birlikte bir `State` nesnesi ve bitiş zamanıyla birlikte bir `System` nesnesi oluşturalım:

```
init = State(y=1)
system = System(init=init, t_end=3)
```

Artık `run_solve_ivp` fonksiyonunu çağırabiliriz:

```
results, details = run_solve_ivp(system, slope_func)
details
```

```
 message: 'The solver successfully reached the end of the
          integration interval.'
     nfev: 50
     njev: 0
      nlu: 0
      sol: <scipy.integrate._ivp.common.OdeSolution object
           at 0x7f4965b8ea10>
   status: 0
   success: True
   t_events: None
   y_events: None
```

`details`'teki değişkenlerden biri `nfev` değişkenidir. `nfev`'in açılımı "number of function evaluations" (fonksiyon hesaplama sayısı) şeklindedir. Bu ise solve_ivp fonksiyonunun eğim fonksiyonunu kaç kez çağırdığına karşılık gelir. Bu örnekte 50 hesaplama vardır. Bu, aklınızda bulunsun.

Aşağıda results'taki ilk birkaç zaman adımı görülmektedir:

```
results.head()
```

	y
0.00	1.000000
0.03	1.000450
0.06	1.001801
0.09	1.004055
0.12	1.007217

Zaman adımlarının sayısı ise şu şekildedir:

```
len(results)
```

```
101
```

results, zaman üzerinde eşit aralıklı 101 nokta içerir. Şimdi, solve_ivp fonksiyonu, eğim fonksiyonunu 50 kez çalıştırdığına göre, 101 zaman adımını nasıl elde ettiğimizi merak ediyor olabilirsiniz.

Bu soruyu yanıtlamak için çözücünün nasıl çalıştığını daha iyi bilmemiz gerekmektedir. Gerçekte üç aşama mevcuttur:

1. Her bir zaman adımı için farklı t ve y değerleriyle birlikte solve_ivp fonksiyonu, eğim fonksiyonunu yedi kez hesaplar.

2. Sonuçları kullanarak bir sonraki zaman adımında y için en iyi kestirimi hesaplar.

3. Bütün zaman adımlarını hesapladıktan sonra bir önceki adımın kestirimlerini birleştiren eşit aralıklı noktaları hesaplamak için interpolasyon kullanır.

İlk iki satırı göstermek için eğim fonksiyonunu her çalıştığında t, y ve dydt'nin değerlerini evals isimli bir listeye ekleyecek şekilde değiştirelim:

```
def slope_func(t, state, system):
    y = state
    dydt = y * np.sin(t)
    evals.append((t, y, dydt))
    return dydt
```

run_solve_ivp fonksiyonunu çağırmadan önce evals'ı boş bir liste olarak başlatacağız. Ve dense_output=False argümanını kullanacağız. Bu argüman aradeğerleme adımını atlar ve eşit aralıklı olmayan (yani "yoğun" olmayan) zaman adımlarını döndürür:

```
evals = []
results2, details = run_solve_ivp(system, slope_func,
                                  dense_output=False)
```

Ve işte sonuçlar:

```
results2
```

	y
0.000000	1.000000
0.000100	1.000000
0.001100	1.000001
0.011100	1.000062
0.111100	1.006184
1.111100	1.744448
2.343272	5.464568
3.000000	7.318271

İnterpolasyon adımını atladığımızdan, solve_ivp fonksiyonunun başlangıç şartını dâhil etmeyerek sadece yedi zaman adımını hesapladığını görebiliyoruz. Ayrıca, zaman adımlarının farklı büyüklükte olduğunu da görüyoruz. İlk zaman adımı 100 mikrosaniye iken, ikincisi 10 kat daha büyük, üçüncüsü ise ikincisinden 10 kat daha büyüktür.

Zaman adımları eşit değildir çünkü Dormand-Prince yöntemi adaptiftir. Bu yöntem her bir zaman adımında bir sonraki değerin iki kestirimini hesaplar. Yöntem, bu kestirimleri karşılaştırarak hatanın büyüklüğünü kestirebilir. Hatanın büyüklüğünü zaman adımını ayarlamak için kullanır. Eğer hata çok büyükse yöntem, daha küçük bir zaman adımı kullanır. Eğer hata yeterince küçükse daha büyük bir zaman adımı kullanır. Bu yöntem zaman adımını bu şekilde ayarlayarak belirli bir doğruluk düzeyini elde etmek için eğim fonksiyonunu çağırma sayısını minimize eder. Bu örnekte ilk saniyeyi simüle etmek beş adım alır fakat ardından, kalan iki saniyeyi hesaplamak sadece iki adım alır.

y ve t'nin değerlerini kaydettiğimiz için eğim fonksiyonunun hesaplandığı yerleri çizdirebiliriz. Eğer bir sakıncası yoksa daha önce görmediğimiz birkaç özelliği kullanacağım.

İlk olarak `np.transpose` kullanarak `evals`'taki değerleri açacağız. Ardından, `dydt` eğimini `u` ve `v` isimli bileşenlere dönüştürmek için trigonometriden faydalanabiliriz:

```
t, y, slope = np.transpose(evals)
theta = np.arctan(slope)
u = np.cos(theta)
v = np.sin(theta)
```

Bu değerleri kullanarak eğim fonksiyonunun çalıştığı her bir zaman için bir ok gösteren bir *quiver grafiği* oluşturabiliriz. Her bir okun konumu `t` ve `y`'nin değerlerini temsil eder. Okun yönelimi hesaplanan eğimi gösterir:

```
import matplotlib.pyplot as plt

plt.quiver(t, y, u, v, pivot='middle',
            color='C1', alpha=0.4, label='hesaplama noktaları')
results2['y'].plot(style='o', color='C0', label='çözüm noktaları')
results['y'].plot(lw=1, label='interpolasyon')
decorate(xlabel='Zaman (t)', ylabel='Nicelik (y)')
```

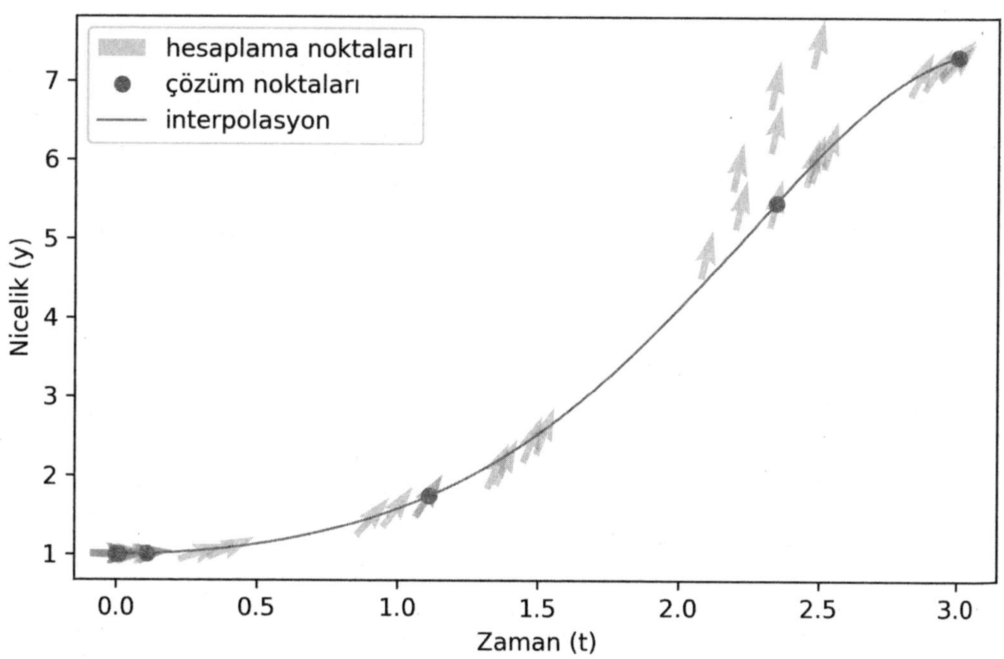

Bu şekil üzerinde, eğim fonksiyonunun hesaplandığı her bir zaman için bir ok olmak üzere 50 ok ve her bir zaman adımı için 8 nokta mevcuttur (bazıları çakışsa bile). Çizgi, kestirimleri birleştiren interpolasyondaki 101 noktayı göstermektedir.

Okların birçoğunun çizgi üzerine düşmediğine dikkat ediniz. `solve_ivp` fonksiyonu çözümü hesaplamak için bu konumlarda eğim fonksiyonunu hesaplamıştır fakat şu açığa çıkmıştır ki bu konumlar çözümlerin bir parçası değildir.

Bir eğim fonksiyonu yazarken bunu bilmek iyidir. Girdi değişkenleri olarak elde ettiğiniz zaman ve durumun doğru olduğunu varsaymamalısınız. Yani bu zaman ve durumun çözümün parçası olmadığı ortaya çıkabilir.

A.2 root_scalar Fonksiyonu Nasıl Çalışır?

ModSim kütüphanesindeki `root_scalar` fonksiyonu SciPy kütüphanesindeki aynı isimli bir fonksiyonun sarmalayıcısıdır. `run_solve_ivp` fonksiyonu gibi bu fonksiyon yaygın hataları kontrol eder ve (umarım) SciPy fonksiyonunun kullanımını kolaylaştıracak bir şekilde parametrelerden bazılarını değiştirir.

Dokümantasyona göre `root_scalar` fonksiyonu Brent'in yöntemini kullanır. Bu yöntem iki parçaya bölme (bisection), sekant (secant) ve ters kuadratik interpolasyon (inverse quadratic interpolation) yöntemlerinin bir birleşimidir (bakınız *https://docs.scipy.org/doc/scipy/reference/generated/scipy.optimize.root_scalar.html*).

Bunun ne anlama geldiğini anlamak için bir değişkenli bir $f(x)$ fonksiyonunun kökünü bulmaya çalıştığımızı farz ediniz ve fonksiyonu x_1 ve x_2 gibi iki noktada hesapladığımızı ve sonuçların zıt işaretli olduğunu bulduğumuzu varsayınız. Özellikle de Şekil A.1'de de gösterildiği gibi $f(x_1) > 0$ ve $f(x_2) < 0$ olduğunu varsayınız.

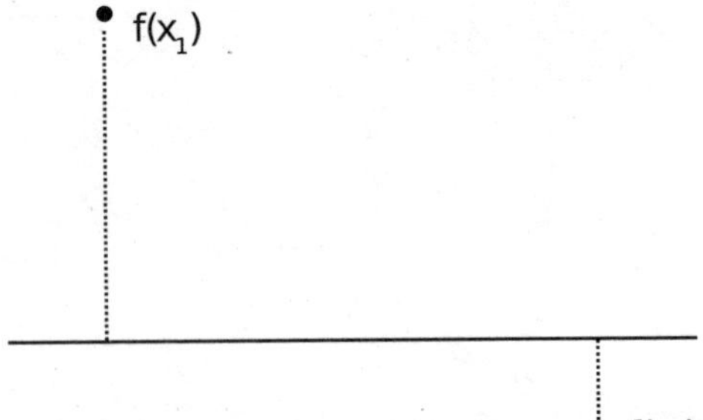

Şekil A.1: Kök bulma senaryosunun bir diyagramı

f bir sürekli fonksiyon ise bu aralıkta en az bir kök olmalıdır. Bu durumda x_1 ve x_2'nin bir kökü köşeli parantez içerisine aldığını söyleriz.

f ile ilgili tüm bildikleriniz bu olsaydı kökü nerede arardınız? Eğer "x_1 ve x_2'nin tam ortasında" dediyseniz tebrikler! Az önce iki parçaya bölme olarak adlandırılan sayısal bir yöntem icat ettiniz!

Eğer "noktaları düz bir çizgiyle birleştirir ve bu çizginin sıfırını hesaplarım" dediyseniz tebrikler! Az önce sekant yöntemini icat ettiniz!

Ve eğer "f'i üçüncü bir noktada hesaplar, bu üç noktadan geçen bir parabol bulur ve bu parabolün sıfırlarını hesaplarım" dediyseniz tebrikler! Az önce ters kuadratik interpolasyonu icat ettiniz!

`root_scalar` fonksiyonunun nasıl çalıştığıyla ilgili bilginin çoğu budur. Bu yöntemlerin nasıl birleştirildiği ilginç bir konudur fakat bu kitabın kapsamı dışındadır. *https://en.wikipedia.org/wiki/Brents_method* adresinde bu konuyla ilgili daha fazla bilgi edinebilirsiniz.

A.3 `maximize_scalar` Fonksiyonu Nasıl Çalışır?

ModSim kütüphanesindeki `maximize_scalar` fonksiyonu SciPy kütüphanesindeki `minimize_scalar` isimli bir fonksiyonun sarmalayıcısıdır. *https://docs.scipy.org/doc/scipy/reference/generated/scipy.optimize.minimize_scalar.html* adresinde bu fonksiyonla ilgili daha fazla bilgi edinebilirsiniz.

`maximize_scalar` fonksiyonu varsayılan olarak bir önceki bölümde kök bulma için açıkladığım yöntem olan Brent'in yöntemini kullanır. Maksimum ve minimumu bulan Brent'in yöntemi basit bir algoritmaya dayanır: Altın bölümleme yöntemi. Bu algoritmayı açıklayacağım.

Bir değişkenli bir $f(x)$ fonksiyonunun minimumunu bulmaya çalıştığımızı farz ediniz. Başlangıç için fonksiyonu x_1, x_2, x_3 gibi üç noktada hesapladığımızı ve x_2'nin en düşük değeri verdiğini bulduğumuzu varsayınız. Şekil A.2 bu başlangıç durumunu göstermektedir.

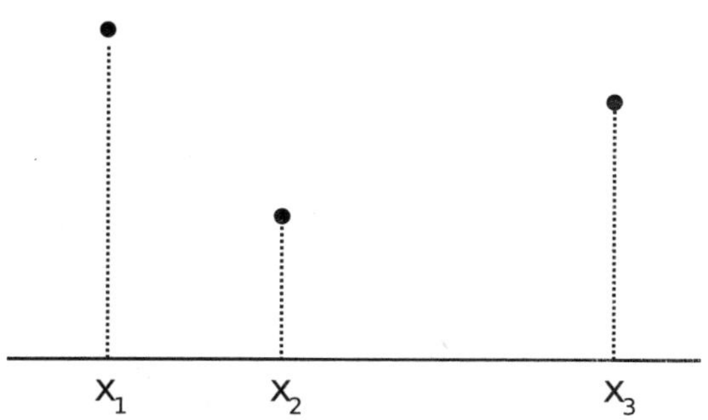

Şekil A.2: Bir minimize etme algoritmasının başlangıç durumunun diyagramı

$f(x)$'in bu aralıkta sürekli ve tek doruklu (unimodal) olduğunu varsayacağız. Fonksiyonun tek doruklu olması x_1 ve x_3 arasında tam olarak sadece bir tane minimumun olduğu anlamına gelir.

Bir sonraki adım dördüncü bir nokta olan x_4'ü seçmek ve $f(x_4)$'ü hesaplamaktır. $f(x_4)$'ün $f(x_2)$'den büyük olup olmadığına bağlı olarak iki olası sonuç mevcuttur. Şekil A.3 bu iki olası durumu göstermektedir.

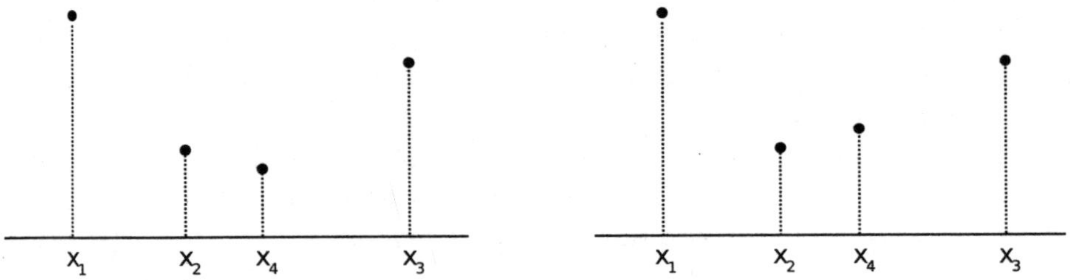

Şekil A.3: Bir minimize etme algoritmasının iki olası durumunun diyagramı

Eğer $f(x_4)$, $f(x_2)$'den küçükse (solda gösterilmiştir), minimum x_2 ve x_3 arasında olmalıdır. Dolayısıyla x_1'i atıp, yeni köşeli parantez olan (x_2, x_4, x_3) ile devam ederiz.

Eğer $f(x_4)$, $f(x_2)$'den büyükse (sağda gösterilmiştir), yerel minimum x_1 ve x_4 arasında olmalıdır. Dolayısıyla x_3'i atıp, yeni köşeli parantez olan (x_1, x_2, x_4) ile devam ederiz.

Her iki durumda da aralık küçülür ve x'in optimal değerinin kestirimi daha iyi hâle gelir.

Bu yöntem x_4'ün hemen hemen her değeri için çalışır fakat bazı tercihler diğerlerinden daha iyidir. x_2 ve x_3 arasındaki aralığı iki parçaya bölmek size cazip gelebilir fakat bunun optimal olmadığı görülmektedir. *https://greenteapress.com/matlab/golden* adresinde daha iyi bir seçenekle ilgili bilgi edinebilirsiniz.

Dizin